ACADÉMIE NATIONALE

DES

SCIENCES, ARTS & BELLES-LETTRES DE CAEN

SÉANCE PUBLIQUE

DU 4 DÉCEMBRE 1879

CAEN

CHEZ F. LE BLANC-HARDEL, IMPRIMEUR DE L'ACADÉMIE
RUE FROIDE, 2 ET 4

1880

PRÉFACE.

Notre volume de Mémoires pour 1880, composé de 700 pages, n'a pas dû se grossir de 340 pages qu'on ne pouvait guère en séparer. C'était le cas de donner le *volume supplémentaire* que nous y ajoutons comme annexe.

Il se compose de la séance publique du 4 décembre 1879 et de l'ouvrage couronné dans le dernier concours pour le prix Le Sauvage. Un des lauréats d'un précédent concours pour le même prix fut M. le docteur Marey, aujourd'hui professeur au Collége de France. M. le docteur Duret, aux yeux de juges compétents, est appelé à prendre, lui aussi, un rang distingué parmi les maîtres.

Le concours pour le prix De La Codre n'a

obtenu qu'un demi-succès : tant il est vrai que la morale est difficile à mettre à la portée du peuple, en s'emparant de son esprit et de son cœur, en appelant en aide toutes les sources de l'intérêt. — M. De La Codre ne se lassera pas sans doute de proposer des sujets pris dans les sciences morales qu'il cultive lui-même avec la plus louable persévérance.

Quant aux concours ouverts pour les prix Lair et Dan de La Vauterie, pas un mémoire n'a disputé ces prix. De nouveaux sujets seront proposés, et l'Académie ne tardera pas à publier de nouveaux programmes.

Le Secrétaire,

Julien TRAVERS.

Langrune, 28 septembre 1880.

SÉANCE PUBLIQUE

TENUE

LE 4 DÉCEMBRE 1879, A 3 HEURES 1/2 DE L'APRÈS-MIDI

DANS LA GRANDE SALLE DE L'ÉCOLE DE DROIT

PROGRAMME.

Discours d'ouverture, par M. Morière, président (année académique 1878-1879).

Lecture de M. Julien Travers, secrétaire de la Compagnie.

Rapport sur le concours pour le prix Le Sauvage, par M. Fayel, président pour l'année 1879-1880.

Rapport sur le concours pour le prix De La Codre, par M. Denis, professeur à la Faculté des Lettres.

Biographie du général Decaen, par M. Gaston Lavalley, vice-secrétaire de l'Académie.

Légendes en vers, par M. Le Vavasseur.

DISCOURS D'OUVERTURE

Par M. MORIÈRE,

Doyen de la Faculté des Sciences.

MESSIEURS,

A l'ouverture de cette séance, que mes premières paroles soient pour remercier l'Assemblée d'élite qui veut bien, par sa présence, encourager les travaux de l'Académie et ajouter un nouveau prix aux récompenses, qui vont être décernées. Qu'il me soit également permis d'exprimer publiquement, à mes excellents collègues, toute ma gratitude pour les suffrages dont ils m'ont honoré, et dans lesquels je dois voir surtout un témoignage de bienveillante sympathie, qui sera toujours un de mes plus précieux souvenirs.

Je ne puis m'empêcher toutefois de regretter aujourd'hui le choix dont j'ai été l'objet, puisqu'il impose au Président l'obligation de faire un discours d'ouverture, et que vous êtes condamnés à l'entendre. Pour m'acquitter dignement de cette tâche, je n'ai à ma disposition ni ce talent d'exposition, ni cet éclat du style, ni ce tour de la phrase brillant, fin, distingué, académique en un mot, que mes honorables prédécesseurs possédaient à un si haut degré. A défaut de ces qualités, je tâcherai d'avoir au moins le mérite de la brièveté.

En se reportant par la pensée à ces temps où la grande voix de la Presse était muette, — où la Politique, science timide et incomprise, osait à peine essayer ses forces, on comprend qu'une séance publique d'Académie devait être un événement littéraire très-important. Il n'y avait alors que peu d'aliments intellectuels pour l'activité des esprits ; aussi avec quelle impatience devait être attendue et par le public lettré et par les membres des Corporations savantes le jour de ces séances solennelles. — Il n'y avait pas d'autre occasion, pour ainsi dire, d'interroger l'opinion et de donner du retentissement à des actes nouveaux ou à des pensées nouvelles.

Restreintes aujourd'hui dans leur sphère d'activité, privées de leurs moyens d'action et dépouillées de leur ancienne influence par les Journaux, les Académies, aux yeux de quelques personnes, ont tort de sortir de leurs habitudes tranquilles et studieuses et de venir au grand jour dire ce qu'elles ont accompli.

Je n'entreprendrai pas de reproduire tous les excellents motifs qui ont été avancés pour démontrer leur utilité, même dans les conditions actuelles de notre Société. Il y a d'ailleurs un fait qui prouve, mieux que toutes les dissertations les plus éloquentes, l'importance de ces centres littéraires, c'est de voir les hommes les plus distingués dans les Sciences, la Littérature et les Beaux-Arts, rechercher avec empressement leur affiliation à ces Associations qui ont une action bien réelle sur les esprits. Quoi qu'on en dise, cette vie intellectuelle en commun, où l'on s'occupe des intérêts de l'entendement, où l'on donne l'exemple de la concorde, où l'on recherche tout ce qui peut contribuer au développement pacifique et régulier des Institutions civiles, — où l'on n'a d'autre préoccupation que l'amour du bien public et la recherche de la vérité, n'est-ce pas là, Messieurs, un des besoins les plus vifs et les plus puissants qui soient dans le cœur de l'homme? Les Académies et les Associations scientifiques ou littéraires servent à ramasser en faisceau toutes les forces intellectuelles d'une contrée et ensuite, dans les Sociétés elles-mêmes, toutes les forces individuelles pour les faire concourir à un but commun. Artistes, savants, poètes, sont moins étrangers qu'on ne pense les uns aux autres ; les diverses facultés de l'esprit ont dans l'homme un foyer unique où elles trouvent la lumière et la chaleur pour y composer un ensemble harmonieux.

Ce n'est pas toutefois, Messieurs, l'attrait d'une solennité officielle qui nous rassemble dans cette enceinte, c'est le désir d'encourager le mérite, de répandre le goût des jouissances intellectuelles. Grâce à de généreux donateurs, dont il serait à désirer de voir se multiplier le nombre, nous avons pu provoquer des travaux scientifiques et littéraires que vous allez récompenser aujourd'hui et dont MM. les rapporteurs auront bientôt à vous faire connaître toute la valeur.

Avant de donner la parole à mes honorables Collègues, vous me permettrez d'arrêter pendant quelques instants votre attention sur les progrès et les bienfaits de la Science, qui occupe maintenant dans notre système d'éducation la place qui lui a été trop longtemps contestée.

On a dit, et quelques personnes répètent encore que la disposition si manifeste de notre époque, pour les sciences et pour leurs applications directes à nos besoins physiques tue l'imagination, — arrête l'essor de la pensée, anéantit enfin ce sentiment exquis du beau et du grand que nous puisons dans nos études philosophiques et littéraires.

Ne croyez pas, Messieurs, que l'esprit de l'homme, — ce rayon immatériel émané de la Divinité, — soit impuissant aujourd'hui qu'il paraît absorbé par les sublimes conceptions de la Science, — par les prodigieux résultats de l'Industrie, — par les admirables secrets qu'il arrache incessamment à la nature; ne croyez pas, dis-je, qu'il soit impuissant à reproduire avec autant de naïveté et d'éloquence qu'autrefois ces délicieuses rêveries du cœur, ces suaves impressions des beautés naturelles, ces extases de l'âme que la solitude provoque !

Est-ce que ces grandes inspirations de la science qui ont ouvert les plaines de l'air à de hardis navigateurs, — qui vont arracher la foudre au foyer même de la tempête, — qui font surgir des entrailles du sol des rivières intarissables d'eau pure et limpide, — qui transforment une vapeur légère en une force élastique dont la puissance n'a pour ainsi dire pas de bornes, — qui, d'un morceau de houille, parviennent à tirer non-seulement la lumière, mais encore ces magnifiques couleurs qui effacent, par leur éclat, les plus belles teintures obtenues jusqu'alors, — qui nous donnent en quelques minutes des nouvelles de tous les points du globe, — qui permettent à l'homme de porter ses investigations jusque dans l'atmosphère du soleil ; — est-ce que toutes ces merveilles ne sont pas imprégnées de plus de poésie que tout ce qu'on a jamais entrevu dans l'histoire et dans les faits du temps passé ?

Non, la poésie n'est pas morte avec le XVIIIe siècle ! Les préoccupations scientifiques, loin de nuire à son développement, peuvent, au contraire, lui ouvrir de nouvelles voies et lui prêter un puissant concours. Mais il faut que le littérateur du XIXe siècle, pour émouvoir, pour instruire, pour intéresser à ses chants, sache renoncer aux routes battues, — qu'il ait une connaissance parfaite du génie et des besoins de son époque. Ce qui plaisait à nos pères n'a plus le même attrait pour nous, et, puisque tout s'est modifié, transformé dans le monde physique et intellectuel, la poésie ou la littérature, qui n'est, en définitive, que l'expression des idées et des croyances d'une époque, doit reproduire fidèlement la physionomie et le caractère du moment. C'est à cette condition seule qu'elle peut devenir populaire et influente.

Les études historiques et archéologiques, les sciences avec leurs immenses déductions pratiques, voilà le goût dominant. Eh bien ! poètes, littérateurs, faites-vous historiens, antiquaires, savants, industriels, et puis après chantez et vulgarisez dans votre harmonieux langage ce que les chroniques, les cartulaires, les légendes, les sciences et les arts industriels vous auront appris. Faites de la poésie à la manière de Cuvier dans ses Révolutions du globe, de Laplace dans son système du monde, — de Humboldt dans son Cosmos, — de Fourcroy, d'Ampère, de Dumas dans l'exposé des théories scientifiques, — de Michelet, de Thierry dans leurs recherches historiques sur notre vieille France. Emparez-vous de l'industrie, cette puissance désormais inséparable de la civilisation, qui sait accomplir des créations bien autrement merveilleuses que ces féeries orientales dont on a bercé notre enfance. N'y a-t-il pas dix poèmes admirables à faire rien que dans la découverte et les prodigieux effets de la machine à vapeur, cette invention normande qui a réalisé une révolution presque égale à celle qu'a produite la découverte de l'imprimerie ? La lumière qui anime et vivifie la nature, qui inaugure les manifestations de la vie dans la cellule végétale, cette lumière féconde et créatrice n'est-elle pas devenue l'humble servante de l'artiste, et, au gré de celui-ci, ne reproduit-elle pas, sur le métal ou le vélin, avec une fidélité inimitable, les traits d'un être chéri, les contours animés du paysage, les détails les plus délicats d'un monument? N'y a-t-il pas là encore un magnifique sujet à traiter par le littérateur?

Et cette lampe dont l'ingénieux Davy a su faire un moyen de salut pour l'imprudent mineur qui trouve dans cet instrument, jadis si dangereux pour lui, un indicateur des périls qui l'entourent et un guide inoffensif qui lui permet de traverser impunément ces galeries souterraines où naguères il eût trouvé la mort?

Et la présence de ce fluide invisible qui, tour à tour, devient chaleur, lumière, agent de création ou de destruction, puissance motrice, qui parcourt l'espace avec une rapidité qui échappe pour ainsi dire à la mesure, — qui donne la mort sans laisser de traces de son passage et que la science moderne a su faire servir à extraire les métaux de leurs minerais, — à obtenir de belles empreintes métalliques, à recouvrir d'une pellicule d'or protectrice les métaux trop altérables ou dangereux?

Et cette découverte d'OErstedt fécondée par les immortels travaux d'Ampère et d'Arago, l'influence exercée par un courant électrique sur une aiguille aimantée, découverte qui a créé une des plus belles sciences modernes dont les applications sont pour le philosophe un objet constant d'admiration et pour le philanthrope une source d'espérance en la perfectibilité humaine?

Et cette invention, née d'hier, et qui consiste à transmettre la voix humaine à travers l'espace et à de grandes distances?

Inépuisable serait la liste des belles et grandes

découvertes scientifiques et industrielles dont la littérature peut s'emparer pour entretenir dans nos cœurs l'amour du beau et du bon, ainsi que notre admiration pour les œuvres du génie.

Est-il de plus noble jouissance que de s'approprier ces instruments précieux, qui permettent à l'homme de découvrir les lois invariables que la Divinité a imprimées à l'Univers, et qui révèlent l'ordre, l'harmonie de ses opérations ; — soit que l'esprit s'élève vers ces régions infinies où gravitent des mondes innombrables, — soit que bornant ses observations aux phénomènes qui l'entourent, il admire la magnificence de la nature organique, multipliant les êtres sous l'impulsion vivifiante de la lumière, de la chaleur et de cette force imposante et mystérieuse qu'on nomme *électricité*.

Il semblait qu'après Newton et Frauenhoffer, le dernier mot devait être dit sur l'étude du spectre solaire lorsque deux savants, Bunsen et Kirchoff, ont appliqué ce spectre à l'analyse chimique et ajouté de nouveaux métaux à la liste des corps simples. — Bientôt, l'analyse spectrale est devenue un puissant moyen d'investigation pour l'astronomie. — C'est grâce à elle que l'on est parvenu à connaître la constitution chimique des astres et que l'on pourra suivre, pas à pas, à travers les siècles les modifications qui s'y produiront. C'est ainsi que l'on est parvenu à démontrer que notre soleil et tous ces autres soleils de la création que l'on nomme *Étoiles,* sont composés des mêmes métaux que ceux qui appartiennent à la composition du Globe terrestre, et que l'hydrogène paraît être l'élément primordial le plus universel.

L'étude de ce Globe, sur lequel, passager éphémère, l'homme, grâce aux progrès de la science, voyage avec une rapidité vertigineuse, fournit aussi mille sujets d'étude et de contemplation. La Géologie nous apprend, ainsi que l'avait soupçonné Buffon, que la période historique, depuis la création de l'homme jusqu'à nous, n'est qu'un infiniment petit comparé à chacune des nombreuses périodes géologiques ; — que la vie s'est manifestée sur cette terre par d'innombrables générations d'êtres aussi variés que ceux de la nature actuelle. Et ce n'est pas seulement la beauté de ce spectacle qui en fait la grandeur. Ces êtres ont servi à autre chose qu'à l'ornement de la nature ; chacun a rempli le rôle qui lui était assigné par le Créateur. Une végétation gigantesque, accumulant ses débris, ménageait ainsi à l'industrie humaine la houille, la plus grande richesse des temps modernes. Des coquillages sans nombre s'amoncelaient dans les mers pour constituer ces massifs de pierre qui servent à la construction de nos édifices. Des réactions diverses produisaient le *sel gemme*, la *pierre à plâtre*, les *minerais métalliques* et une foule de substances, les unes que nous savons depuis longtemps mettre en œuvre, les autres dont chaque jour encore nous révèle l'utilité.

Cette charmante science connue sous le nom de *Botanique* et qui a le don de plaire à tous les âges n'est-elle pas poétique entre toutes ? La recherche et l'étude des plantes sont inséparables des plus douces et des plus délicates émotions. Dans les herborisations, non-seulement nous apprécions mieux les harmonies de la nature, mais nous amassons pour notre vieillesse les plus délicieux souvenirs.

Dans la société moderne et dans toutes les situations, la science n'a-t-elle pas son rôle à remplir et, jusque dans nos salons, au milieu des conversations les plus futiles, les nouvelles applications de la science ne prennent-elles pas une place de plus en plus importante ?

Enfin, Messieurs, une vérité mise en évidence par nos désastres et qui, pendant trop longtemps n'a pas été suffisamment appréciée, c'est que dans les batailles les armes doivent être égales en perfection et que la valeur personnelle du soldat ne saurait suppléer à une inégalité sur ce point. La science qui concourt si puissamment aux bienfaits de la paix doit donc aussi intervenir fatalement pour perfectionner les moyens de destruction, qui aujourd'hui laissent déjà bien loin derrière eux les procédés anciens ; la poudre elle-même devient impuissante, la dynamite l'a remplacée. Que d'études nouvelles indispensables et d'un haut degré d'utilité au point de vue de l'indépendance nationale !

Je pourrais, Messieurs, m'étendre beaucoup

plus longuement sur nos acquisitions dans le domaine scientifique et sur les services qu'elles rendent à chacun de nous, mais je craindrais d'abuser de votre attention et de ne pas être fidèle à l'engagement que j'ai pris au commencement de cette séance. Je m'en voudrais toutefois, si je ne disais pas, en terminant, que les connaissances scientifiques et les études littéraires ont besoin de se prêter un mutuel secours. — Si aujourd'hui il est indispensable de donner une plus large place à l'étude des sciences, il ne peut être question d'enlever à l'esprit la connaissance de ces chefs-d'œuvre de poésie et d'éloquence, de sagesse et de bon sens qui enseignent à l'homme non-seulement l'art de bien dire, mais aussi l'art plus précieux de bien penser et de bien agir. Ne plus connaître Homère et Platon, Eschyle et Sophocle, Cicéron et Sénèque, Tacite et Virgile dans l'antiquité ; — n'avoir pas étudié Descartes, Bossuet, Fénelon, Pascal, Corneille, Racine et tant d'autres penseurs profonds qui seront à jamais l'honneur de la France, ce serait, comme le disait récemment un ancien ministre de l'Instruction publique, faire la nuit dans l'intelligence.

Un département qui a vu naître Malherbe, Laplace, Fresnel, Vauquelin, Dumont d'Urville, Élie de Beaumont, de Caumont, Eudes-Deslongchamps, de Brébisson, de Chênedollé, Auber, Choron, Robert-Lefèvre, et tant d'autres illustrations peut être fier, à bon droit, de ses titres scientifiques, littéraires et artistiques ; il comprend que de tels précédents obligent, et, si je ne craignais de blesser la modestie de plusieurs de mes collègues, il me serait facile de citer des noms dignes de prendre place à côté de ceux que je viens d'énumérer.

Toutefois, Messieurs, vous ne pardonneriez pas à l'Académie de ne pas se réjouir de la haute récompense que l'Institut vient d'accorder à l'un de ses membres honoraires les plus illustres et les plus sympathiques. Je suis l'interprète de tous mes collègues en disant à l'éminent Doyen de notre Faculté de Droit combien l'Académie a été heureuse et fière en apprenant une nouvelle qui a d'ailleurs été saluée par des acclamations unanimes.

Messieurs, cette lutte du travail, ces tournois de l'intelligence qui existent dans les Académies et les Sociétés savantes sont le meilleur et le plus salutaire exemple que nous puissions offrir à une jeunesse ardente et généreuse qui a compris que les conquêtes littéraires et scientifiques permettront seules de replacer la France au rang élevé qu'elle occupait. Si elle en fut un jour dépossédée, c'est qu'elle luttait à armes inégales et que la *bravoure* qui sera toujours une vertu française ne saurait suppléer à des engins de destruction perfectionnés.

LECTURE DE M. JULIEN TRAVERS

Secrétaire de l'Académie.

(REMERCIEMENT A L'ACADÉMIE. — BIOGRAPHIE DE MONSEIGNEUR DANIEL.)

Messieurs,

Vous m'excuserez, je l'espère, si je ne vous apporte pas un compte-rendu de nos séances mensuelles, résumé nécessairement aride et qui n'intéresse qu'un petit nombre d'auditeurs. Nos travaux les plus importants ne sont-ils pas, d'ailleurs, imprimés dans les volumes que nous publions régulièrement depuis plus de vingt années ? Qu'on me pardonne si je supplée au morceau d'usage par quelques pages qu'un besoin de conscience me porte à faire entendre, la dernière fois, sans doute, qu'il me sera donné de prendre la parole devant une telle assemblée.

J'ai à cœur aujourd'hui de payer une double dette. La première est le tribut de ma reconnaissance pour une Académie qui me décerne périodiquement l'honneur du secrétariat depuis plus de quarante ans. J'ai tenu à remercier publiquement mes indulgents confrères : c'était une dette de cœur, et je reconnais que, malgré mes efforts, elle ne sera jamais suffisamment acquittée.

La seconde dette est un long arriéré qui péserait sur la mémoire de M. Bertrand, si ses occupations lui avaient laissé des loisirs pour une tâche qu'il avait réclamée et dont nul ne pouvait s'acquitter avec plus de talent : je veux parler de la biographie d'un évêque de Coutances, qui fut si longtemps pour nous l'abbé Daniel, cet universitaire modèle, sous qui j'eus le bonheur de faire ma philosophie, à une époque déjà reculée, en 1819.

C'est de 1819 que datait son amitié pour moi ; c'est depuis lors que j'ai connu sa persévérante bienveillance à mon égard, bienveillance à laquelle j'ai eu le bonheur de répondre par quelques services.

Jacques-Louis Daniel naquit à Contrières, non loin de Coutances, le 13 janvier 1794. Ses parents étaient d'humbles et honnêtes cultivateurs qui ne soupçonnèrent dans leur enfant ni un futur recteur, ni un futur évêque. Son curé, M. Doyère, devenu principal du collége de Coutances, lui fit faire gratuitement ses études, et le prit en 1817 comme suppléant dans sa chaire de philosophie. Le jeune Daniel recevait la prêtrise en 1819.

C'est à la fin d'octobre de cette année que j'entrai dans la classe de cet habile professeur. Habile en effet, et bien habile il fallait être pour faire goûter le cours imprimé que l'on mettait entre nos mains, cours en langue latine, dont on apprenait mot à mot les pages, d'après lesquelles on argumentait avec chaleur durant une partie de la classe. Telle était l'ardeur des bons élèves et tel était sur eux l'attrait des questions philosophiques qu'au sortir du cours, la discussion les entraînait sur les boulevards de Coutances, pendant des heures, à travers la neige fort abondante en cet hiver de 1819. — C'était du moins en français que nous argumentions, et notre excellent professeur nous donnait lui-même l'exemple. Au commencement de la leçon, il en exposait le sujet en latin pour se conformer à l'usage; mais bientôt il s'expliquait en français avec la clarté que comportait la matière, et parfois avec une chaleur qui nous électrisait tous, puis il cédait la parole à ses auditeurs. Il désignait tour à tour les deux disciples qui devaient argumenter l'un contre l'autre sur les questions philosophiques qu'il empruntait à la leçon du jour, intervenait souvent pour les éclaircir et ramener les jeunes lutteurs sur le terrain dont souvent ils s'écartaient. Sans cette attention du professeur, on eût couru risque de s'égarer, car la philosophie de Lyon était une introduction à la théologie, une préparation au séminaire où presque tous devaient entrer. Sur trente-neuf condisciples du cours de 1819-1820, trente-six se destinaient à l'état ecclésiastique; j'étais un des trois autres. Je fus le seul que le professeur appela près de lui, qu'il laissa libre de travailler sans témoins dans sa bibliothèque, pourvue déjà des principaux chefs-d'œuvre de notre littérature. Malheureusement je fus obligé de quitter trop tôt un maître qui m'avait témoigné tant de bienveillance. Je m'éloignai de Coutances pour entrer dans l'instruction publique dès le mois d'avril 1820.

Lui devenait sous-principal de son collége en 1821 et principal en 1825. L'année précédente, il avait subi avec distinction les épreuves du doctorat devant notre Faculté des lettres, et le rare talent qu'il avait déployé dans l'administration du collége de Coutances le fit appeler au provisorat du lycée de Caen, le 30 mars 1827.

C'est à partir de ce jour que date la grande et juste réputation de ce lycée auquel il consacra toutes les ressources de son intelligence, tout le ressort de son énergie. Il savait que les bons écoliers sont particulièrement formés par les bons maîtres, et il ne négligeait rien pour en avoir d'excellents; par ses instances, il obtenait de l'administration supérieure de l'instruction publique les jeunes agrégés sortis les premiers du concours, Il eut ainsi, successivement, les Vacherot, les Jules Simon, les Émile Saisset pour professeurs de philosophie ; les Berger, les Hippolyte Rigault pour professeurs de rhétorique. A la force de l'enseignement était jointe une admirable discipline, et toutes les améliorations matérielles en réparations et en constructions nouvelles étaient apportées à ce grand établissement. Les relations du proviseur avec les élèves étaient franches, amicales, paternelles. Elles tendaient toujours à exciter l'émulation, à susciter dans leur esprit de bonnes et judicieuses pensées, à faire naître dans leur cœur les sentiments nobles et généreux. Ceux qui obtenaient la première place dans leurs compositions étaient appelés à sa table, où la familiarité était respectueuse, où les desserts étaient copieux pour que les invités, en emportant les restes, en fissent part à leurs camarades.

Parmi tous les moyens d'émulation qu'employait le proviseur, il en est un qui fut pendant plusieurs années un puissant aiguillon : il faisait imprimer en brochures les principales compositions des élèves, couronnées dans la distribution des prix. Quelques-uns de ceux qui m'entendent conservent encore, comme leur premier titre littéraire, plusieurs de ces brochures où ils ne relisent jamais leur nom sans un secret plaisir.

Les détails de ce provisorat, où l'activité fut si féconde, assurèrent pour de longues années la prospérité d'un établissement que soutient avec habileté le proviseur actuel, M. l'abbé Desprez, qui fut d'abord aumônier du lycée, puis censeur et l'un des meilleurs amis de M. l'abbé Daniel. De tels exemples prouvent assez, ce me semble, qu'on aurait tort d'être exclusif et de bannir sans exception tous les prêtres de l'enseignement universitaire.

Tant de services rendus par M. l'abbé Daniel à notre lycée le firent appeler à de plus hautes fonctions. Le rectorat devint vacant au commencement de 1839, et M. Guizot, qui n'était plus ministre, n'eut qu'un mot à dire pour obtenir une place que notre bien-aimé proviseur n'avait point demandée. On ne pouvait, du reste, faire un meilleur choix.

Le nouveau recteur se trouva d'abord un peu dépaysé dans ses fonctions : il regrettait ses mille occupations du lycée. Un jour que j'allais le voir, quelques semaines après son installation, je le trouvai rêveur et soucieux sur son canapé. Je lui demandai d'où venait sa tristesse. « Je ne suis pas triste, me répondit-il, mais inquiet : je cherche les moyens d'être utile, et bien des projets s'offrent à mon esprit ; il y a tant à faire ! Je veux commencer par l'instruction primaire ; c'est le plus urgent et le plus difficile. Viendront ensuite les institutions secondaires, et j'arriverai peut-être aux Facultés. »

Ses plans pour l'instruction primaire étaient ébauchés ; il me les développa avec le feu qu'il mettait à l'exposé de tout projet qu'il avait conçu. Peu de temps après il imprimait un long règlement qui donnait un grand développement à l'instruction primaire dans les trois départements de son Académie.

L'instruction secondaire fut aussi l'objet de sa sollicitude. L'impulsion fut telle qu'aucun établissement de la province ne pouvait lutter contre notre lycée. Aussi, dans le discours qu'il prononça lorsqu'il inaugura le petit collége d'Orbec, dit-il avec confiance, en défendant l'Université : « Que de préventions disparaîtraient si ceux qui s'élèvent contre nos colléges les connaissaient mieux et les jugeaient avec équité! Supérieurs pour la force des études aux établissements qui ne relèvent pas de l'Université, ils ne le cèdent point à ceux-ci pour la tenue et la discipline, ainsi que pour l'enseignement et la pratique de la religion. L'accomplissement d'année en année des devoirs les plus saints est d'autant plus consolant qu'il est plus libre, et qu'il n'a pour mobile qu'une foi raisonnée et sincère. Telle est aujourd'hui l'état de nos colléges, que l'Université peut les présenter avec confiance à ses ennemis comme à ses amis. »

Quant aux Facultés, M. l'abbé Daniel eut à cœur de leur donner des auditeurs sérieux, et je lui soumis à cette occasion un plan qui lui sourit. Il s'agissait de grouper autour des chaires des aspirants au professorat. Plusieurs des administrations publiques ont des surnuméraires, et la raison l'exige. Rien de semblable pour les colléges communaux; souvent de simples bacheliers étaient nommés régents de rhétorique ou de philosophie. N'était-il pas convenable, n'était-il pas urgent de former des licenciés? Dans ce but ne pouvait-on pas exiger un stage d'un ou deux ans près d'une Faculté? Les candidats reçus auraient les premières places dans les classes supérieures. Ceux qui échoueraient obtiendraient les classes inférieures, mais seraient autrement préparés à les professer que de simples bacheliers, tous, sinon sans quelque acquit, du moins sans expérience.

Le recteur, en approuvant ces idées, se fit fort

d'obtenir au lycée de Caen le vivre et le couvert pour les candidats, en demandant par jour à ces surnuméraires deux heures de service pour l'établissement. Le projet échoua faute d'autorisation, et vous savez, Messieurs, qu'aujourd'hui le plan, fort élargi, mais aussi bien plus coûteux, s'exécute au grand profit de l'Université.

M. l'abbé Daniel profita du ministère de M. Cousin, en 1840, pour annexer aux Facultés de Caen la Faculté de théologie qui existait à Rouen sur le papier, mais où l'on ne professait plus depuis des années. Le décret de translation signé ne fut point publié. Dès qu'on en eut connaissance à Rouen, on réclama chaleureusement, et de hautes influences firent échouer le projet du recteur.

Au milieu de ses occupations multipliées, des sollicitations lui vinrent plusieurs fois du gouvernement de 1830 pour lui faire accepter un grand évêché. Son attachement à l'Université, son dévouement à des fonctions qu'il aimait, à raison du bien qu'il savait y faire, déterminèrent ses refus réitérés de la direction d'un diocèse.

Son intention formelle était d'achever sa carrière dans sa chère Académie; mais un jour vint où l'horizon politique s'obscurcit, où une révolution éclata, où des hommes passionnés, cupides, inexpérimentés coururent à la curée des places. Celle de M. l'abbé Daniel fut convoitée par de misérables coureurs de cachet dont l'ambition lui faisait pitié. Il tint tête à l'orage et resta résolu dans un poste où il espérait faire beaucoup de bien en empêchant beaucoup de mal. Il y demeura jusqu'au mois d'avril 1848, où sa conscience ne lui permit pas d'obéir aux injonctions du nouveau ministre de l'Instruction publique ; il ne put se résoudre à transmettre aux instituteurs de son ressort le fameux Manuel Renouvier, en leur enjoignant d'en développer les principes aux classes d'adultes. C'est alors qu'il écrivit cette lettre digne et ferme de 12 pages d'impression (29 août 1848), adressée à M. Carnot, et qui eut un grand retentissement. En prenant sa retraite, le zélé recteur se sentait trop de force et de courage pour se livrer au loisir. Il disait au ministre vers la fin de sa lettre : « S'il m'a fallu renoncer à l'instruction publique, où je travaillais avec tant d'hommes de talent, dans l'Académie de Caen, je ne renonce pas à l'espoir de travailler à côté d'eux dans l'enseignement privé quand la République en aura proclamé la liberté et réglé les conditions. J'ai cinquante-quatre ans : ce n'est point l'heure où l'âge de la retraite doit être celle du repos. »

La bourrasque politique ne fut pas de si longue durée qu'on pouvait le craindre. M. l'abbé Daniel, qui s'était retiré provisoirement dans la capitale, revint bientôt à la tête de son Académie, qui embrassa cinq départements. Moins d'un an après sa lettre à M. Carnot, il écrivait aux instituteurs, dont plusieurs avaient péroré dans les clubs, où ils s'étaient compromis sous de pernicieuses influences, une circulaire où il leur rappelait leurs devoirs : « Les hommes qui, il y a moins d'un an, vous ont fait tant de mal, n'ont pas renoncé à l'idée de chercher encore parmi vous des auxiliaires et des instruments. Vous saurez, Messieurs, repousser leurs circulaires et leurs perfides invitations. » Il ajoutait dans la page suivante : « Quand la propriété, la famille, l'organisation sociale, sont en butte à d'audacieuses et incessantes attaques, combien ne serions-nous pas coupables, nous tous, pasteurs des âmes, fonctionnaires et administrateurs divers, instituteurs de l'enfance et de la jeunesse, amis de l'humanité, si l'on ne nous voyait pas, unis fraternellement d'esprit et de cœur, travailler avec autant d'unanimité que d'ardeur à combattre les funestes doctrines de ces utopistes qui, à travers l'anarchie et des ruines de toute sorte, nous conduisent à la barbarie, au renversement et à l'anéantissement. de la société. »

La modération dont il usa calma beaucoup d'esprits, et cette modération était de la justice après les excitations qu'avaient subies ces instituteurs de l'enfance, que l'on avait flattés outre mesure, et dont beaucoup s'étaient perdus dans les rêves les plus absurdes de la vanité.

En France, les nouveaux pouvoirs ont eu de tout temps la manie des innovations; ils croient toujours, en touchant à beaucoup de choses, faire preuve de leur supériorité sur leurs devanciers; ils cherchent à couvrir du voile de l'intérêt public les changements fantaisistes qu'ils opèrent, les remaniements inopportuns dont les conséquences leur échappent. A cela les hommes de 1848 ne firent point exception : ils abolirent les circonscriptions consacrées et créèrent un rectorat par département; création malheureuse, qui ne permit point à M. l'abbé Daniel d'accepter pour sa place un tel abaissement ou du moins une telle réduction d'attributions.

Une compensation ne se fit point attendre : le 29 juillet 1850, il fut appelé dans la section permanente du Conseil de l'Instruction publique, où, pour la première fois, il donna toute sa mesure. Sa longue expérience le mettait, lui dont la parole était parfois embarrassée par une prononciation trop abréviatrice, le mettait, dis-je, dans les plus graves délibérations, au-dessus des novateurs du Conseil ; il ne craignait pas de lutter contre les Thiers et les Cousin, même de contrarier le Frère Philippe, directeur des Écoles chrétiennes. Un jour que ce dernier venait d'obtenir à l'unanimité, moins une voix, certaines concessions qu'il regardait comme avantageuses à la corporation qu'il représentait, M. l'abbé Daniel parla chaleureusement pendant une demi-heure, montra les conséquences fâcheuses qu'auraient ces concessions, et ramena à son opinion l'assemblée entière, y compris le Frère Philippe.

L'intelligence de notre ancien recteur, son aptitude à traiter les hautes questions de l'enseignement se révélèrent dans ce poste élevé, et son opiniâtreté au travail fit le désespoir des bureaux du Ministère. Il y passait quelquefois dix heures d'horloge, et lassait une patience qui obéissait en maugréant. Chefs, sous-chefs, employés de toute sorte respirèrent quand le Conseil supérieur fut établi sur de nouvelles bases. M. l'abbé Daniel y entra, mais n'y resta point : ses qualités le perdirent. La clairvoyance de cet homme pratique déplut à certains collègues influents ; elle leur déplut, car il perçait à jour les projets inexécutables ou seulement dangereux. Son autorité grandissant, on écarta un tel adversaire en l'envoyant comme inspecteur général dans les provinces avec M. Le Verrier, l'illustre astronome.

C'est dans une ville du Midi qu'il reçut la nouvelle de sa nomination à l'évêché de Coutances. Cette nouvelle le surprit, et il m'avoua dans une lettre qu'il avait hésité d'abord à accepter ; mais que, certain d'une admission forcée à la retraite, il n'avait pu voir sa carrière brisée, et qu'incapable de soutenir un repos stérile, il s'abandonnait à la Providence. Depuis longtemps il était, comme je l'ai dit ailleurs, un des exemples les plus frappants de ce que peut aujourd'hui, ou du moins de ce que pouvait de son temps, sans protections, sans intrigues, l'union du mérite et du travail, de la science et de la vertu.

Pendant cette vie universitaire si active, si admirablement remplie, M. l'abbé Daniel, auteur de pièces de vers inédites qu'on ne connaît pas, mais que j'ai lues chez sa nièce, Mme Léger, composa des livres, des brochures, des discours de circonstance, des articles de journaux ou de revues, qu'il serait difficile de retrouver tous, mais qui tous, sérieux et lumineux, frappés au coin du bon sens et du bon goût, éclairaient le public, redressaient ses jugements, et venaient à l'appui des projets et des sages innovations de l'auteur. Pour peu que l'on parcoure tant d'œuvres diverses, on y rencontre l'esprit supérieur de ce prêtre vraiment libéral, qui ne connut jamais l'intolérance religieuse ou politique, et qui fut prêt à faire le bien sous tous les régimes. Ses nombreux discours académiques prouvent tous un grand savoir, une connaissance parfaite du cœur humain, un amour ardent du progrès social, enfin cette onction si pure et si sainte qu'on admire dans Fénelon.

En parlant aux élèves de la Faculté de droit et de l'École préparatoire de médecine et de pharmacie (8 nov. 1841 et 14 nov. 1843), notre digne recteur s'exprimait ainsi sur l'état de notre société : « Privilége de caste, de naissance, de fortune, je dirai presque pouvoir de toute nature, tout s'affaiblit, tout semble disparaître sous le niveau de l'égalité. La seule puissance qui surnage sur l'abîme où s'engloutissent toutes les autres, c'est la puissance du talent. Son triomphe s'étend et s'affermit chaque jour davantage, parce que le principe de sa vie est partout, dans nos mœurs, dans nos besoins. »

Comme tous les bons esprits, notre prévoyant recteur proclame l'efficacité des concours. Il est bon, selon lui, il est noble et moral de placer à l'entrée de la carrière ces luttes sérieuses et loyales, où les chances de succès sont soustraites aux influences de l'intrigue et de la faveur. « La nécessité de cette institution, dit-il, sera chaque jour mieux sentie. Chaque jour le principe du concours pénètre plus avant dans le jeu du mécanisme social, tel que l'ont créé ou modifié ces grandes révolutions qui ont profondément travaillé et changé le monde..... » « En créant l'homme essentiellement perfectible, dit-il ailleurs, et en lui donnant les moyens de se perfectionner, Dieu a voulu qu'il y travaillât sans relâche, et qu'en y travaillant il pût trouver la satisfaction de ses besoins et de ses penchants les plus purs... C'est la loi de l'humanité, et l'accomplissement de cette loi est la condition de tout véritable succès... Il n'existe plus aujourd'hui de ces barrières infranchissables qui, autrefois, fermaient les plus belles carrières, et ne s'ouvraient qu'en faveur d'un petit nombre d'heureux privilégiés. Aujourd'hui tous peuvent aspirer à tout. »

Les honneurs académiques ne pouvaient manquer à M. l'abbé Daniel, et toutes les Compagnies savantes auxquelles il appartint trouvèrent en lui un membre zélé, un collaborateur d'un dévouement sans bornes. Nous lui dûmes les rapports sur nos concours de 1844 et 1845, ouverts pour les éloges de Choron et de Huet, rapports lus en public, imprimés dans nos Mémoires et tirés à part aux frais de l'auteur.

Il fut notre président pendant l'année académique 1836-1837 ; président de la *Société des Antiquaires de Normandie*, puis son directeur en 1852 ; secrétaire-général de l'*Association normande* et rédacteur de ses procès-verbaux dès sa création. On n'a pas d'idée de l'ardeur avec laquelle notre confrère remplissait tant de fonctions et de l'autorité qu'il avait partout acquise. C'était justice, car, jeune encore, il était mûr, et d'une maturité singulièrement avancée par les fonctions variées qu'il avait remplies.

Les distinctions honorifiques pouvaient - elles être décernées à un mérite plus réel et plus modeste ? M. l'abbé Daniel fut nommé en 1829 officier de l'Université ; en 1833, chevalier, et dix années après officier de la Légion-d'Honneur ; en 1846, haut-titulaire de l'Université ; enfin commandeur de la Légion-d'Honneur, en 1858.

Vous n'attendez pas, Messieurs, que j'entre dans les détails de l'épiscopat de notre grand universitaire. Je ne puis cependant passer sous silence ces dernières années de notre vénérable confrère, devenu Monseigneur.

Après la cérémonie de son sacre, une carrière nouvelle s'ouvrit devant lui. Ce n'était plus la jeunesse seulement qu'il avait à diriger ; c'était tout un clergé nombreux, très-estimable, mais généralement peu soucieux d'ajouter à ses connaissances, et qui ne comprenait pas assez la nécessité, où se trouvent aujourd'hui les desservants des moindres paroisses, de tenir tête, au

moyen d'études solides et continues, aux fanfarons d'irréligion qui pullulent dans nos campagnes. Son premier souci, parce qu'il y voyait son premier devoir, fut de s'occuper de la situation des colléges, des écoles primaires, et des missions diocésaines. Dans sa lettre pastorale du 12 juillet, un mois après son sacre, il expose ses plans :
« Déjà il s'est assuré du collége de Valognes, que
« la ville lui remettra le 1ᵉʳ septembre ; il a le
« collége de St-Lo ; il va faire hâter les construc-
« tions commencées pour recevoir le petit-sémi-
« naire de Muneville, et bientôt on réparera et
« l'on agrandira le petit-séminaire de l'Abbaye-
« Blanche, près de Mortain. » La circulaire ajoute :
« Il faut que nos professeurs soient pourvus des
« titres et des grades qui sont la preuve légale
« d'une haute capacité ; il faut que, dans un bref
« délai, nos maisons offrent toutes les garanties
« scientifiques et littéraires désirables, et qu'elles
« ne le cèdent en rien, sous ce rapport, aux
« meilleurs établissements de l'État. »

On le voit, le zèle de l'universitaire était passé à l'évêque. Bientôt l'organisation des conférences ecclésiastiques dans les quarante-huit cantons de la Manche triompha de toute répugnance ; elles portèrent d'excellents fruits. Les résumés de ces conférences, publiés en six ou sept volumes in-8°, prouvèrent que de graves matières y avaient été traitées avec talent. Ces utiles travaux ont sans doute été continués.

Le zèle de Mgr Daniel ne cessa de s'accroître,

et ses fondations furent nombreuses. Ses mandements et ses lettres pastorales se succédèrent avec une telle rapidité, que nous en avons recueilli quatre-vingt-six. Nous n'avons pas compétence pour en apprécier tout le mérite ; mais en les lisant, on est frappé de l'excellent esprit qui les anime : c'est toujours la même ardeur pour le bien, ce sont toujours des améliorations pour tout ce qui existe.

Si nous ne craignions pas de trop allonger cette biographie dans une séance où le temps doit être ménagé pour d'autres lectures, nous parlerions de ses visites au Mont-St-Michel, où les détenus firent des réceptions enthousiastes à cet *ange de leur prison*, comme ils l'appelaient, nous parlerions des distributions de prix dans ses petits-séminaires, où il avait relevé les études au point d'y représenter des tragédies de Sophocle en grec, en grec bien su, bien compris par les acteurs, mais énigme assurément pour la plupart des spectateurs.

Mentionnons que l'on doit au digne prélat le rétablissement du titre d'évêque d'Avranches réuni à celui d'évêque de Coutances.

Disons encore que, dès 1854, il publia un nouveau catéchisme, en tête duquel se trouve un morceau de quelques pages, remarquable abrégé de l'Ancien et du Nouveau-Testament, ainsi que de l'Histoire de l'Église.

L'activité dévorante de Mgr Daniel pendant les premières années de son épiscopat détermina une série d'infirmités contre lesquelles il lutta de longs mois sans pouvoir les conjurer : il expira le 4 juillet 1862.

Le temps qui s'est écoulé depuis et nos souvenirs interrogés avec calme n'ont point modifié notre jugement sur un prélat qui fut plus de quarante ans notre ami. De la fin de 1819 jusqu'à sa mort, nous l'avons suivi dans toutes les phases de sa vie, nous sommes entré fort avant dans son intimité, nous l'avons mieux connu (nous le croyons) que ne l'ont pu connaître ses prêtres et ses grands-vicaires. Pour eux il fut toujours un évêque ; ils ne l'ont guère vu qu'à des œuvres sacrées : nous l'avons vu, nous, à des œuvres profanes, où l'homme se montre mieux dans la franchise de l'abandon et la vérité de sa nature.

Le trait caractéristique de Mgr Daniel, dans toutes les circonstances, a été le culte du devoir. Sa foi religieuse, sa foi philosophique, sa foi politique auraient pu être ébranlées, que le devoir n'eût pas cessé d'être sa règle et son guide. Professeur, principal, proviseur, recteur, membre du Conseil supérieur de l'Instruction publique, inspecteur général des études, évêque, président de l'Académie des sciences, arts et belles-lettres de Caen, président, puis directeur de notre Société des Antiquaires, secrétaire-général de l'Association normande, il a toujours étudié le but de chaque institution, les meilleurs moyens de l'atteindre, et fait tout son possible pour réaliser dans ces postes divers le type de la perfection relative. Rien ne lui coûtait pour obéir aux moindres prescriptions de sa conscience, parce que toutes entraient dans sa conception du devoir. C'est ce qui explique certains actes de sa vie, que l'on a prétendu n'être pas avec d'autres dans une complète harmonie. Nous ne souscrirons jamais à ce jugement. On peut servir la France sous tous les régimes, et voir différemment à différentes époques de sa vie ; on peut même apprécier autrement les mêmes choses selon les postes où le hasard des événements nous a successivement placés. Recteur sous la République de 1848, M. l'abbé Daniel était tenu à écrire d'autres circulaires que sous la Monarchie de Juillet. Évêque, il avait plus d'estime pour les petits-séminaires que pendant les années de son rectorat. Mais, quelles que fussent les places qu'on lui confiât, il en acceptait les charges comme les honneurs, et il en remplissait scrupuleusement toutes les obligations.

Rappelons, en finissant, deux époques de la vie de Mgr Daniel, qui sont pour nous un exemple frappant des destinées humaines. Un jour de son enfance, il entrait, petit paysan, en veste courte, en cheveux longs, l'œil modeste, mais résolu, dans cette cathédrale de Coutances, l'un des chefs-d'œuvre du XIIIe siècle. Qui lui eût dit alors qu'il serait un jour prince de l'Église ; qu'il ferait restaurer la chapelle délaissée de la Vierge ; que, parti de Contrières, il parcourrait une des carrières les plus honorables pour arriver à cette chapelle qui serait son dernier asile ? C'est là que nous avons vu déposer ses restes mortels, à égale distance à peu près de l'entrée et de l'autel. C'est là que les âmes pieuses, dont ses institutions ont accru la ferveur, viennent prier pour leur conseiller, leur père, l'instigateur de leurs œuvres les plus méritoires ; c'est là que ses amis, soit ceux qui eurent toute sa confiance et qui connurent toutes les tendresses de son cœur, soit ceux qu'il aida dès les premiers pas de leur carrière, soit ceux qu'il soutint et protégea à des époques difficiles, pourront méditer sur une vie si pleine, si laborieuse, si soumise à toutes les exigences du devoir ; c'est là que les jeunes hommes, prêtres ou laïques, étudieront, s'ils veulent un parfait modèle, comment, au XIXe siècle, par la culture de ses facultés, par sa persévérance dans le travail, par la noblesse des moyens comme par celle du but, on s'élève, non toujours à la richesse, mais à l'estime, aux postes élevés, et parfois à une renommée durable.

Heureux ceux qui, comme Mgr Daniel, après avoir conquis les honneurs par les voies les plus légitimes, reviennent mourir au milieu de leurs concitoyens qui les apprécient, qui les vénèrent, et proclament avec sincérité, avec orgueil, leur mérite supérieur ! Heureux ceux-là qui, comme Mgr Daniel, sont de rares exceptions à la règle écrite dans l'Évangile : « Nul n'est prophète dans « son pays. »

APPENDICE.

Nous avions projeté, il y a près de vingt ans, d'écrire en un volume une Vie de Mgr Daniel; mais nous avons reconnu que, pour remplir dignement cette tâche, il faut un ecclésiastique fervent et tolérant, éclairé et indépendant, qui puisse, en dehors de toute influence, apprécier ce que notre éminent prélat a fait pour son diocèse et pour l'Église. Le biographe que nous voudrions susciter trouvera, dans la bibliographie spéciale qui va suivre cet APPENDICE, une première indication de sources; il en trouvera dans les journaux de l'époque (*Journal de Coutances*, *Journal d'Avranches*, *Le Mortainais*, *Le Phare de Cherbourg*, etc.), qui ont fait des descriptions exactes de l'enthousiasme avec lequel Mgr Daniel fut reçu dans les villes du département, dans les petits-séminaires, dans les colléges, dans la prison du Mont-St-Michel, alors si indignement profané, du Mont-St-Michel

Qui depuis... mais alors c'était une prison!

Les détenus lui adressèrent des vers français, comme les élèves des établissements, d'institution secondaire lui avaient adressé d'assez longues pièces de vers latins.

Il faudra consulter les mandements, les circulaires, les correspondances, tout ce que renferment les archives du diocèse concernant l'administration de Mgr Daniel pendant les années trop peu nombreuses de son épiscopat. Pour nous qui avons restreint notre œuvre aux proportions d'une notice académique, nous n'ajouterons que trois morceaux à la biographie qui précède et qui forment cet APPENDICE.

I.

Nous avons parlé ci-dessus, page 4, de M. l'abbé Doyère. Voici une courte notice destinée à le faire connaître.

L'abbé Doyère fit beaucoup pour l'abbé Daniel, qui se montra toujours, de vive voix ou par écrit, très-reconnaissant envers ce bienfaiteur. Celui-ci, né à St-Jean-des-Essartiers (Calvados), le 18 mars 1756, mourut chanoine de la cathédrale de Coutances, le 16 novembre 1833. Après d'excellentes études faites à l'Université de Caen, il professa fort jeune la philosophie au collège de St-Lo, desservit comme curé, pendant plusieurs années, la paroisse de Contrières, et passa à Jersey par suite des persécutions révolutionnaires contre les prêtres insermentés. Quand les églises furent rendues au culte (1), il rentra dans sa cure de Contrières et s'attacha

(1) Ce retour de l'abbé Doyère est ainsi rappelé avec effusion, p. 50 de la *Notice historique sur le collège de Coutances :* « Nous avons été
« témoin des transports de joie qui l'accueillirent à Contrières, au retour
« de ses dix ans d'exil; nous avons assisté, le 19 novembre 1803, à la

bientôt au petit Daniel auquel il donna les premières leçons de français et de latin. Nommé principal du collége de Coutances en 1806, il y emmena son élève favori, qu'il prit pour maître d'études, en 1814, pour suppléant de philosophie, en 1817, et qu'il eut pour successeur comme principal, en 1825.

Revenu de l'exil, l'abbé Doyère fut tolérant sous l'Empire; mais sa langue et sa plume se donnèrent toute liberté sous la Restauration. Dans ses cours de philosophie, la plus grande partie des leçons était consacrée à des déclamations contre toute idée nouvelle. Il ne faisait entendre à ses élèves que des apologies de l'ancien régime et des accusations insensées contre les actes du libéralisme le plus modéré. J'en parle pertinemment pour l'avoir entendu comme disciple pendant un mois. Sa parole ardente développait sans cesse les deux brochures qu'il avait publiées, la première en 1817, la deuxième en 1819. Voici les titres de ces brochures que j'ai conservées : *Le Memento des vivants et des morts, ou quelques réflexions sur l'état de la France sous le gouvernement de Louis XVIII, au mois de mai 1817; comparé à ce qu'elle a été sous Bonaparte et le Peuple souverain; dédiée aux bons et fidèles Normands, principalement aux habitants du Bocage et généralement à tous ceux qui croient en Dieu, aiment le Roi, désirent la Justice et la Paix;* — par un desservant du diocèse de Bayeux, membre d'un des Comités d'Instruction publique. Caen, Poisson, 1817, in-8° de XXIV et 115 p. — *Supplément et justification de la première partie du Memento,*

« première messe qu'il célébra dans son ancienne église qu'il retrouvait
« si nue et si délabrée. Les divisions qu'avait fait naître le schisme
« constitutionnel avaient cessé comme par enchantement. Toute la
« paroisse se pressait dans la pauvre église. Aux simples paroles que
« prononça le bon pasteur, avec cette éloquence de l'âme qu'il possédait
« si bien, tous fondaient en larmes; on bénissait Dieu, on bénissait
« son digne ministre, on bénissait la religion qui revenait de l'exil avec
« lui. Nous étions encore enfant alors; toutefois ce spectacle était si
« touchant, qu'il a laissé en nous une impression que nous avons
« conservée avec bonheur. »

pour servir d'avant-propos à la seconde. Caen, Poisson 1819, in-8° de 100 p. Le naturaliste Louis Doyère, que nous avons beaucoup connu, était son neveu. Né, comme lui à St-Jean-des-Essartiers, il fut professeur à l'Institut agronomique de Versailles et à l'École des arts et manufactures de Paris. Il est mort jeune, mais laissant une réputation de savant, justifiée par de bons livres et d'excellents mémoires.

II.

Étant, dans le chef-lieu du rectorat, l'un des cinq amis que Mgr Daniel invita à son sacre, j'eus la fantaisie de lui adresser une épître que je comptais lire à la fin du banquet. L'extrême agitation de tant de graves personnages, au dessert, me fit juger l'occasion tout à fait inopportune, et ce fut seulement le lendemain que je remis ma pièce aux mains du prélat. Mon vénérable maître m'adressa mille remerciements, et me sut gré, je crois, de ma réserve.

CAUSERIE PHILOSOPHIQUE ET RELIGIEUSE.

VERS

Faits pour être lus dans le banquet épiscopal du 12 juin 1853, jour du sacre de Mgr Daniel, évêque de Coutances.

Pardon !... j'ai quelques vers pour la fin du repas ;
Des vers ne pèsent guère à de bons estomacs !
Outre que le sujet me donne confiance,
Je crois qu'un bon dîner prépare à l'indulgence.

*
* *

Au troupeau qu'il aimait il est enfin rendu,
Ce vénéré pasteur, si longtemps attendu,
Qui nourrit quarante ans une vague espérance
De prendre sa retraite et mourir à Coutance.
Nous qui l'avons suivi, nous qui de ses secrets
Avons été toujours les confidents discrets,
Disons qu'il chérissait sa ville épiscopale,
Et qu'en lui rappelant, avec sa cathédrale,
Du collége agrandi la prochaine splendeur,
On voyait tous ses traits rayonner de bonheur.

*
* *

Du sombre Février quand les voiles funèbres
Vinrent sur mon pays étendre leurs ténèbres,
Et qu'un ardent ministre arracha sans pudeur
A l'évêque futur sa robe de recteur,
J'ai vu l'ange tombé, le pasteur sans houlette
Prêt à venir ici vivre dans la retraite :
« C'est là, nous disait-il, c'est là que de mes jours
« Près de quelques amis, j'achèverai le cours ;
« Je ferai quelque bien, s'il m'est encor possible. »

*
* *

Mais Paris l'appela. — Le pouvoir invisible
Du Dieu qu'il invoquait, comme son ferme appui,
Lui gardait les honneurs qu'il revêt aujourd'hui

D'autres les chanteront. — Pour ma muse vieillie,
Un souvenir lui vient de la philosophie
Dont le savant abbé lui donna des leçons,
De mûrs enseignements abondantes moissons.

*
* *

Quel charme nous reporte à notre adolescence !
Quel aimable régent ! quel feu ! quelle éloquence !
Avec quelle clarté de systèmes menteurs
Sa bouche à nos esprits dévoilait les erreurs !
Que de fleurs il jetait sur l'aride logique !
Que de traits fins aux chefs de l'école éclectique !

Alors la vérité s'exprimait en latin.
On ne connaissait pas les rêveurs de Berlin,
De Tubingue et Francfort, ces nébuleux sophistes,
Dont la ruche enfanta tant d'essaims panthéistes ;
Mais ce qui valait mieux, c'est qu'au sortir des bancs,
Chaque élève emportait des germes de bon sens.
Il ne divaguait point sur la psychologie,
Sur le moi, le non-moi; jamais l'ontologie
Ne donnait le vertige à ces jeunes penseurs ;
Leur esprit, effrayé de tant de profondeurs,
De concepts insensés n'offrait point le scandale,
Et cherchait un asile au sein de la morale ;
La morale, ce frein de toute passion ;
La morale, ce but de la religion ;
La morale, que Christ, dans sa pitié profonde,
Retira de l'erreur, par là *Sauveur du monde.*

Vous dire, après cela, que tous les écoliers
Furent de petits saints, je n'ose, et des premiers
J'ai des *mea culpa*... Nous tous, tant que nous sommes,
Nous avons tous péché : ce que c'est que d'être hommes !
Nous avons tous failli! Si l'un plus, l'autre moins,
A la masse chacun apporta ses appoints.
Mais lorsque la divine et l'humaine sagesse
Se taisaient, quand l'Orgueil marchait dans son ivresse,
Un maître impérieux a parlé... le Malheur !
Il nous a tous jetés dans l'aire du Vanneur ;

Le Vanneur nous saisit muets, pâles, timides,
Et je ne sais quel souffle emporta les grains vides.
De la grande leçon quel fruit est-il resté ?
C'est que, reconnaissant la folle vanité
De nos ambitions, notre propre inconstance
A chassé loin de nous la dure intolérance.
Nous avons (c'est beaucoup!) appris à nous souffrir.
Aucun des vieux partis n'oserait se nourrir
Du décevant espoir de soumettre la foule,
De triompher longtemps... il sait comment s'écroule
Le fragile échafaud de nos grandeurs d'un jour ;
Il sent pour ses rivaux un sympathique amour.
De là ce noble accord du Siècle et de l'Église ;
L'Église aime la paix, le Siècle se ravise :
Il avait blasphémé ce qu'il connaissait peu ;
Il s'éclaire... Admirez comme il revient à Dieu !
Et nous, longtemps le but d'ardentes apostrophes,
Nous, qu'on croyait flétrir du nom de philosophes,
On nous connaît enfin. Oubliant nos griefs,
Pour prince de l'Église on prend l'un de nos chefs,
Et ce choix, appuyé de la publique estime,
Semble le résultat d'un suffrage unanime.

Cet emprunt d'un évêque à l'Université
Me plaît... tous ses poisons ne l'ont pas trop gâté !

. . . .

*
* *

Ainsi nous cheminons, humaines caravanes,
Vêtus ou d'habits noirs, ou de noires soutanes ;
Sous la robe, ou le frac; ignares, érudits ;
Riches, pauvres; ou blancs ou noirs; grands ou petits
Allant au même but, but de la Providence !
Pourquoi se disputer des droits de préséance
Dans ce pélerinage à la tombe ?.... Forçats,
N'agitons point nos fers; plus d'absurdes combats ;

Aimons-nous, aidons-nous !... Au fond de nos provinces,
Soumis au même Dieu, sujets des mêmes princes,
Ne faisons que le bien, ne fuyons que le mal.
Nous sommes attendus au même tribunal ;
Où, saisi de frayeur, nul, chargé de son compte,
(Car nul n'est innocent) ne paraîtra sans honte.
Apportons au plateau des compensations
Quelques douces vertus, de bonnes actions,
Non de grandes, parfois la vanité s'y mêle !
Ah ! de mon idéal vous avez un modèle
Depuis que, ce pasteur gouvernant ce troupeau,
Mon cher et vieux régent est l'évêque nouveau.

Salut à Sa Grandeur ! Que la main protectrice,
Qui longtemps nous soutint, désormais nous bénisse !

III.

Nous terminerons cet APPENDICE en reproduisant presque en entier l'article que nous publiâmes, le 19 juillet 1862, dans un journal de Caen qui nous l'avait demandé.

OBSÈQUES DE MONSEIGNEUR L'ÉVÊQUE DE COUTANCES.

Témoin de cette funèbre cérémonie, nous dirons ce que nous avons vu ; nous ferons taire nos sentiments personnels, notre douleur privée, pour raconter le triste spectacle préparé par la mort aux populations pieuses d'un des plus beaux diocèses de France.

Une douzaine de jours s'étaient écoulés depuis le décès de Mgr Daniel, et toutes les précautions étaient prises pour la conservation de ses restes mortels. Son âme avait été rejoindre celle des grands hommes, lumières du monde et flambeaux du catholicisme. Elle avait passé devant Dieu, environnée d'une auréole de bienfaits, de sacrifices, de dévouements, de vertus humaines et presque divines. Le corps de Monseigneur était là, inanimé, glacé; sa face avait été deux jours exposée aux regards des fidèles, et des milliers de pieuses femmes étaient venues prier dans la cathédrale pour le saint évêque.

Les obsèques avaient été remises au mercredi 16 juillet. Dès la veille, les étrangers affluaient dans la ville de Coutances ; les préparatifs se faisaient le long des rues où devait passer Monseigneur dans une dernière procession, où la voix du peuple lui rendrait les bénédictions que lui avait données le pasteur avec tant de bonté, avec tant d'effusion, depuis neuf ans.

Il y a neuf ans, en effet, que nous étions au sacre de Mgr Daniel. Quel aspect différent présentait, dans ces derniers jours, la ville épiscopale ! En juin 1853, c'étaient des guirlandes de fleurs, des arbres plantés pour un jour devant les maisons, et figurant des avenues menant à des arcs-de-triomphe : c'était la joie la plus pure, la plus vive espérance. En juillet 1862, c'était une affliction profonde, un sentiment de la perte immense que venait de faire le diocèse : c'était, dans le petit peuple, dans les faubourgs habités par les pauvres, des colloques pleins de franchise et de jugements sains et naïfs, tels que les aimait Mgr Daniel. La voix du peuple est bien là, et là seulement, la voix de la vérité : « Pauvre cher homme ! disait une vieille femme, je donnerais deux doigts de ma main pour qu'il ne fût mort qu'après moi. Sans lui nous étions ruinés, il y a six ans : il est entré chez nous, et les vingt écus qu'il y a laissés nous ont remis, et sans lui nous n'aurions plus la chaise où il voulut bien s'asseoir. C'est lui qui n'était pas fier ! c'est lui qui n'avait pas peur d'approcher du pauvre monde ! Ah ! je vais acheter du papier noir pour faire des larmes; on n'en fera jamais autant qu'il en a séché ! »

Des larmes en papier noir sur des toiles blanches ; telle était la décoration de toutes les maisons sur le passage du cortége, qui, à 8 heures 1/4, prenait le corps à l'évêché et le suivait dans ce chef-d'œuvre de l'architecture du XIIIe siècle, qu'on appelle la cathédrale de Coutances.

La composition de ce cortége était aussi remarquable qu'on pouvait s'y attendre dans une petite ville où siégent peu de chefs d'administration. On y voyait le préfet de la Manche, les sous-préfets, les autorités locales, le corps enseignant dont nous parlerons ci-après. Voici, du reste, l'ordre du cortége, tel qu'il avait été arrêté à l'avance, tel qu'il était mentionné dans le programme :

« 1° Un piquet de sapeurs-pompiers ; 2° le suisse de la cathédrale ; 3° les bedeaux des paroisses et ceux de la cathédrale ; 4° l'hôpital ; 5° les enfants des écoles chrétiennes, en trois divisions, précédées chacune par un frère ; huit enfants marcheront de front ; 6° les paroisses voisines de la ville, dans l'ordre ci-dessus indiqué ; 7° le clergé du diocèse ; 8° les paroisses de la ville ; 9° la croix du chapitre ; 10° les chantres de la cathédrale sur deux lignes ; 11° six chantres ecclésiastiques ; 12° les sous-diacres ; 13° les diacres ; 14° les choristes et le grand-chantre ; 15° le chapitre ; 16° les évêques et leurs chapelains ; 17° l'archevêque ; 18° les assistants, les porte-insignes de l'officiant ; 19° les tambours ; 20° les musiciens ; 21° la croix et les acolytes du convoi ; 22° la croix d'honneur portée par un décoré ; 23° Cinq prêtres de front en aubes et un cierge à la main ; 24° le porte-suaire accompagné de deux prêtres ; 25° cinq prêtres de front un cierge à la main ; 26° la croix pectorale ; 27° cinq prêtres un cierge à la main ; 28° les porte-insignes du prélat défunt sur une ligne ; 29° le brancard accompagné des quatre porte-torches, des thuriféraires sur les côtés, d'un détachement de sapeurs-pompiers ; 30° les domestiques de l'évêché deux à deux ; 31° cinq prêtres un cierge à la main ; 32° les parents de Monseigneur ; 33° les autorités dans l'ordre des préséances ; 34° les amis du défunt ; 35° les élèves du lycée ; 36° les religieuses ; 37° un piquet de sapeurs-pompiers. »

Un conflit fâcheux a eu lieu, un de ces conflits qui font toujours regretter que le Gouvernement ne se décide pas résolument à refondre l'insuffisant décret des préséances. Le tribunal civil, se trouvant blessé dans ce qu'il regarde comme son droit, a cru devoir se retirer. De telles susceptibilités devant un cadavre ont quelque chose de bien misérable ; c'est un déplorable spectacle pour les populations ; c'est la condamnation de l'humilité chrétienne par la superbe des grands de la terre; c'est un démenti à la croyance catholique ; mais, enfin, si la religion n'a pu refaire l'homme, l'homme ne sera pas refait par la société : à la société donc de rédiger des lois à nos petites tailles, à l'étroitesse de nos cerveaux, à la grandeur de nos vanités. Nous ne pouvons trop le répéter à nos gouvernants : il faut qu'ils avisent ; il faut que ces conflits qui font naître des haines locales, qui augmentent et ravivent les luttes de corps, disparaissent devant les prescriptions impérieuses d'un décret.

Un autre conflit aurait pu avoir lieu sans la sagesse d'un homme qui représentait M. le Ministre de l'Instruction publique et des cultes, M. Le Verrier. M. Le Verrier était venu, au nom de M. Rouland, qui, sachant ce que l'Université de France devait à Mgr Daniel, avait eu la sage et noble pensée d'associer le Gouvernement impérial et l'Académie de l'ancien recteur aux honneurs funèbres qui lui étaient décernés. M. Le Verrier était bien l'homme qui convenait dans la circonstance. Né à St-Lo, représentant au Conseil général un canton de l'arrondissement de Coutances, ami du défunt et son collègue comme inspecteur général, au moment où l'ancien recteur de notre Académie était appelé contre sa volonté, ou du moins contre son désir, aux honneurs de l'épiscopat, M. Le Verrier, nous le répétons, était l'homme qui convenait, et M. le Ministre a fait preuve de tact en le choisissant. Il n'y avait pas à craindre que le délégué de M. Rouland compromît le corps en tête duquel il marchait. Ce corps, suffisamment distingué par lui-même, serait toujours remarqué avec un tel chef, en quelque lieu du cortége qu'il se trouvât.

L'événement n'a pas démenti les prévisions. Un huissier faisait l'appel des corps constitués, et tous passaient avant le corps enseignant. Enfin, le tour des commissaires de police est arrivé, et l'Université a été appelée après eux. M. Le Verrier marchait à la tête des facultés, des lycées, des colléges communaux, des inspecteurs de tous les ordres, des instituteurs de l'arrondissement de Coutances, des cent quatre-vingt-deux pensionnaires du lycée de cette ville : tous les professeurs étaient en robe, et jamais la ville épiscopale n'avait vu ce mélange et cette distinction de couleurs de l'administration rectorale, des facultés de droit, des sciences, des lettres, de l'école secondaire de médecine. Aussi peut-on affirmer que l'Université, dignement représentée, a été beaucoup remarquée dans le cortége, dont elle faisait, les prêtres exceptés, une notable moitié. Une chose frappait surtout la foule : M. Le Verrier, en habit de sénateur, et marchant en tête de son corps, laissait un espace notable entre lui et MM. les commissaires de police. Il n'y avait pas lutte, il n'y avait pas protestation : c'était un simple avertissement pour la révision du décret sur les préséances ; c'était une distinction de bon goût.

On sait que Mgr l'archevêque de Rouen officiait. Mgr l'évêque de Séez n'avait pu venir à la cérémonie, où se trouvaient NN. SS. les évêques d'Évreux et de Bayeux.

Après la messe, M. l'abbé Gilbert, chanoine de la cathédrale, est monté en chaire et a lu une intéressante biographie de Mgr Daniel. Un fait a été révélé pour la première fois, fait positif dont M. Gilbert a les preuves en main : quand Mgr Daniel sentit les premières atteintes du mal qui l'a successivement affaibli pendant plus de deux années, il craignait de ne pouvoir s'acquitter convenablement des devoirs de l'épiscopat ; il demanda conseil à l'archevêque de Paris, dans lequel il avait pleine confiance, et le pria de lui désigner un coadjuteur pour mettre sa conscience en repos. L'archevêque de Paris s'empressa de combattre les scrupules de son ami, trop vite alarmé ; il le rassura par d'excellentes raisons, et le projet n'eut pas de suite.

Nous avons su qu'il avait été question d'une véritable oraison funèbre qu'aurait prononcée l'éloquent évêque d'Orléans. Il paraît que le chapitre de Coutances a craint de déplaire au Gouvernement. Une telle crainte n'est pas justifiée, et, dans tous les cas, elle ne devait point empêcher d'accueillir ou d'exciter le zèle de Mgr Dupanloup. Quel devait être le but du chapitre, sinon d'ajouter à l'éclat de la cérémonie, et de donner le plus de retentissement possible aux qualités et aux vertus de Mgr Daniel? Rien de plus juste, rien de plus convenable, rien de plus moral. L'éloquence du prélat-académicien n'était-elle pas de nature à mettre dans un admirable jour ces vertus et ces qualités? N'était-ce pas un grand honneur pour l'église de Coutances qu'un de ses plus savants et de ses plus pieux prélats fût célébré par la voix d'un orateur illustre, qui fut son ami, et qui apprécia mieux que personne sa science, son zèle et son dévouement au vrai progrès? Et qu'est-ce que cette crainte de déplaire devant un devoir à accomplir? Le clergé ne doit point empiéter sur les droits d'autrui ; mais qu'il ne permette point à autrui d'empiéter sur les siens. Qu'il sache les faire respecter en les exerçant : nos libertés tiennent plus qu'on ne pense à une sage indépendance du clergé catholique.

Ainsi nous n'avons pas eu l'oraison funèbre de Mgr l'évêque d'Orléans, et nous le regrettons pour la mémoire de Mgr l'évêque de Coutances : la meilleure biographie ne tient pas lieu d'une pièce de vraie éloquence.

Après la lecture de M. l'abbé Gilbert, après les cinq absoutes et tout le cérémonial arrêté d'avance, la procession s'est faite dans une partie des rues de Coutances. Les coins du poêle étaient portés par des représentants de divers corps, à savoir : par MM. Lebrec, vicaire capitulaire ; Poret, le plus ancien des chanoines ; le général Meslin, membre du Corps législatif ; Quenault, sous-préfet ; Brohier, maire de Coutances ; Guyot, inspecteur d'académie.

M. le recteur et MM. les inspecteurs étaient près de M. Le Verrier.

Après la procession, qui a duré cinq quarts d'heure, le

cortége est rentré, et l'inhumation a eu lieu au milieu de cette charmante chapelle de la Vierge, chapelle bâtie par l'évêque Sylvestre de La Cervelle, à la fin du XIVe siècle, et restaurée tout récemment par Mgr Daniel.

(Juillet 1862.)

BIBLIOGRAPHIE.

Mission de Coutances, ou description des cérémonies et analyse des instructions de la Mission; ouvrage dédié à la ville de Coutances. Coutances, Voisin, 1821, 1 vol. in-12 de 170 pages (en y comprenant la liste des souscripteurs et la table des matières).

C'est le premier ouvrage que le jeune abbé Daniel ait fait imprimer : ce n'est pas le premier qu'il ait composé. Trois ou quatre ans auparavant, il avait adressé à l'un de ses amis quelques élégies philosophiques, où se trouvaient des vers bien frappés et des pensées nobles et généreuses. Nous savons que toutes ces pièces ne sont point perdues.

Tableaux synoptiques de géographie ancienne et moderne des diverses parties du globe. Coutances, Voisin, 1822, in-f° oblong.

L'édition que nous avons sous les yeux est intitulée : *Tableaux synoptiques de géographie ancienne et moderne comparées*, 4e édition, enrichie de cartes nouvelles. Coutances, Voisin, 1826, in-f°.

Dissertation analytique sur la physique. Coutances, Voisin, 1823, in-8° de 35 p.

Des qualités de l'orateur sacré. Thèse de littérature pour le doctorat. Coutances, Voisin, août 1824, in-4° de 37 pages.

Idem. Nouvelle édition. Caen, Le Roy, 1829, in-8°.

Animam immaterialem humanoque corpori superstitem esse. Thèse de philosophie pour le doctorat. Coutances, Voisin, 1824, in-4° de 27 pages.

Idem. Animam simplicem humanoque corpori superstitem esse. Editio nova. Caen, Le Roy, 1829, in-8°.

Il y a quelques variantes dans cette nouvelle édition.

Notice historique sur M. Leboucher, ancien avocat au Parlement de Paris, chevalier de la Légion d'Honneur, auteur de l'Histoire de l'indépendance des États-Unis d'Amérique. Paris, De Lachevardière, 1829, in-8° de 23 pages.

Cette notice est un tirage à part. Elle figure en tête de l'Histoire de la guerre de l'indépendance des États-Unis, 2ᵉ édition, donnée par M. Émile Leboucher, fils de l'auteur, en 2 vol. in-8°. La 1ʳᵉ édition, in-4°, avait paru, à Paris, chez Brocas, en 1787.

Extrait du Journal de Caen et de la Normandie (n° 38, le jeudi 14 août 1828). Distribution des prix, le 11 août 1828. Caen, Le Roy, 1828, in-8° de 8 pages.

Dans cet extrait se trouve le discours du proviseur.

Extrait du Journal politique du Calvados (n° 96, mercredi 12 août 1829). Collége royal de Caen. Distribution des prix, le 10 août. Caen, Le Roy, 1829, in-8° de 8 pages.

Six pages sont occupées par le discours du proviseur.

Notice historique sur M. l'abbé Gambier, ancien régent de rhétorique, curé de St-Nicolas, chanoine de la cathédrale de Coutances. Caen, Le Roy, 1829, in-8° de 23 pages.

Naufrage du navire la Nathalie, d'après le récit de M. Gaud Houiste, de Granville, chevalier de la Légion d'Honneur, capitaine second à bord de ce bâtiment, par M. D***. Nouvelle édition. Coutances, Voisin, 1830, in-8° de 37 pages.

La 1ʳᵉ édition (Coutances, Voisin, 1827, in-8° de 55 pages), ornée de trois lithographies, était indiquée comme l'œuvre de M. Gaud Houiste, qui n'en avait fourni que la matière.

Extrait de la Revue Normande. Collége royal de Caen. Caen, Le Roy, in-8° de 4 pages (s. d.).

Discours prononcé à la distribution des prix du collége royal de Caen, le 5 octobre 1830. Caen, Le Roy, 1831, in-8° de 15 pages.

Nouvel abrégé chronologique de l'Histoire universelle, à l'usage des colléges et des maisons d'éducation. Caen, Le Roy, 1ʳᵉ partie, décembre 1830; 2ᵉ partie, 1833.

Cet ouvrage a eu quatre parties; les deux dernières ont été rédigées par M. Marie, professeur de 3ᵉ au lycée de Caen.

Le succès l'accueillit à son début, et il a eu diverses éditions tirées à des milliers d'exemplaires par la librairie Hachette. M. Marie a refondu l'ouvrage en un fort volume in-12, qui est un des meilleurs abrégés d'Histoire universelle.

Discours prononcé à la distribution des prix du collége royal de Caen, le 10 août 1831. Caen, Le Roy, 1831, in-8° de 10 pages.

Cartes géographiques murales. Caen, Chalopin, 21 juin 1833, in-8° de 8 pages.

Société des Antiquaires de Normandie. Discours prononcé dans la séance générale du 22 juillet 1833. Caen, Chalopin, 1833, in-8° de 16 pages.

Association normande. Circulaire du 5 mars 1833. Caen, Le Roy, in-8° de 8 pages.

L'abbé Daniel écrivit cette circulaire comme secrétaire général de l'Association.

Association normande. Réunion générale, 19 et 20 juillet 1833. Caen, Le Roy, 1833, in-8° de 30 pages.

Procès-verbaux de trois séances.

Association normande. Séances générales, 18 et 19 avril 1834. Caen, Le Roy, in-8° de 24 pages.

Procès-verbaux de trois séances.

Instruction primaire. Arrondissement de Caen. Remise de médailles et de mentions honorables, 17 juillet 1834. Caen, Le Roy, 1834, in-8° de 15 pages.

Instruction primaire. Arrondissement de Caen. Discours prononcé par M. l'abbé Daniel, proviseur du collége royal, vice-président du comité d'instruction primaire de l'arrondissement de Caen, à l'occasion d'une remise de médailles et de mentions honorables, 21 septembre 1835. Caen, Le Roy, 1835, in-8ᶜ de 14 pages.

Discours prononcé à la distribution des prix du collége royal de Caen, le 10 août 1836, par M. l'abbé Daniel, proviseur. Caen, Le Roy, 1836, in-8° de 10 pages.

Extrait du rapport du proviseur sur la situation générale du collége royal de Caen. Caen, Le Roy, 1837, in-8° de 40 pages.

Éléments de géographie ancienne et moderne comparées. 2ᵉ édition. Caen, Le Roy, 1837, in-8° de 243 pages.

La 1ʳᵉ édition s'était écoulée en trois mois.

Choix de lectures ou premières leçons de littérature et de morale. Caen, Le Roy, 1837, in-18.

Cette compilation de morceaux, choisis dans les meilleurs écrivains français, se divise en deux parties : la première, consacrée à la prose; la deuxième, aux extraits des ouvrages en vers.

Réimprimée à Paris par les soins du libraire Hachette, elle a eu des éditions tirées chacune à 10,000 exemplaires. La 3ᵉ édition, imprimée chez Firmin Didot en 1841, le fut à ce nombre. Plusieurs autres, dans les mêmes conditions, ont été enlevées pour l'usage des écoliers. Le Conseil royal de l'Instruction publique en avait *autorisé* l'usage.

Collége royal de Caen. Rapport du proviseur sur la situation générale de l'établissement. Caen, Le Roy, 1838, in-8° de 26 pages.

Discours prononcé à la distribution des prix au collége royal, le 20 août 1839. Caen, Le Roy, 1839, in-8° de 15 pages.

Discours prononcé à la distribution des prix du collége de Coutances, le 21 août 1839, par M. l'abbé Daniel, recteur de l'Académie. Coutances, Voisin, 1839, in-8° de 8 pages.

Extrait du Bulletin de l'Instruction publique et des Sociétés savantes de l'Académie de Caen. Coup d'œil sur l'instruction primaire dans les trois départements du Calvados, de la Manche et de l'Orne. Caen, Hardel, 1840, in-8° de 15 pages.

Extrait du 3ᵉ numéro du Bulletin de l'Instruction publique et des Sociétés savantes de l'Académie de Caen. Rentrée solennelle de l'Académie royale de Caen. — Discours du recteur, de la page 2 à la page 15. Caen, Hardel, 1840, in-8°.

Idem. Extrait du 5ᵉ numéro (février 1841). Des salles d'asile dans le ressort de l'Académie de Caen. Caen, Hardel, 1842, in-8° de 8 pages.

Rentrée solennelle de l'Académie royale de Caen. Discours prononcé par M. l'abbé Daniel, recteur de l'Académie. Caen, Hardel, 1841, in-8° de 12 pages.

Embellissements de la ville de Caen. Notes historiques sur les établissements universitaires : Collége royal, — École normale, — Facultés; par M. l'abbé Daniel, recteur de l'Académie. Caen, Hardel, 1842, in-8° de 35 pages.

Inauguration du collége d'Orbec (Extrait du Bulletin de l'Instruction publique et des Sociétés savantes de l'Académie de Caen). Caen, Hardel, 1843, in-8° de 7 pages.

Il n'y a, du recteur, que des fragments de son discours. Le reste est du rédacteur en chef du Bulletin.

Les bâtiments universitaires. Lettre de M. le recteur, en date du 25 août 1843. Caen, Hardel, 1843, in-8° de 4 pages.

Rentrée solennelle de l'Académie royale de Caen. Distribution des prix aux élèves de la Faculté de droit et de l'École préparatoire de médecine et de pharmacie, 14 novembre 1843. Discours prononcé par M. l'abbé Daniel, recteur de l'Académie. Caen, Hardel, 1843, in-8° de 8 pages.

Histoire sainte abrégée, par M. Edom (Compte-rendu, extrait de la Revue de Caen). Caen, Hardel, 1844, in-8° de 3 pages.

Du projet de loi sur l'instruction secondaire (Extrait de la Revue de Caen, Bulletin de l'Instruction publique et des Sociétés savantes, 4e année, février 1844. Caen, Hardel, 1844, in-8° de 23 pages.

Association normande. 12e session. Discours d'ouverture. Caen, Le Roy, 1844, in-8° de 10 pages.

Commission de souscription pour l'érection de statues à Laplace et à Malherbe. Caen, Hardel, décembre 1844, in-8° de 4 pages.

Rapport sur le concours ouvert pour l'Éloge de Choron. Caen, Hardel, 1845, in-8° de 31 pages.

Tirage à part de ce Rapport, imprimé dans les Mémoires de l'Académie des sciences, arts et belles-lettres de Caen.

Académie royale des sciences, arts et belles-lettres de Caen. Séance publique du 11 décembre 1844. Rapport sur le concours ouvert pour l'Éloge de Huet. Caen, Hardel, 1844, in-8° de 12 pages.

Tirage à part de ce Rapport, imprimé dans les Mémoires de l'Académie, publiés en 1845.

Notice historique sur le collége de Coutances. Caen, Hardel, 1848, in-8° de 78 pages.

Lettre de M. l'abbé Daniel, ancien recteur de l'Académie de Caen, à M. Carnot, représentant du peuple, ancien ministre de l'Instruction publique. Paris, Bailly, 29 août 1848, in-8° de 12 pages.

A Messieurs les Instituteurs du ressort académique de Caen. Caen, Hardel, 30 avril 1849, in-8° de 4 pages.

Discours prononcé à la distribution solennelle des prix du lycée de Caen, le lundi 6 août 1849. Caen, Delos, 1849, in-8° de 7 pages.

Société des Antiquaires de Normandie. Séance publique, 18 août 1852. Discours prononcé par M. l'abbé Daniel, directeur. Caen, Delos, 1852, in-8° de 11 pages.

Même discours. Caen, Hardel, 1853, in-4° de 8 pages.

Lettre pastorale de Monseigneur l'Évêque de Coutances, à l'occasion de son entrée dans son diocèse. Coutances, Daireaux, 10 juin 1853, in-4° de 12 pages.

N. B. Toutes les pièces officielles qui suivent sont sorties des presses de M. Daireaux. Inutile de le répéter à chaque article.

Bénédiction de la première pierre du grand-séminaire de Coutances. 12 juin 1853, jour du sacre de Monseigneur Daniel. In-4° de 3 pages.

Bénédiction de la première pierre de l'église St-Clément de Cherbourg. 19 juin 1853. In-4° de 7 pages.

Lettre pastorale de Monseigneur l'Évêque de Coutances. 12 juillet 1853. In-4° de 6 pages.

Circulaire. Torigni, le 24 juillet 1853. In-4° de 2 pages.

Lettre pastorale. 29 septembre 1853. — Projets de statuts de la caisse de retraite pour les prêtres du diocèse de Coutances. In-4° de 8 pages.

Mandement de Monseigneur l'Évêque de Coutances, à l'occasion de la promulgation des décrets du concile tenu à Rouen, au mois de juillet 1850, et des statuts du synode diocésain, tenu à Coutances, en novembre 1853. 8 décembre 1853. In-8° de 28 pages.

C'est le seul mandement qui ne soit pas dans le format in-4°. La raison en est, peut-être, que le sage prélat voulait rendre plus commode et plus facile à conserver cette pièce capitale des débuts de son administration.

Circulaire. 1er janvier 1854. In-4° d'une page.

Mandement pour le carême de 1854. In-4° de 11 pages.

Ainsi que pour cette pièce, nous abrégerons beaucoup de titres. Nous tenons seulement à ce que l'indication soit exacte et suffisante.

Mandement qui ordonne des prières publiques pour le succès de nos armes en Orient. 2 avril 1854. In-4° de 8 pages.

Circulaire du 15 avril 1854. Projet de catéchisme. In-4° de 4 pages.

Mandement portant institution et règlement de l'adoration perpétuelle du Très-Saint-Sacrement. 1er mai 1854. In-4° de 15 pages.

Lettre pastorale concernant l'œuvre des petits-séminaires. 4 juin 1854. In-4° de 8 pages.

Circulaire du 5 juin 1854 (envoyée au clergé en même temps que la Lettre pastorale du 4). In-4° d'une page.

Circulaire du 6 août 1854. In-4° de 3 pages.

Mandement pour la promulgation d'un nouveau catéchisme du diocèse. 15 septembre 1854. In-4° de 7 pages.

Mandement promulguant l'encyclique de N. T. S. P. le pape Pie IX, en date du 1er août 1854, par laquelle une indulgence, en forme de Jubilé, est accordée au monde catholique. 8 octobre 1854. In-4° de 16 pages.

Circulaire du 1er novembre 1854. In-4° de 4 pages.

Lettre-circulaire à l'occasion de l'œuvre de la sanctification du dimanche. 3 novembre 1854. In-4° de 4 pages.

Lettre à l'occasion de l'adoration perpétuelle du Saint-Sacrement. 5 novembre 1854. In-4° de 6 pages.

Mandement de Monseigneur l'évêque de Coutances, pour la publication du décret apostolique qui l'autorise à joindre à son titre celui d'évêque d'Avranches. 30 nov. 1854. In-4° de 7 pages.

Lettre (ayant pour objet d'envoyer du vieux linge pour l'armée d'Orient). 22 décembre 1854. In-4° d'une page.

Mandement à l'occasion de la définition dogmatique de l'Immaculée Conception. 23 janvier 1855. In-4º de 7 pages.

Mandement pour le carême de 1855. Sanctification du dimanche. 25 janvier 1855. In-4º de 19 pages.

Lettre aux supérieurs et professeurs des petits-séminaires et au clergé du diocèse. 15 mars 1855. In-4º de 4 pages.

Lettre pastorale. Fondation d'une caisse de retraites pour les prêtres vieux ou infirmes. 19 mars 1855. In-4º de 11 pages.

Lettre... concernant les associations pour la sanctification du dimanche. 18 avril 1855. In-4º de 7 pages.

Mandement qui ordonne qu'il soit chanté un Te Deum en actions de grâces de l'insuccès de l'attentat dirigé contre S. M. l'Empereur des Français. 30 avril 1855. In-4º de 3 pages.

Lettre au clergé et aux fidèles. (Le petit-séminaire de Valognes). 12 juin 1855. In-4º de 4 pages.

Lettre au clergé et aux fidèles. (Fête du 15 août). 6 août 1855. In-4º de 4 pages.

Mandement ordonnant qu'il soit chanté un Te Deum en actions de grâces du succès de nos armes dans la guerre d'Orient. 13 septembre 1855. In-4º de 4 pages.

Lettre touchant les exercices de l'adoration perpétuelle du Saint-Sacrement. 3 octobre 1855. In-4º de 3 pages.

A l'envoi de cette Lettre était jointe : 1º Un tableau des églises et chapelles où l'adoration perpétuelle est établie pour l'année 1855-1856 ; 2º Une lettre d'une page in-8º, datée du 4 octobre, recommandant de ne pas faire sonner les cloches ni chanter des *Te Deum* sans ordre de l'évêque.

Mandement qui ordonne des prières publiques pour demander au ciel la conservation de la santé de l'Impératrice et l'accomplissement des espérances de la nation. 14 octobre 1855. In-4º de 3 pages.

Lettre au clergé du diocèse (Explications et avis relatifs aux statuts synodaux). 21 novembre 1855. In-4º de 15 pages.

Mandement ordonnant qu'il soit fait une quête de charité, le jour de Noël, dans toutes les églises et chapelles du diocèse. 3 décembre 1855. In-4º de 6 pages.

Mandement pour le carême de 1856. De la fin de l'homme. 13 janvier 1856. In-4° de 10 pages.—(Œuvre des Tabernacles). 2 mars 1856. In-4° de 7 pages.

Mandement ordonnant qu'il soit chanté un Te Deum *en actions de grâces de la naissance du Prince Impérial.* 16 mars 1856. In-4° de 2 pages.

Mandement ordonnant qu'il soit chanté un Te Deum *solennel en actions de grâces de la conclusion de la paix.* 31 mars 1856. In-4° de 9 pages.

Mandement ordonnant qu'il soit fait des quêtes en faveur des victimes des inondations. Valognes, 22 juin 1856. In-4° de 3 pages.

Lettre au clergé et aux fidèles. (Fête du 15 août). 11 août 1856. In-4° de 2 pages.

Tableau des églises et chapelles où l'adoration perpétuelle est établie pour les années 1857, 1858, 1859, 1860, 1861 et 1862. In-4° de 16 pages.

Ce Tableau est précédé d'une Lettre au clergé, datée du 21 septembre 1856.

Mandement ordonnant qu'il soit fait une quête de charité le jour de Noël dans toutes les églises et chapelles du diocèse. 1er décembre 1856. In-4° de 8 pages.

Mandement pour le carême de 1857. Éducation chrétienne des enfants. Devoirs des parents (A la suite sont des avis et recommandations). 2 février 1857. In-4° de 23 pages.

Lettre-circulaire au clergé. Visites archidiaconales et décanales. 8 février 1857. In-4° de 6 pages.

A cette Lettre est joint un cadre de 20 pages renfermant 343 questions.

Lettre au clergé. Œuvre des Tabernacles. 15 février 1857. In-4° de 6 pages.

Lettre au clergé. Conférences ecclésiastiques. 25 mars 1857. In-4° de 6 pages.

Lettre au clergé. Compte des recettes et dépenses de la caisse diocésaine de secours. 12 juin 1857. In-4° de 4 pages.

Lettre au clergé et aux fidèles. (Fête du 15 août). 3 août 1857. In-4° de 3 pages.

Lettre pastorale. Œuvres diocésaines. 21 septembre 1857. In-4° de 6 pages.

Lettre au clergé. Conférences ecclésiastiques. 30 novembre 1857. In-4° de 6 pages.

Mandement qui ordonne qu'il soit chanté un Te Deum en actions de grâces de l'insuccès de l'attentat dirigé contre S. M. l'Empereur des Français. 16 janvier 1858. In-4° de 2 pages.

Mandement pour le carême de 1858. Devoirs des enfants. 2 février 1858. In-4° de 15 pages.

Lettre au clergé. Œuvres des Tabernacles. 26 février 1858. In-4° de 6 pages.

Mandement pour la promulgation d'une indulgence plénière en forme de Jubilé, accordée au monde catholique, par N. S. P. le pape Pie IX, le 25 septembre 1857. 25 avril 1858. In-4° de 16 pages.

Lettre au clergé et aux fidèles (Fête du 15 août). 6 août 1858. In-4° de 2 pages.

Mandement pour le carême de 1859. Associations de piété et de charité. 8 février 1859. In-4° de 15 pages.

Lettre au clergé. Œuvre des Tabernacles. 10 mars 1859. In-4° de 7 pages.

Lettre au clergé. Application de la messe pro populo. 3 avril 1859. In-4° de 7 pages.

Lettre au clergé. Conférences ecclésiastiques. 25 avril 1859. In-4° de 3 pages.

Lettre au clergé. Installation des missionnaires diocésains à Périers. 1er mai 1859. In-4° de 6 pages.

Mandement qui ordonne des prières à l'occasion de la guerre d'Italie. 11 mai 1859. In-4° de 4 pages.

Mandement ordonnant qu'il soit chanté un Te Deum en actions de grâces du succès de nos armes dans la guerre d'Italie. 8 juin 1859. In-4° de 4 pages.

Mandement ordonnant qu'il soit chanté un nouveau Te Deum en actions de grâces du succès de nos armes dans la guerre d'Italie. 30 juin 1859. In-4° de 3 pages.

Mandement ordonnant qu'il soit chanté un Te Deum d'ac-

tions de grâces, à l'occasion de la paix de Villafranca et de la fête de l'Empereur. 8 août 1859. In-4° de 3 pages.

Mandement pour la promulgation et l'exécution des décrets de N. S. P. le pape Pie IX, autorisant le culte du bienheureux Thomas Hélye, prêtre de Biville. 21 septembre 1859. In-4° de 7 pages (1).

Mandement au clergé et aux fidèles, pour leur donner communication de l'allocution prononcée par le Saint-Père, dans le consistoire du 26 septembre, et demander des prières pour les besoins de l'Église. 24 octobre 1859. In-4° de 7 pages.

Lettre pastorale concernant l'Œuvre des petits-séminaires. 13 novembre 1859. In-4° de 4 pages.

Lettre au clergé. Compte des recettes et dépenses de la caisse diocésaine de secours. 3 décembre 1859. In-4° de 4 pages.

Mandement promulguant la liturgie romaine dans le diocèse. 8 décembre 1859. In-4° de 6 pages.

Lettre pastorale à l'occasion de l'introduction de la liturgie romaine dans le diocèse. 20 décembre 1859. In-4° de 11 pages.

Mandement pour le carême de 1860. 2 février 1860. In-4° de 12 pages.

Lettre au clergé. Œuvre des Tabernacles. 15 mars 1860. In-4° de 4 pages.

Nota. Il manque ici une pièce à notre collection. Cette

---

(1) Qu'il nous soit permis, à l'occasion de ce mandement, de mentionner trois opuscules dus à M. le vicaire-général Gilbert, qui a secondé avec un entier dévouement le zèle de Mgr Daniel, pour toutes les parties de son administration :

Relation des fêtes qui ont eu lieu dans le diocèse de Coutances, à l'occasion de la béatification du B. Thomas Hélye, prêtre de Biville. Coutances, Daireaux, 1859. In-8° de 43 pages.

Notice sur le bienheureux Thomas Hélye, mort en 1257, béatifié en 1859. 2e édition. Coutances, Daireaux, 1860. In-12 de 63 pages.

L'office du bienheureux Thomas (19 octobre), suivi de prières en son honneur, forme 32 pages à la suite de la Notice de M. l'abbé Gilbert.

Quelques observations à l'occasion de la Vie du B. Thomas Hélye, composée au XIIIe siècle par Clément, publiée avec une introduction et des notes, par M. Léopold Delisle. Coutances, Daireaux, s. d., in-8° de 12 pages.

pièce porte le n° 71 dans la série des Lettres et Mandements de Mgr Daniel. Nous savons, du reste, par une note du secrétariat de l'évêché de Coutances, que ce n° 71 donne, sans observations, connaissance au clergé d'une lettre du Ministre des Cultes, relative à l'emprunt romain.

Lettre pastorale au clergé, à l'occasion de la publication du Bréviaire et du Missel. 21 mai 1860. In-4° de 4 pages.

Mandement ordonnant qu'il soit chanté un Te Deum *d'actions de grâces, à l'occasion de la réunion de la Savoie et de l'arrondissement de Nice à la France.* 13 juin 1860. In-4° de 2 pages.

Lettre au clergé (Service pour le repos de l'âme du prince Jérôme-Napoléon). 3 juillet 1860. In-4° de 2 pages.

Lettre au clergé et aux fidèles (Fête du 15 août). Niederbronn (Bas-Rhin), 7 août 1860. In-4° de 2 pages.

Lettre pastorale au clergé et aux fidèles (Service pour les chrétiens morts en Orient, victimes de la cruauté des infidèles). Niederbronn (Bas-Rhin), 9 août 1860. In-4° de 3 pages.

Mandement ordonnant de nouvelles prières pour le Souverain-Pontife. Niederbronn, 17 août 1860. In-4° de 3 pages.

Lettre au clergé et aux fidèles (Demande de prières pour le Pape). 15 octobre 1860. In-4° de 3 pages.

A la suite est l'Allocution prononcée par Pie IX dans le consistoire secret du 28 septembre 1860. Elle est en français et en latin, sur deux colonnes, de la page 3 à la page 10.

Lettre pastorale au clergé. (Demandes de prières et d'argent pour le Pape). 21 novembre 1860. In-4° de 3 pages.

A la suite est une lettre flatteuse du préfet de la Congrégation du Concile, à laquelle Mgr Daniel avait envoyé, en juillet 1859, un état satisfaisant du diocèse de Coutances.

Lettre pastorale au clergé et aux fidèles. (Même objet que la précédente). 24 décembre 1860. In-4° de 3 pages.

Mandement pour le carême de 1861. 25 janvier 1861. In-4° de 9 pages.

Mandement fixant l'époque à laquelle la liturgie romaine sera obligatoire pour l'office public. 5 mai 1861. In-4° de 2 pages.

A la suite sont des Instructions explicatives sur quelques usages propres à la liturgie romaine; 2 pages.

En envoyant ce Mandement, MM. Lebrec et Gilbert, vicaires généraux, informent, par une circulaire du 6 mai, le clergé du diocèse de l'affaiblissement de la santé de Monseigneur dans les derniers jours d'avril, et demandent des prières pour son rétablissement.

Lettre au clergé et aux fidèles. (Neuvaine pour la cessation de la pluie). 13 juillet 1861. In-4° de 2 pages.

Au clergé et aux fidèles. (Fête du 15 août). 4 août 1861. In-4° de 2 pages.

Cette circulaire est la dernière pièce officielle que j'aie reçue de Mgr Daniel, et je n'ai pas la certitude qu'il l'ait rédigée. Les autres, jusqu'à sa mort, ont sans doute été inspirées par lui, mais écrites par ses grands-vicaires. Lui-même me disait, à Pâques de 1862 : « Je ne puis plus travailler, j'ai fait faire le dernier mandement de carême. »

Voici les trois dernières publications faites au nom de Mgr Daniel :

Lettre pastorale au clergé et aux fidèles ; 8 décembre 1861. In-4° de 3 pages.

Demande d'offrandes volontaires pour le Pape.

Mandement pour le carême de 1862. Dévotion au Très-Saint-Sacrement ; 8 février 1862, in-4° de 11 pages.

Circulaire du 11 juin 1862, in-4° de 3 pages.

Communication d'une lettre du Pape, qui remercie pour un envoi de secours.

A cette liste de pièces officielles dont plusieurs sont fort remarquables à tous les points de vue, il faut joindre d'autres publications de Mgr Daniel, auxquelles il a pris plus ou moins part durant son épiscopat.

Catéchisme du diocèse de Coutances, imprimé par ordre de Monseigneur Daniel, évêque de Coutances. Coutances, Daireaux, 1854. In-18 de 180 pages.

Nous en avons de Mgr Daniel un exemplaire sur papier vélin.

Conférences de Coutances. Morale. Années 1852, 1853 et 1854. *Traité de la justice.* Coutances, Daireaux, 1855. In-8° de 125 pages.

Conférences de Coutances. Année 1854. *Écriture sainte. Livre des Juges et les 4 livres des Rois. — Histoire ecclésiastique. IVe siècle* (suite et fin.) Coutances, Daireaux, 1855. In-8° de 56 pages pour la 1re partie, et de 55 pour la 2e.

Conférences de Coutances. Année 1856. *Écriture sainte. Le Livre de Judith, le Livre d'Esther et le Livre de Job. — Histoire ecclésiastique, 2e moitié du Ve siècle.* Coutances, Daireaux, 1857. In-8°, allant pour l'Écriture sainte de 128 à 198, et pour l'Histoire ecclésiastique de 110 à 171.

Conférences de Coutances. Année 1857. *Écriture sainte. Études sur les psaumes. — Histoire ecclésiastique, VIe siècle.* Coutances, Daireaux, s. d., in-8° de 200 à 292 pour la 1re partie, et de 172 à 220 pour la seconde.

Conférences de Coutances. Année 1858. *Écriture sainte. Études sur les cinq livres Sapientiaux. — Histoire ecclésiastique, VIIe siècle.* Coutances, Daireaux, s. d., de la page 292 à la page 395 pour la 1re partie, et de 220 à 256 pour la seconde.

Conférences de Coutances. Traité des Sacrements en général, — du baptême, — de la confirmation, — de l'eucharistie. Coutances, Daireaux, 1857, in-8° de 202 pages.

Le Traité de la justice et celui des sacrements sont dus à M. Lebrec; les autres sont le résultat du travail fait par le clergé du diocèse et revu par l'oratorien de Valroger aîné.

Traité entre Mgr l'Évêque de Coutances et la ville de Saint-Lo. Saint-Lo, Jean Delamare, 1854, in-8° de 8 pages.

Bénédiction et pose de la première pierre des nouveaux bâtiments que Mgr l'Évêque de Coutances fait construire au petit-séminaire de l'Abbaye-Blanche. 24 juillet 1854. Mortain, Lebel, 1854, in-8° de 12 pages.

Association pour l'observation du dimanche. Coutances, Daireaux, 1855, in-8° de 31 pages.

Collége diocésain de Saint-Lo. Distribution solennelle des prix, faite par Mgr l'Évêque, en présence de M. le Préfet de la Manche; de M. le général baron Achard, sénateur; de

M. *Goulhot de Saint-Germain, sénateur; de M. le comte de Kergorlay, député, et des principales autorités du département, le mercredi 26 juillet 1854.* Saint-Lo, Jean Delamare, 1854, in-8º de 26 pages.

Discours prononcé à la distribution solennelle des prix du petit-séminaire et collége diocésain de Valognes, le 23 juillet 1855. Valognes, veuve Carette-Bondessein, in-8º de 8 pages.

Distributions solennelles des prix aux élèves du petit-séminaire de Saint-Lo, le 24 juillet 1855. Discours prononcés à cette occasion. Coutances, Daireaux, 1855, in-8º de 12 pages.

Distributions solennelles des prix, faites par Mgr Daniel, aux élèves des petits-séminaires de Valognes, Saint-Lo et Mortain, les 23, 24 et 25 juillet 1855. Discours prononcés à cette occasion. Coutances, Daireaux, 1855. In-8º de 32 pages.

Distributions solennelles des prix, faites par Mgr Daniel, aux élèves des petits-séminaires de Valognes, Saint-Lo et Mortain, les 28 et 30 juillet et 1er août 1856. Discours prononcés à cette occasion. Coutances, Daireaux, 1856. In-8º de 29 pages.

Distributions solennelles des prix, faites par Mgr Daniel, aux élèves des petits-séminaires de Valognes, St-Lo et Mortain, les 30 juillet, 3 et 4 août 1857. Discours prononcés à cette occasion. Coutances, Daireaux, 1857. In-8º de 27 pages.

Distributions solennelles des prix, faites par Mgr Daniel, aux élèves des petits-séminaires de Mortain, St-Lo et Valognes, les 28, 29 juillet et 2 août 1858. Discours prononcés à cette occasion. Coutances, Daireaux, 1858. In-8º de 30 pages.

Distributions solennelles des prix, faites, au nom de Mgr l'Évêque de Coutances et d'Avranches, aux élèves des petits-séminaires de Mortain, St-Lo et Valognes, le 31 juillet 1860. Coutances, Daireaux, 1860, in-8º de 28 pages.

L'état de santé de Mgr Daniel ne lui permettait plus de présider ces fêtes qui lui avaient toujours été si chères. Il se fit représenter le même jour, à l'Abbaye-Blanche, par M. Lucas-Girardville, curé de Mortain; à St-Lo, par M. Gilbert, vicaire-général ; à Valognes, par M. Guilbert, curé de Valognes, aujourd'hui évêque d'Amiens. Tous trois prononcèrent à cette occasion des discours remarquables.

Distributions solennelles des prix, faites, au nom de Mgr l'Évêque, aux élèves des petits-séminaires de Valognes, Mortain et St-Lo, les 29 et 30 juillet 1861. Discours prononcés à cette occasion. Coutances, Daireaux, 1861, in-8° de 28 pages.

Le discours vice-épiscopal fut prononcé à Valognes, par M. l'abbé Gilbert, vicaire-général ; à l'Abbaye-Blanche, par M. le vicaire-général, curé de Mortain ; à St-Lo, par M. l'abbé Lebrec, vicaire-général. Ce dernier discours n'a pas été imprimé.

Mgr Daniel a prononcé d'autres discours à diverses distributions de prix, entre autres au lycée impérial de Coutances. Ils sont imprimés dans les journaux du pays ; mais je n'en connais point de tirage à part (1).

On trouverait encore dans diverses publications nombre d'articles dus à sa plume infatigable : ils devront être recherchés par son historien.

(1) J'ai mentionné précédemment des tirages à part d'articles publiés par l'ancien recteur de notre Académie universitaire dans un recueil intitulé : *Bulletin de l'Instruction publique et des Sociétés savantes de l'Académie de Caen*, dont j'entrepris la création à laquelle il s'associa de tout cœur, et qui fut rédigé en partie sous sa direction. Pour cette publication mensuelle d'environ cinq feuilles in-8° (deux volumes par année), on se réunissait une ou deux fois par mois dans son cabinet. Le 1er numéro est d'octobre 1840, le 36e et dernier de septembre 1843. A ces trois années, deux autres succédèrent sous la direction de M. Puiseux. Le recteur ne prit guère part qu'au premier recueil, et il y inséra beaucoup d'articles qui ne sont pas signés.

RAPPORT

SUR

LE CONCOURS LE SAUVAGE

Par M. le Dr FAYEL

Professeur à l'École de Médecine, membre titulaire.

Pour obéir au vœu de l'un de ses bienfaiteurs, M. le Dr Le Sauvage, de Caen, l'Académie avait, il y a deux ans, à proposer comme sujet du prix qui porte le nom de son fondateur, une question appartenant aux sciences médicales. Le prix était de 3,000 fr.

La question choisie fut celle-ci :
Des altérations pathologiques des centres nerveux étudiées spécialement au point de vue des symptômes pouvant se rattacher à leur localisation dans l'axe cérébro-spinal. Insister sur les conséquences pratiques de ce rapport entre la lésion et le symptôme et en déduire les éléments du diagnostic ainsi que les indications thérapeutiques.

A l'époque fixée pour la fermeture du concours, c'est-à-dire au 31 décembre 1878, un seul mémoire vous était parvenu. Il portait pour devise cette phrase bien connue de Milne-Edwards : *La division du travail physiologique est la loi du perfectionnement des êtres organisés.*

Je viens au nom de votre Commission d'impression qui, sur ma demande, a adjoint à son rapporteur deux de nos collègues, M. le D[r] Le Roy de Langevinière, directeur de l'École de médecine, et M. Wiart, professeur de physiologie, vous rendre compte de l'examen consciencieux que nous avons fait du travail remarquable qui nous était soumis.

J'avoue tout d'abord que le titre inscrit sur le volume qui nous était adressé, volume qui ne contient pas moins de 428 pages, me fit croire que l'auteur n'avait pas compris ce que l'Académie demandait ; voici, en effet, quel était ce titre : Étude générale sur la localisation dans les centres nerveux, réponse aux questions proposées par l'Académie pour le prix Le Sauvage.

Mais, dès les premières pages, il nous fut facile de comprendre que, sous cette formule, l'auteur, admirablement maître de son sujet, avait entrepris une œuvre originale, parfaitement ordonnancée et dont les développements, habilement ménagés, devaient conduire au but proposé. Nous étions évidemment en présence d'un savant pour lequel ces études étaient familières et qui probablement avait pris part aux recherches qui ont rendu célèbres les noms des Duchesne, Vulpian, Charcot, Pierret, Duval, Lockart, Clarke, Stilling, Ferrier, Buffalini, Kölliker, Carville, Duret, et tant d'autres.

Dans une courte introduction l'auteur s'excuse, afin d'avoir une base solide, de faire précéder l'étude des localisations pathologiques de deux chapitres contenant l'exposition sommaire des faits anatomiques et physiologiques sur lesquels s'appuie la doctrine de localisation, puis il se pose cette question : Peut-on localiser les fonctions des centres nerveux, c'est-à-dire existe-t-il des parties des centres nerveux auxquelles soit dévolu plus spécialement un rôle distinct dans le fonctionnement des organes, autrement dit : Existe-t-il un ordre, au sein des centres nerveux, correspondant à l'harmonie si admirable que nous observons dans le fonctionnement de nos organes ?

Or la solution de cette question est intéressante non-seulement pour celui qui cherche à élucider les problèmes de la biologie dans un but philosophique, mais elle est importante surtout, dit l'auteur avec raison, pour le médecin qui, trouvant en elle les éléments d'un classement plus méthodique des maladies du système nerveux, d'une symptomatologie plus limpide et d'un diagnostic plus précis, serait conduit à intervenir thérapeutiquement dès le début du mal, lorsque les lésions sont encore à leur origine, ou chirurgicalement lorsque ces lésions, accusées par des symptômes bien nets, réclameraient son intervention.

Comme on le voit, chercher la solution de cette question c'était bien répondre au programme tracé par l'Académie, et l'auteur va s'y appliquer dans trois chapitres distincts traitant de la localisation dans les centres nerveux, au triple point de vue anatomique, physiologique et pathologique. Car, dit-il, l'organe, la fonction et ses maladies doivent toujours être ensemble l'objet des recherches de tout médecin doué d'un esprit éminemment scientifique.

Suivons-le donc dans cette triple étude où il va faire preuve d'une connaissance approfondie du sujet, d'un esprit d'analyse très-remarquable, joint, ce que je lui envie, à une exposition très-méthodique et très-logique des doctrines qu'il soutient dans un style souvent élégant, toujours clair et très-agréable à lire.

C'est ainsi que notre auteur va sans effort, nous faire assister au développement des différentes parties du système cérébro-spinal, à leur perfectionnement dans l'étude animale par la multiplicité des organes ou par la division des fonctions en nous montrant que les animaux des degrés supérieurs reproduisent dans les différentes phases de leur développement embryonnaire la forme et l'aspect des êtres qui occupent le bas de la série.

Ce qu'il faut bien comprendre, en effet, c'est que cet axe cérébro-spinal, qui forme un tout complet chez l'homme, a été au début de son existence, c'est-à-dire chez le fœtus humain, ce que nous le voyons persister chez les animaux inférieurs, un simple amas de ganglions isolés, composés de cellules dites embryonnaires, ou de cellules indifférentes, comme on pourrait les appeler. Mais tandis que chez les protozoaires et les amibes, par exemple, qui se nourrissent sans tube digestif, qui respirent sans organes respiratoires, qui ont à peine une sorte de circulation, qui se meuvent et sentent sans système nerveux apparent, ces cellules constituent pendant toute leur existence une substance homogène, elles se différencient quand les organes commencent à présenter des éléments anatomiques dissemblables. Et alors dans le système nerveux, comme dans le foie et dans tous les organes, elles prennent une figuration spéciale, elles se transforment peu à peu en cellules nerveuses, c'est-à-dire que d'abord petites et ovoïdes, elles grandissent considérablement, prennent des prolongements et ne tardent pas à revêtir la forme des éléments nerveux adultes.

Mais il ne s'ensuit pas encore que ces transformations se fassent simultanément, dans l'axe cérébro-spinal, et c'est un point capital pour l'étude que poursuit l'auteur. Elles se forment par groupes correspondant au développement des organes qu'elles doivent innerver. Ainsi, chez l'embryon, les premiers noyaux nerveux ou groupes cellulaires seront ceux des nerfs du cœur et de la respiration, puis viendront plus tard ceux de la face, et enfin ceux des membres. Peut-il exister, dit l'auteur, une preuve plus remarquable d'une localisation anatomique qui, très-nettement caractérisée à son début, ne nous paraît confuse plus tard que parce que nos recherches sont encore insuffisantes ?

Mais chose plus intéressante encore peut-être! cet axe cérébro-spinal, dont nous venons de voir le développement cellulaire par îlots isolés, présente quand il est constitué des fibres blanches, fibres commissurales comme on les appelle, destinées à unir soit entre eux, soit avec le centre les groupes cellulaires. Eh bien! ces fibres, elles aussi, se forment par groupes, par faisceaux distincts selon les besoins du fonctionnement des organes; ainsi l'appareil sensitif précède l'appareil moteur dans son apparition, et il en résulte que les impressions sensibles périphériques sont transmises aux centres nerveux avant que ceux-ci aient des éléments pour réagir. Voilà donc une localisation anatomique évidente et une spécialisation dans le fonctionnement qui doivent entraîner comme conséquence nécessaire une corrélation étroite entre les symptômes et les lésions, c'est-à-dire que les lésions localisées doivent donner lieu à des symptômes localisés.

Et tout de suite nous comprenons que si, à une époque quelconque de la vie, un temps d'arrêt se produit dans l'agencement de ces éléments, il en résultera un défaut de l'organisme; que s'il survient une destruction ou simplement une interruption dans leur continuité, il s'ensuit fatalement une perte momentanée ou permanente des fonctions auxquelles préside l'ensemble du système nerveux.

Mais poursuivons : L'examen anatomique le plus superficiel du cerveau et de ses annexes n'impose pas moins, dit l'auteur, l'idée d'une spécialisation fonctionnelle que l'étude qu'il vient de faire de son organisation et de son développement. Il est facile, en effet, chez tous de reconnaître partout un même plan élémentaire. Car, si l'organisation cérébrale se complique à mesure qu'on s'élève ; si chez les êtres inférieurs on ne trouve que deux ganglions plus volumineux que les autres ; si, dès qu'on arrive à la classe des vertébrés, on voit l'effervescence de la masse nerveuse atteindre des proportions importantes, on peut aisément assister à ces diverses évolutions.

Ainsi, au point de convergence des nerfs craniens et du foyer d'origine des nerfs cardiaques et respiratoires existe un premier renflement dans toute la série, c'est le bulbe rachidien. De celui-ci s'élèvent deux colonnes nerveuses qui vont former les pédoncules du cerveau. Elles sont d'abord enlacées et masquées en avant par l'anneau des fibres nerveuses de la protubérance, fibres qui constituent les commissures du cervelet avec le cerveau, le bulbe et la moelle, d'où leur nom de Pont de Varole qu'elles ont conservé.

En bas, la moelle avec les cordons antérieurs, latéraux et postérieurs, fait suite au bulbe, tandis qu'en haut les pédoncules s'épanouissent au sein de deux masses volumineuses à peu près symétriques, les hémisphères cérébraux, masses dans lesquelles doivent s'élaborer et se développer des phénomènes importants et complexes si l'on considère qu'elles acquièrent leur plus grande puissance au sommet de la série et surtout chez l'homme, le plus parfait des êtres organisés. C'est dans ces hémisphères que l'on rencontre les ganglions propres du cerveau.

Après un coup d'œil rapide jeté sur cette évolution dans les différentes espèces, l'auteur s'attache à celle de l'homme. Il nous montre de vraies localisations anatomiques sous forme de masses ganglionnaires. Ces masses, faciles à reconnaître par de simples coupes du cerveau et qui avaient, seules ou à peu près, appelé l'attention des auteurs les plus anciens, sont traversées, ou réunies entre elles et les parties voisines, par de grandes voies de transmission, c'est-à-dire par des tractus volumineux de substance blanche que tout le monde peut suivre.

Leur connaissance importe surtout au pathologiste. En effet, du siége connu de ces masses, et de la direction de ces tractus il tirera la connaissance du siége de la lésion en observant les changements survenus dans les organes placés sous leur dépendance, ou bien trouvera le point précis où une lésion disposée sur ces grandes voies de communication a interrompu le fonctionnement des centres principaux.

Nos savants modernes ne se sont pas contentés de ces résultats que leurs découvertes permettraient presque de traiter de banals, si l'on ne se rappelait avec respect que des générations d'anatomistes se sont épuisées à débrouiller cette espèce de chaos et que la mémoire la plus heureuse, l'imagination la plus féconde, l'intelligence la plus robuste ont peine à en suivre et à en comprendre les détails. Aujourd'hui, tout l'effort se porte sur des localisations plus difficiles, et l'écorce grise des hémisphères tient le premier rang. Nous ne suivrons pas l'auteur dans les pages qu'il consacre à résumer, à analyser l'œuvre de ses devanciers, et ne craignons pas de le deviner à exposer ce que lui-même a trouvé. Il nous serait cependant agréable de vous montrer cité à chaque pas de cette excursion dans le domaine cérébro-spinal le nom d'un de nos compatriotes, Duret, ancien élève de notre école, qui, par ses travaux nombreux, a su conquérir une grande et légitime réputation et mériter avec son fidèle collaborateur, M. Carville, le prix de physiologie expérimentale que l'Institut leur a décerné de concert avec Ferrier, le célèbre anatomiste anglais. C'est qu'en effet, par ses découvertes sur le développement des circonvolutions cérébrales, sur la circulation encéphalique et bulbaire, et spécialement dans sa thèse sur les traumatismes cérébraux, notre ancien prosecteur a singulièrement élucidé beaucoup de points obscurs du problème. Qu'il me permette en passant de l'en féliciter et de me réjouir personnellement de succès qui flattent particulièrement ceux qui ont eu l'honneur d'être ses premiers maîtres.

Arrivons donc aux conclusions que l'auteur de notre mémoire tire de toutes ses recherches sur l'histoire du développement, la vascularisation cérébrale et l'examen pathologique des éléments nerveux. Elles résument parfaitement cette partie de son travail qui, la première par ordre d'exposition, reste la première au point de vue de son importance et de la façon magistrale dont elle est traitée.

En examinant la moelle, le bulbe, la protubérance, les pédoncules cérébraux, il est possible de reconnaître dans la disposition des noyaux gris par îlots séparés et dans la disposition des fibres nerveuses ayant une direction constante et déterminée, une localisation anatomique réelle. L'anatomie comparée, l'embryogénie et l'anatomie humaine se prêtent un mutuel appui pour cette démonstration.

La même localisation est évidente pour les gros ganglions de la base du cerveau, noyau caudé, couche optique, noyau lenticulaire.

Dans l'écorce grise cérébrale la différenciation est moins apparente. Ni les accidents de terrain représentés par les circonvolutions, ni le développement chez le fœtus, ni les études histologiques ne nous ont jusqu'à présent donné des résultats précis. L'étude de la vascularisation et des circonvolutions a permis seulement d'établir une topographie très-utile dans l'avenir pour l'indication géographique des lésions pathologiques et pour la comparaison des recherches expérimentales.

Voilà le véritable état de la question.

Fidèle au plan qu'il s'est tracé, notre auteur passe alors à l'étude des localisations considérées au point de vue physiologique, et il la poursuit tour à tour dans la moelle, le bulbe et le cerveau.

Deux faits sont à résoudre pour la moelle :

1° Dans l'axe gris médullaire existe-t-il des parties qui aient un rôle défini, dont les fonctions soient localisées ?

2° Les divers faisceaux de fibres blanches sont-ils suivis par des courants d'excitation différents ?

Un premier examen nous montre une localisation particulière dans la moelle. Jetez une grenouille décapitée dans l'eau, et ses pattes s'agiteront en des mouvements de natation parfaitement rhythmés. Laissez tomber dans le vide un oiseau privé de ses lobes cérébraux, et ses ailes s'étendront pour prévenir les effets de la chute, etc., etc. Voilà donc des mouvements qui sont indépendants du cerveau ; on les appelle des mouvements reflexes.

Si vous détruisez alors la moelle de ces animaux, ils n'auront plus lieu. La moelle en est donc le siége ; mais peut-on savoir dans quelles régions de la moelle sont localisés ces centres reflexes ? Notre auteur nous résume ce que l'on a découvert sur ce point, et nous montre comment ces notions, encore peu définies, sont cependant suffisantes dans beaucoup de cas pour l'interprétation des phénomèmes pathologiques, et il en fournira la preuve dans la troisième partie de son mémoire.

Les notions sont plus exactes sur le rôle des cordons des fibres blanches contenues dans la moelle. Ainsi, l'on sait depuis longtemps que les cordons antéro-latéraux sont centrifuges et portent les excitations de l'encéphale vers les extrémités, tandis que les impressions sensibles ou centripètes viennent de la périphérie par les racines postérieures et se différencient dans la substance grise de la moelle à différentes hauteurs. Cependant, il est difficile aujourd'hui de conclure sur le rôle des différentes fibres dont se composent les cordons. Il n'en est pas de même pour les localisations physiologiques du bulbe, qui présentent un grand caractère de précision, ce qui a permis aux pathologistes d'en faire une utile application à la clinique, et nous verrons qu'on peut assez facilement diagnostiquer au lit des malades un certain nombre de lésions bulbaires. Une seule condition est indispensable : c'est de bien connaître le siége anatomique de ces différents noyaux que l'auteur nous décrit avec une précision remarquable avant de passer à l'examen des découvertes faites sur la protubérance et le cervelet.

Puis vient dans son travail une exposition synthétique de l'influence du bulbe et de la moelle sur les fonctions de l'être et sur le rôle particulier de chacun de leurs centres. C'est sans contredit une des parties les plus brillantes de son œuvre. Permettez-moi d'en copier les principaux passages.

Nous avons vu la grenouille privée du cerveau exécuter des mouvements de natation dès qu'elle est dans l'eau ; mais si un obstacle se présente, elle reste immobile. L'oiseau, dans les mêmes conditions, étend ses ailes dans l'air comme pour modérer les effets de sa chute ; mais dès qu'il a touché terre, il les replie et reste immobile ; de même pour le lapin et tous les animaux sur lesquels on pratique cette opération. Ils ne peuvent combiner leurs sensations et modifier le mouvement impulsif; ils semblent n'avoir qu'un but, indépendant d'eux et poursuivi par une force naturelle supérieure à eux et en dehors d'eux : soustraire leur existence à la cause destructive immédiatement agissante. Ces actes, qui constituent le mouvement reflexe, sont purement des actes défensifs, selon l'heureuse expression de l'auteur. Pendant ce temps s'accomplissent toutes les fonctions de nutrition, d'assimilation, de désassimilation. Pénétrons donc dans ce vaste laboratoire organique, et voyons comment les centres nerveux président aux élaborations de chacun des appareils.

Rassurez-vous, Messieurs, nous n'en prendrons qu'un dans le mémoire. Puisse-t-il vous intéresser!

Dans le thorax nous voyons d'abord fonctionner l'appareil pulmonaire. A un premier coup d'œil le jeu est des plus simples : appel de l'air et du sang dans les poumons et revivification de celui-ci par celui-là. C'est le centre respiratoire bulbaire, nœud vital, qui veille sur ce conflit de l'air et du sang; mais pour assurer l'ordre et la régularité des manœuvres, des fils nombreux devront le relier à d'autres centres. Les nerfs sensibles des bronches, de la trachée et du larynx l'excitent et créent en lui le besoin de respirer. L'excitation produite a pour résultat le mouvement des muscles respirateurs. Nécessairement un fil de communication unit le centre bulbaire aux centres du diaphragme et des muscles du cou qui, comme nous le savons, occupent la partie supérieure de la moelle cérébrale. Dès que le poumon contient assez d'air, arrive un avertissement au centre bulbaire par les nerfs sensitifs, d'où besoin d'expirer l'air et excitation par d'autres fils des centres expirateurs situés à la région dorso-lombaire de la moelle.

Cependant, pour laisser pénétrer l'air dans les poumons, la bouche s'ouvre, le voile du palais se soulève légèrement, les lèvres et la glotte s'écartent. D'autres communications encore doivent donc exister avec les centres bulbaires des nerfs faciaux, du glosso-pharyngien, du spinal, etc., etc.

Cela ne saurait suffire encore. La régularisation de la circulation exige d'autres communications. Le liquide sanguin ne parcourt pas toujours les canaux du parenchyme pulmonaire avec une régularité comparable à celle de l'eau dans un terrain pourvu d'un excellent drainage. Si le cœur accélère ses battements, les mouvements thoraciques devront s'accommoder à cet excès d'activité. Dans ce but, un nerf sensitif, le nerf de Cyon, va de l'endocarde ou bulbe où il se met en rapport avec le centre respiratoire. Celui-ci peut alors modérer le cœur par des filets descendant dans le cordon du nerf pneumo-gastrique. Si, au contraire, le cœur ralenti doit se contracter avec plus de rapidité, le bulbe, averti par le même nerf endo-cardiaque agira sur les centres excitateurs des mouvements cardiaques. On sait que ceux-ci occupent la partie supérieure de la région cervicale de la moelle, et unissent les filets excitateurs qui sortent du rachis avec les nerfs intercostaux et vont se perdre dans le plexus cardiaque.

Ces multiples communications du centre bulbaire avec les centres modérateurs et excitateurs du cœur ne sont pas encore suffisants. Le cœur peut recevoir de la grande circulation un flot de sang trop abondant, qui de là peut inonder les poumons et engorger leurs canaux. Il faut donc que le centre bulbaire puisse agir sur tous les centres vaso-moteurs du corps humain et avoir des filets qui descendent dans la moelle pour les mettre en communication avec ceux-ci dans toute sa hauteur. Cette multiplicité des rapports d'un seul centre, et que serait-ce si nous tenions compte de ceux accessoires à l'appareil pulmonaire, tels qu'on les observe dans les phénomènes de la voix, du chant, de la toux, de l'expectoration, etc., etc., cette multiplicité, dis-je, des rapports d'un seul centre obscurcit souvent le tableau nosologique. Plusieurs appareils peuvent être influencés secondairement par les voies de communication. C'est là une cause des difficultés du diagnostic de la localisation pathologique primitive. Et cependant, elle seule est le point de départ des manifestations pathologiques. L'atrophie, par exemple, des muscles inspirateurs détruit l'harmonie de l'appareil respiratoire ; mais les centres médullaires, les noyaux des nerfs, moteurs de ces muscles, c'est-à-dire les cellules des cornes antérieures sont seules primitivement atteintes.

Après ce résumé physiologique, l'auteur aborde les localisations dans le cerveau proprement dit, et y place avec tous nos savants modernes le siége des actes psychiques. Sans cerveau, en effet, pas de pensée, c'est-à-dire de sensibilité analysée, pas de sensation consciente, pas de mouvements volontaires et pas d'opérations intellectuelles proprement dites, telle que mémoire, jugement, imagination, pas de langage ni parlé, ni écrit, etc., etc. L'observation est là pour le prouver. Partant de là, l'auteur nous montre que les phénomènes psychiques, s'ils se localisent, doivent se diviser d'abord au moins en trois centres principaux : 1° les centres d'impression conscients ou inconscients ; 2° les centres d'action, moteurs, secrétoires, etc.; 3° enfin les centres psychiques proprement dits, sensations, images, idées, etc. Tels sont, en effet, nécessairement les trois termes principaux du fonctionnement cérébral.

Eh bien! existe-t-il des foyers d'élaboration distincts pour chacun d'eux? L'auteur affirme dès le début qu'il ne saurait en être autrement, et tout en admettant qu'un certain nombre de nos idées sont innées ou même héréditaires, c'est-à-dire en rapport avec l'organisation cérébrale transmise par nos parents, il se cramponne à la physiologie pure, ne voulant à aucun prix discuter les théories métaphysiques. Il affirme hautement qu'il doit exister dans les centres nerveux une région où les vibrations nerveuses se transforment en idées ou vibrations psychiques, et dans une démonstration lumineuse, il nous fait assister à la marche de nos sensations depuis leur origine jusqu'à leur terminaison dans le cerveau où, que nous en soyons conscients ou inconscients, elles vont se transformer en mouvements extérieurs. Et cela, en suivant une marche précise dans l'hémisphère cérébral pour atteindre, en fin de compte, les régions où aboutissent les conducteurs qui la mettront en rapport avec les organes. Ces conducteurs sont nécessairement disposés suivant un certain ordre, et c'est grâce à eux que ces sensations, redevenues vibrations nerveuses après avoir été, dans les centres, vibrations psychiques, redescendent dans un faisceau nerveux déterminé en rapport avec le centre impressionné et avec le groupe musculaire mis en action pour produire le mouvement volontaire, si distinct de l'acte reflexe.

Rien n'est plus intéressant que cette partie du travail que nous analysons, et qui, riche d'érudition et d'esprit vraiment scientifique, s'appuie sur les découvertes récentes des plus illustres de nos physiologistes. Mais, comme si l'auteur avait peur d'inquiéter ses juges par la hardiesse et la nouveauté de ses aperçus, il se hâte de faire un historique complet de ces différents travaux et de montrer comment la clinique a déjà su en tirer parti. Puis, vient une dernière partie plus délicate encore, la détermination précise, mathématique pour ainsi dire, de ces différents centres psycho-moteurs volontaires dans l'écorce cérébrale, c'est-à-dire dans la substance grise des circonvolutions. Une planche très-bien faite montre à l'œil étonné du lecteur, qui n'a pas suivi avec une attention scrupuleuse les travaux de la nouvelle école, le groupement de ces centres. Elle sert de complément indispensable à l'étude de la topographie des centres de l'écorce cérébrale que l'auteur nous fait parcourir, pour arriver à cette conclusion probable qu'il existe dans cette écorce trois grandes zones distinctes. La première, réservée aux opérations de l'intellect proprement dit, c'est-à-dire à l'idéation, occupe la région frontale des hémisphères. La seconde, zone corticale-motrice, correspond aux circonvolutions voisines du sillon de Rolando. La troisième, zone sensorielle, occupe le lobe temporo-sphéroïdal et le lobe occipital.

Mais, bien que convaincu que l'avenir prouvera la vérité de cette conclusion, notre auteur sait être vrai. En effet, il a soin de nous avertir que si l'examen des lésions pathologiques chez l'homme, à laquelle il va consacrer son troisième chapitre, démontre la réalité de l'existence d'une zone psycho-motrice comme parfaitement établie, il n'en est pas tout à fait de même pour les deux autres zones : réserve précieuse qui nous dénote chez l'auteur un esprit ardent pour l'expérimentation, mais prudent quand il s'agit de conclure sur les résultats qu'il en obtient. Qu'il nous soit permis de l'en féliciter, tout en lui faisant un reproche, le seul du reste qu'il mérite, celui de n'avoir pas insisté sur les opinions contraires à la théorie, même partielle des localisations.

Aborderons-nous maintenant ce troisième chapitre qui a trait aux lésions pathologiques ? Si déjà ce rapport n'était bien long et si surtout il s'adressait exclusivement à des médecins, je n'hésiterais pas, car c'est la partie essentielle du mémoire. Mais il faut en convenir, c'est celle qui comporte le moins une analyse. En effet, l'auteur y passe en revue toutes les maladies de l'axe cérébro-spinal. Groupant avec méthode et clarté les différents symptômes qu'elles présentent, mettant en relief ceux d'entre eux qui jouent un rôle prépondérant pour le diagnostic et le traitement, puis les rapprochant des données anatomiques et physiologiques qu'il a exposées plus haut, il nous fait assister au début, à la marche, à la terminaison de ces divers états morbides ; il compare, rapproche ou éloigne les signes qui les assimilent entre eux ou les différencient, de manière à en tirer, s'il est possible, un diagnostic précis et une indication thérapeutique certaine.

Il nous serait donc impossible de le suivre dans cette voie. Ce que nous pouvons dire, c'est qu'il a su être complet dans cette grande et difficile étude, et qu'avec un talent remarquable, il a fait, dans la recherche de la lésion en rapport avec la maladie, preuve de connaissances cliniques étendues, jointes à une investigation patiente et savante de tous les éléments que comporte ce laborieux problème. Il y a consacré 242 pages de son mémoire et y a intercalé un certain nombre de planches qui, pour n'être pas toutes inédites, n'en ajoutent pas moins une grande clarté à ses démonstrations. Puis dans une synthèse générale des localisations pathologiques, il a résumé tout ce qu'il a décrit dans le cerveau, le bulbe, le cervelet et la moelle épinière comme maladie se rattachant à une lésion connue.

Il ne lui restait, pour avoir complètement traité la question posée par l'Académie, qu'à nous montrer les indications thérapeutiques résultant de ce rapport entre la lésion et la maladie. C'est ce qu'il a fait dans la quatrième et dernière partie de son mémoire. Et là encore nous retrouvons, à côté d'une science profonde, des aperçus ingénieux, ce qui est la caractéristique, pour ainsi dire, du mémoire entier ; le tact médical parfait d'un esprit, épris sans doute d'une ardente foi dans l'avenir thérapeutique attaché à la recherche des localisations cérébrales, qui sait résister à tous les mirages d'une médecine symptomatique et d'une chirurgie trop hasardeuse. Pour lui, l'anatomie pathologique reste la base de sa doctrine et, par suite, un diagnostic précis, suivi d'une thérapeutique sobre, mais sûrement efficace, doit être le but de tout médecin réellement instruit ; aussi, plutôt que de nous raconter tout ce que la découverte des localisations cérébrales a suggéré de médicaments spéciaux ou de médications soi-disant appropriées, se contente-t-il de jeter un regard sur l'horizon d'une science qui date à peine de six années ; et d'y recueillir les indices d'un succès plus ou moins prochain.

Et alors il précise les cas dans lesquels la nouvelle doctrine sera d'une incontestable utilité pratique, soit en révélant parfois prématurément la lésion dès son origine, soit en indiquant son siége précis et sa nature, soit aussi en permettant d'en découvrir la cause essentielle. Enfin il aborde la grande question du trépan pour la guérison de certaines affections du cerveau, et quoique, dit-il, il ne faille pas considérer cet organe avec une crainte mystérieuse ; cependant, comme ses lésions obéissent dans leurs évolutions aux mêmes lois que celles des autres viscères, il faut redouter les conséquences d'un traumatisme chirurgical et attendre que la doctrine des localisations soit plus solidement établie dans les détails pour se permettre les témérités heureuses des Petit, des Desault ou des Dupuytren, les grands maîtres en chirurgie du temps passé. En revanche et à la condition expresse de ne se laisser guider que par une connaissance exacte des localisations réellement bien délimitées, on peut avec chance de succès imiter nos maîtres actuels, les Broca, les Lucas-Championnière, les Tilleaux qui, profitant habilement des données certaines récemment acquises, ont scientifiquement tenté ces opérations hardies que la presse médicale enregistrait encore tout récemment.

Tel est, Messieurs, le résumé du remarquable

mémoire envoyé à l'Académie. Votre commission, à l'unanimité, vous propose : 1° de lui décerner en entier le prix Le Sauvage, dont la valeur est de 3,000 fr.; 2° de l'insérer dans nos mémoires, en imposant au lauréat la condition de nous fournir les planches. En échange il sera libre de faire imprimer, à ses frais, autant d'exemplaires qu'il en voudra pour son tirage à part.

RAPPORT

SUR LE

PRIX DE LA CODRE

Par M. DENIS

Professeur à la Faculté des Lettres, membre titulaire

Sur la proposition de M. de La Codre, qui offrait une médaille de 400 francs, l'Académie mit au concours, en 1874-1875, le sujet suivant : « Socrate, Marc-Aurèle et Fénelon. Esquisser la biographie de ces hommes célèbres, exposer leur doctrine, rappeler leurs principales maximes et leurs réflexions les plus notables. » Elle ajoutait cet éclaircissement, afin d'indiquer le sens dans lequel les concurrents devaient travailler : « La Compagnie désire surtout que le sujet soit traité au point de vue de l'amélioration sociale et que le concours donne naissance à un ou plusieurs livres de morale populaire. » Les cinq mémoires qui nous furent adressés, recommandables à certains égards, ne parurent pas cependant répondre au but proposé ; ils donnaient à la fois plus et moins que ne demandaient le donateur et l'Académie. Trop savants, se perdant souvent dans un détail inutile, ils avaient le double défaut de ne présenter aucune unité et de ne pas mettre suffisamment en lumière ce qu'il y a d'élémentaire et d'essentiel dans la philosophie morale. La bonne volonté et le talent des concurrents avaient fait fausse route. Le sujet fut donc remis au concours en 1877, et la libéralité de notre confrère porta le prix de 400 fr. à 600. L'Académie, croyons-nous, n'a qu'à se féliciter d'avoir maintenu son programme, et ne croyant pas devoir décerner le prix, d'être à même de récompenser plusieurs des mémoires qu'elle a reçus. Sans le trouver pleinement satisfaisant, votre commission de lecture a jugé le travail de plusieurs des concurrents digne d'un encouragement sérieux.

Avant de vous soumettre ses appréciations particulières sur chaque mémoire et les résolutions qu'elle croit devoir vous proposer, le rapporteur vous demande la permission d'exposer brièvement quelques idées générales, tant sur le sujet que sur la manière dont il devait être envisagé. Ce sera fournir à ceux des concurrents qui voudraient publier leur travail des indications pour l'améliorer.

Notre confrère, plein d'une foi imperturbable dans l'efficacité de la raison et, d'un autre côté, persuadé que ce sont moins les principes qui manquent que leur diffusion et leur application, regrette, comme doivent le regretter tous les esprits soucieux des intérêts moraux du pays, qu'il n'y ait point de livre substantiel et populaire où la morale soit exposée avec agrément et clarté. Mais l'exemple étant plus frappant pour le grand nombre des esprits que les raisonnements les plus exacts, M. de La Codre a pensé que rien ne convenait mieux à son but que la biographie de trois hommes célèbres, dont la doctrine expliquerait la vie et dont la vie confirmerait la doctrine. Socrate, Marc-Aurèle et Fénelon semblaient par cela même désignés entre tant de philosophes plus profonds peut-être, mais qui ne présentaient pas au même degré l'accord des principes et des actions. Seulement trois biographies, accompagnées d'un exposé tel quel de doctrines, ne forment pas un tout, et nous ne pouvions nous contenter d'une œuvre décousue et sans unité apparente ni réelle : ce que je dis non par un vain amour de l'art, mais en considération de la fin même que nous nous proposions ; car l'esprit ne trouve de lumière et de repos que dans l'unité. Mais où trouver, dans trois biographies distinctes, cette unité si désirable et si nécessaire ? La plupart des concurrents, profitant d'une ouverture que leur offrait le programme de 1877, l'ont cherchée dans la fiction sans faire réflexion que la fiction, si heureuse qu'elle fût, ne pouvait leur fournir qu'une unité factice et tout extérieure qui en supposait une autre plus intime. Un seul s'est avisé que cette unité pouvait et devait se rencontrer dans le progrès même de la morale, à supposer qu'il y eût réellement progrès.

La première question que les concurrents devaient se poser était donc, je crois, celle-ci : l'idée morale, avec les sentiments qui l'accompagnent, tout en restant la même quant au fond, s'est-elle développée et dans quel sens s'est-elle développée de Socrate à Marc-Aurèle et de Marc-Aurèle à Fénelon? Or, pour ne toucher brièvement qu'un seul point, il ne faut pas être bien profondément versé dans l'histoire de la philosophie pour voir combien les idées sociales se sont modifiées et étendues. Pour le patriote athénien, elles se réduisent à peu près à la justice soutenue et confirmée par l'amour entre les citoyens; pour l'empereur romain, elles tendent à embrasser l'humanité entière; pour le prêtre chrétien, elles l'embrassent effectivement. Et les sentiments se transforment comme les idées. Je ne sais s'il y avait au fond plus de bonté dans Fénelon et dans Marc-Aurèle que dans Socrate; mais la bonté dans Socrate ne va pas sans une pitié dédaigneuse pour l'offense et l'offenseur; elle est déjà accompagnée d'une vive compassion et d'une vraie mansuétude dans Marc-Aurèle; elle est dans Fénelon tout amour et tout charité. On pourrait faire l'épreuve sur bien d'autres points de la morale. Il y a, par exemple, dans Marc-Aurèle et dans Fénelon, des délicatesses et des pudeurs qu'on ne trouverait pas dans Socrate. Et ce ne sont pas les hommes que je compare pour leur assigner, en quelque sorte, des rangs dans la vertu, je ne compare que l'état des idées et de la civilisation.

Mais par cela même que nous disons progrès, nous disons non pas opposition ni contradiction, mais changement dans ce qui est à certains égards immuable et diversité dans l'unité. Certes l'idée du devoir n'est pas chose nouvelle. Elle paraît cependant assez différente dans les anciens et dans les modernes. La vertu semble à Socrate et à Marc-Aurèle, tellement la fonction vraie, la fonction naturelle de l'être raisonnable qu'ils ne séparent pas le devoir du bien de l'homme, c'est-à-dire du bonheur ; de sorte qu'en nous la recommandant avec la plus vive éloquence ils paraissent parfois ne prêcher qu'un égoïsme relevé; la vertu est avant tout pour Fénelon abnégation et sacrifice, de sorte qu'en la suivant, l'homme paraît faire bon marché de lui-même et de ses plus chers intérêts, au moins en ce monde. Ces doctrines sans doute, sont loin d'être inconciliables : car s'il est nécessaire de mettre avant tout l'esprit de sacrifice, il n'est pas mauvais, je crois même qu'il est bon d'être convaincu que le bien et le bonheur sont généralement inséparables, même ici-bas. Il n'y a donc point de contradiction entre la morale antique et la morale moderne ; mais il s'y rencontre des nuances assez tranchées qu'on ne doit pas négliger. Les effacer ou même ne point les faire suffisamment sentir, c'est ôter à l'histoire de la morale une partie de son intérêt et surtout de son efficacité d'enseignement. Car c'est lorsqu'il s'agit des choses morales et religieuses, que nous avons surtout besoin de nous appuyer du consentement de nos semblables, et plus les hommes qu'on nous donne pour exemple sont différents à certains égards, plus nous éprouvons de réconfort et de secrète joie à nous sentir affermis par leur accord dans ce que nos croyances ont d'essentiel.

Le plus simple aurait donc été, je crois, de se contenter de cette unité qui sort du sujet lui-même. Que si on voulait y ajouter celle d'une fiction, il fallait bien se garder que cet artifice de composition altérât ou voilât cette unité naturelle au lieu de la mettre plus vivement en lumière. Dès lors la biographie de nos trois personnages n'offrait plus d'embarras. Elle se mêlait naturellement à l'exposé de la morale et de ses progrès en s'y subordonnant, Socrate, Marc-Aurèle et Fénelon, n'étant plus simplement trois hommes, mais pour parler allemand, les représentants de trois *moments* de la morale, incarnés dans leurs personnes. Tout ce qui dans leur biographie ne se rapportait pas à ce point de vue devait être supprimé. Que m'importent, à propos de la philosophie et du rôle de Socrate, la mauvaise humeur de Xantippe et la légèreté immorale d'Alcibiade ? Ou dans l'esquisse du caractère et de la vie de Marc-Aurèle, les débauches très-problématiques de sa femme Faustine, et les folies trop certaines de son fils Commode ? Toutefois les concurrents ne couraient pas risque de s'égarer beaucoup ici par l'excès du détail, le temps ayant été assez intelligent dans ses destructions pour nous laisser ignorer comment crachaient et se mouchaient ces personnages, et pour ne nous conserver que les principaux traits de leur physionomie. La biographie de Fénelon offrait plus de tentations, précisément parce que nous pouvons la connaître jusque dans sa minutie. Il fallait savoir choisir, et tout en effaçant de la légende fénelonienne ce qui n'est pas strictement historique, se laisser guider dans le choix des faits par cette légende, plus vraie après tout que toutes les monographies de Fénelon jusqu'ici essayées. Les concurrents, en général, ne se sont pas très-bien rendu compte de cette obligation. L'inutile abonde dans l'esquisse qu'ils ont tracée de la vie du noble archevêque, tandis que le nécessaire s'y laisse parfois désirer. A quoi bon nous raconter que Fénelon reçut d'abord une éducation toute domestique au château de ses pères, puis qu'il fut mis chez les Jésuites des environs; puis qu'il entra à St-Sulpice, après avoir prêché à l'âge de quinze ans, comme Bossuet, dans un salon? Tout ce qui ne met pas en plein jour le principe moral qui fut l'âme de sa conduite est indifférent et superflu. Même sa mission, relativement si tolérante, dans la Saintonge et le Poitou n'a d'intérêt ici qu'autant qu'on nous montre qu'il y obéit non-seulement à sa bonté naturelle, mais à une conviction bien arrêtée. Or en rapprochant les actes du jeune missionnaire de quelques paroles du prélat dans son sermon sur le sacre de l'archevêque de Cologne, il était facile d'établir que le respect de la liberté des consciences s'unit toujours dans Fénelon à la foi la plus ardente. En général, nos concurrents n'ont point l'art d'enchâsser dans la biographie de leurs personnages les maximes qui l'expliquent et l'éclairent. C'était pourtant la manière la plus naturelle et la plus saisissante de rappeler, comme l'indiquait le programme, les réflexions et sentences les plus notables, qui ne pouvaient trouver place dans l'exposé succinct de la doctrine des trois moralistes.

Mais passons de ces considérations générales à l'examen rapide de chaque mémoire.

Sur les sept qui ont été soumis à notre appréciation, nous en écartons un, celui qui porte le n° 7 et l'épigraphe : *Scribuntur hæc ad generationem.* Cette variation sur l'air « *Sauvons la société* » fût-elle un chef-d'œuvre, elle a pour nous le léger défaut d'être étrangère au sujet proposé.

Le n° 4 (C'est en les imitant qu'on honore les grands hommes) parle, il est vrai, de Socrate, de Marc-Aurèle et de Fénelon, mais il n'entre pas beaucoup plus dans le vif du sujet que le numéro précédent. Après avoir perdu une dizaine de pages sur les leçons morales que nous pourrions recevoir des animaux, l'auteur se contente d'écrire une biographie telle quelle des trois grands moralistes. Il nous conte longuement les rapports de Socrate et du *prince* Alcibiade dont Socrate est le *gouverneur;* cite au lieu de l'*Apologie* l'imitation qu'en a faite Montaigne, et au lieu de quelques passages si simples du commencement du Phédon, les vers de Lamartine, si faux de couleur sur le même sujet; s'étend longuement sur le procès du philosophe, sait même que Xantippe mourut de douleur de la mort de son mari; il n'oublie que la morale du sage Athénien, plus importante à connaître pourtant que les bustes qui nous restent de lui et d'Alcibiade. Même procédé pour Marc-Aurèle et pour Fénelon. En un mot, il aime beaucoup plus les alentours des choses que les choses elles-mêmes. Ne vaudrait-il pas mieux nous donner quelque idée des *Pensées* de Marc-Aurèle que de perdre une page à nous apprendre que la Bibliothèque de Caen possède l'édition de ce livre par Hammers, texte grec avec la traduction persane en regard? Mais si l'on se bornait à des biographies, encore faudrait-il qu'elles fussent exactes? Je passe sur des inadvertances qui ne sont, sans doute, que des fautes de copie : *Decium* pour *Delium*, *Frontin* pour *Fronton*, ou des maladresses de rédaction, comme « Socrate a rendu avec son âme, au moment suprême, un éclatant témoignage de la supériorité du stoïcisme (1). » Mais Socrate, mort en 399, n'a pu naître en 370, c'est-à-dire 29 ans après sa mort. Il n'a pas été condamné *dans un moment de terreur politique* sous les Trente, puisqu'il a bu la ciguë cinq ans après la restauration démocratique de Thrasybule

---

(1) Il est dit ailleurs « qu'il fut le précurseur du stoïcisme », ce qui prouve qu'il n'y a ici que défaut de rédaction.

et l'archontat d'Euclide. De même, si l'on ignore que la légion fulminante date de l'époque d'Auguste et non de celle des Antonins, on ne peut ignorer que Marc-Aurèle précède Héliogabale de plusieurs règnes, ce qui fait que Lucius Vérus ne pouvait imiter Héliogabale dans la profusion de ses festins. Fénelon n'a pu davantage être nommé précepteur du duc de Bourgogne après la mort de celui qui reçut seulement le titre de grand Dauphin, quand ce jeune prince, son fils, eut terminé ses études. Je pourrais multiplier les exemples de ces inadvertances un peu fortes ; celles-là suffisent.

L'auteur du n° 1 (Aimer et travailler sont les deux éléments du bonheur) suppose deux jeunes gens partis du même village, l'un pauvre et studieux, l'autre riche et quelque peu dissolu, Marcel et Georges, qui, sur le point de quitter Paris, où l'un s'est fait recevoir médecin et l'autre agrégé pour l'enseignement des lettres, se rencontrent et s'entretiennent. Georges se moque des ambitions modestes de Marcel, et celui-ci s'efforce de démontrer à son ami combien la vie d'égoïsme et de plaisir qu'il se propose est indigne de lui, indigne d'un honnête homme. Ne se sentant pas assez fort pour le convaincre par lui-même, il en appelle à l'autorité de Socrate, puis à celle de Marc-Aurèle, et comme Georges ne veut pas être dupe et se priver pour rien du bonheur, à celle de Fénelon qui, au moins, peut parler d'une récompense éternelle au nom de la Foi. Georges, qui ne rêvait que festins, vins généreux, amours faciles et volages, bonnes places bien lucratives, se convertit enfin, persuadé par son ami. La fiction est simple, mais il faudrait qu'elle fût intéressante et que cette simplicité ne dégénérât pas en vulgarité. Or, le dialogue des deux jeunes gens n'a rien de bien piquant ; Georges n'est qu'un jeune fou sans esprit ; Marcel est trop souvent un pédagogue. Leur langage est parfois bien singulier, et ce n'est pas sans étonnement, par exemple, que nous entendons parler de « cette littérature échevelée, tableau des mœurs presque sauvages des mauvais lieux », et de bien d'autres choses pareilles. Si ce langage un peu lâché ne se rencontrait que dans la partie fictive du mémoire, cela pourrait encore passer. Mais il déteint jusque sur les paroles qu'on prête à Socrate et à Marc-Aurèle. Qu'auraient pensé Platon et Socrate si on leur eût dit qu'on mettrait un jour dans leur bouche des phrases comme celle-ci : « Il ne faut jamais récompenser les jeunes gens avec de l'or ou du luxe », ou qu'on les ferait parler des *plaisirs du monde*, de jeunes femmes aimant *les assemblées*, *les concerts*, *les bals ?* Je ne sais de quelle traduction s'est servi l'auteur ; mais presque toutes les pensées de Marc-Aurèle prennent un ton de vulgarité qu'elles n'ont certainement pas dans le texte.

L'auteur commence par exposer la doctrine de Socrate, et après un sermon peu intéressant de Marcel, celle de Marc-Aurèle ; puis il passe de l'exposé de la doctrine à la biographie pour confirmer les préceptes par les actes. Cette marche, qui ne nous semble pas la meilleure, était une conséquence de la fiction adoptée par l'auteur : nous n'avons donc rien à y redire. Mais cette biographie est insuffisante ; elle consiste plus en éloges hyperboliques qu'en faits expressifs. Il ne suffit point de dire, par exemple, que Marc-Aurèle adoucit les lois ; il faut dire en quoi il les adoucit. Quant à l'exposition doctrinale du moraliste grec et du moraliste romain, elle est fort décousue et ne laisse rien de net dans l'esprit. Pour Socrate, l'auteur s'est contenté de pratiquer des coupures dans la *République* de Platon, et sans se soucier ni de l'ordre, ni de la déduction des idées, de passer souvent de l'une à l'autre par la commode transition : « Socrate disait aussi. » On ne soupçonnerait jamais que toute la doctrine de Socrate pût se ramener à trois ou quatre idées principales qui revenaient sans cesse dans ses discours. Naturellement le même décousu règne dans l'exposition de Marc-Aurèle qui écrivait des pensées détachées, il est vrai, mais pour qui elles se rapportaient à quelques principes, ou, comme disaient les Stoïciens, à quelques δόγματα, toujours présents à son esprit. L'auteur oublie de mettre ces principes en lumière. Il revient dans l'exposition de Fénelon au même procédé dont il a usé dans celle de Socrate. Il fait un peu au hasard des coupures dans le *Télémaque* ; puis, après avoir dit quelques mots de la biographie de Fénelon, il cite quelques pages prises çà et là dans le *Traité de l'existence de Dieu*. Ni pour le fond, ni pour la forme, ce mémoire ne nous paraît répondre au vœu de l'Académie.

L'auteur du n° 5 (*Sursum corda*), après un prologue de quelques pages assez vagues et un peu fantastiques sur ce qu'il appelle les étapes de l'humanité, nous raconte qu'étant à Rome, il s'endormit sur un banc de la petite place Ara-cœli et vit en rêve trois personnages majestueux, Socrate, Marc-Aurèle et Fénelon, qui s'entretenaient ensemble. Jugez avec quelle curiosité il les écouta. Après avoir entendu parler Socrate il se réveilla, mais revint le lendemain à la même place et fut favorisé du même rêve. Cette fois, ce fut Marc-Aurèle qui parla. Troisième soirée, troisième apparition. Fénelon fut l'orateur. « Cette fois, dit naïvement l'auteur, c'était bien la fin de ces apparitions magnifiques dont j'étais favorisé depuis trois soirs. Je le compris. » Il se met donc à transcrire ce qu'il a entendu. Chacun des trois personnages fait brièvement sa biographie qui commence invariablement par « Je naquis » ici, ou là, ou bien « c'est en tel lieu que je reçus le jour » : ce qui ne laisse pas d'être assez gauche. Cette biographie est réduite à sa plus simple expression et absolument sans intérêt. Je relève une inadvertance dans la vie de Socrate : *Criton* y est défiguré en *Cliton*; et une erreur en celle de Fénelon : On suppose que des cabales de cour firent reléguer le prélat à Cambrai, et que l'affaire du Quiétisme vint après, qui aggrava sa disgrâce, comme si ce n'était pas l'affaire du Quiétisme qui renvoya Fénelon dans son archevêché. L'exposé des doctrines est plus satisfaisant. Seulement l'auteur, évitant toute apparence systématique, s'est contenté d'énoncer des préceptes sans lien entre eux. Et, d'un autre côté, il parle le plus souvent sa propre langue, au lieu de parler celle des personnages : ce dernier défaut est surtout sensible dans l'exposé mis dans la bouche de Socrate. Ce n'est certes ni dans Xénophon ni dans Platon que l'auteur a pris une phrase redondante comme celle-ci : « Enfin quels dons merveilleux n'ont pas été accordés à cet être *choisi, privilégié, aimé : la pensée, la parole, la raison, l'esprit, l'immortalité de l'âme !* » Quoi qu'il en soit, si l'on ne demandait que des préceptes décousus, ce mémoire serait fort recommandable. Car, malgré la bizarrerie de la fiction et quoiqu'il y ait trop d'impropriétés et de négligences dans le style, la pensée pourtant se présente en général avec précision et clarté. Mais nous n'avons pas cru que des préceptes sans suite formassent une exposition suffisante des trois moralistes à étudier.

En lisant la préface du n° 2 (Hommes vénérés qui ont joint la pureté de leur vie à la beauté de leurs préceptes), on conçoit une espérance que malheureusement détruit la suite du travail. L'auteur s'est demandé quelles sont les conditions d'un livre populaire de morale. Et quoi qu'il mêle bien des choses inutiles à sa réponse, il dit très-justement : « D'un pareil livre il ne faut pas bannir la science, chose sacrée, mais l'érudition ; il ne faut pas bannir le langage distingué, mais la langue savante... Plus qu'un autre un traité populaire a besoin de vie : cette condition dépend évidemment du talent de l'écrivain ; mais il y a pour la variété et l'animation une méthode nécessaire : c'est de fondre ensemble la doctrine et la biographie de son personnage, d'appuyer le précepte par le fait, le conseil par le modèle vivant. » Et quand l'auteur ajoute un peu plus bas : « Toucher du doigt le progrès est une grande consolation et une force ; mais il n'est vraiment palpable que jalonné par grandes périodes ; il est évident dans les périodes qui portent les noms de Socrate, Marc-Aurèle et Fénelon, » on pouvait espérer une œuvre aussi bien exécutée que bien conçue. Il n'en est rien. Le chapitre sur Socrate est suffisant. Si l'auteur réduit trop notre philosophe au Socrate de Xénophon, et par suite s'il laisse trop dominer dans l'exposé de sa doctrine la considération de l'utile, ce qui lui fait appliquer au penseur athénien l'épithète barbare et dans tous les cas assez peu juste ici d'utilitaire, il connaît bien et fait bien connaître Socrate, vie et doctrine. On désirerait toutefois que quelques principes très-généraux et qui ont eu la plus grande influence sur la suite de la pensée grecque fussent expliqués à part et non mêlés avec la biographie. Mais enfin on a une idée assez nette et de ce que Socrate a fait et de ce qu'il a pensé.

Mais l'inconvénient de la méthode de l'auteur devient très-sensible dans le chapitre sur Marc-Aurèle. Au lieu d'examiner Marc-Aurèle en lui-même et pour lui-même, sous prétexte que ce sage empereur est Socrate élevé à une plus haute puissance, et que le stoïcisme est l'intermédiaire entre le paganisme et le christianisme, double assertion dont la liaison n'est nullement évidente, il le compare successivement à Socrate pour la doctrine et pour la vie, au christianisme pour la doctrine. Il résulte de là une grande confusion, et Marc-Aurèle se trouve comme perdu dans une foule de citations de l'Ancien-Testament, de saint Paul, de l'Évangile, de l'Imitation de Jésus-Christ. Ce serait tout un travail que de tirer de ce chaos cette sereine et mélancolique figure.

Quant au chapitre sur Fénelon, on y trouve tout, excepté ce qui devait entrer dans un livre populaire de morale, depuis le *Nirvana* des Indous jusqu'aux *esprits féminins* et jusqu'au *réalisme*. Oui, Fénelon précurseur du réalisme dans son style ! L'auteur qui a de la pénétration a bien saisi deux traits qui donnent une physionomie particulière à la morale de Fénelon : l'amour, la tendresse poussée jusqu'au mysticisme ; puis la prédilection pour le peuple. « L'amour des hommes, dit justement l'auteur, n'est pas dans Fénelon une vertu originale. Il est partout dans le christianisme, mais c'est l'amour des hommes en général, faisant peu de cas de la vie terrestre. L'originalité de Fénelon consiste dans l'amour du peuple de son temps et quelquefois dans le sentiment de son droit. Il a pitié toujours, il se révolte quelquefois. » Mais au lieu de développer ces deux points, la tendresse de cœur poussée jusqu'au mysticisme, l'amour du peuple poussé jusqu'à la partialité, l'auteur nous promène et s'égare dans toute espèce de questions. Beaucoup de vues, les unes fines et justes, les autres plus que contestables ; mais rien qui nous fasse connaître nettement la morale de Fénelon.

Ce mémoire est loin pourtant d'être sans valeur. Si l'auteur tombe parfois dans la bizarrerie, il a une réelle originalité. Il fait trop de rapprochements risqués, mais il sait beaucoup. Il a essayé surtout de marquer par l'histoire le progrès et la transition d'une doctrine à l'autre. Le morceau qui montre la transformation des idées entre Socrate et Marc-Aurèle serait excellent, si l'on ne s'était pas borné à Sénèque et qu'on fût allé de lui à Cicéron, de Cicéron à Antipater et à Panétius, et de ceux-ci aux fondateurs mêmes du Portique. Le morceau qui sert de transition entre Marc-Aurèle et Fénelon est plus insuffisant. Il insiste trop sur le mysticisme, pas assez sur la transformation de certaines idées et de certains sentiments, élaborée par quinze siècles de christianisme. L'idée, du moins, est indiquée. C'est le mémoire qui promettait le plus, celui où il y a le plus de vues ; je voudrais, mais ne puis dire que c'est le meilleur.

La composition du n° 6 (Ουκ εστιν, εφη...) est extrêmement défectueuse. Elle est formée de deux parties séparées : trois biographies, puis une espèce de dialogue des morts, lequel a ceci de particulier qu'un vivant, qui est l'auteur, s'entretient avec trois ombres qui l'instruisent. Les biographies, trop étendues pour l'objet qu'on se proposait, sont, en général, exactes. Il ne faudrait pas dire cependant : « Critias et Chariclès... résolurent de le perdre. Ils commencèrent d'abord par le vexer de toutes manières ; puis étant parvenus à corrompre un jeune avocat du nom de Mélitus, ils le firent accuser devant l'assemblée »; ni emprunter au grand dictionnaire du XIXe siècle cette sottise au moins de rédaction : « Son égalité de caractère prenait son origine dans ce principe des premiers Stoïciens »; ni écrire au sujet de Marc-Aurèle que « Faustine, sa femme, et Commode, son fils, sont les seules taches d'une si belle vie. » La fiction d'un dialogue des morts entre les trois ombres de Socrate, de Marc-Aurèle et de Fénelon, et le jeune auteur qui les interroge sur les questions de morale du *cours de philosophie* n'est pas heureuse. Outre qu'elle efface les différences et le progrès des doctrines, elle a en soi quelque chose de pédantesque et de puéril. Le fonds, d'ailleurs, du dialogue est excellent : c'est un cours complet de morale fait par trois grands moralistes qui y apportent, tantôt l'un, tantôt l'autre, leur contingent de bonnes vérités. S'il n'est pas très-populaire de ton, s'il manque un peu de variété et de vie, il n'est pas cependant au-dessus d'une intelligence ordinaire ; il n'est pas très-entraînant, mais il suffit pour instruire. L'auteur mérite donc une mention honorable.

Enfin le n° 3 (*Fiat lux*) répond presque au vœu de l'Académie. Mêlant heureusement l'enseignement ou l'exposé de la doctrine au récit, l'auteur suppose un vieil instituteur alsacien, resté dans son pays comme dans une terre d'exil, qui explique à trois ou quatre enfants curieux, de quatorze à quinze ans, la vie et les pensées de Socrate, de Marc-Aurèle et de Fénelon. Avant de dire le parti que l'auteur tire de cette fiction, j'en indiquerai quelques inconvénients. Elle conduit à effacer sinon la personnalité, au moins le langage de nos trois moralistes auxquels l'instituteur, M. Kars, se substitue un peu trop. Par là s'efface aussi, ou tend à s'effacer l'enseignement le plus fortifiant qui devait résulter du rapprochement de ces trois sages séparés par de si longs intervalles de temps et si différents de caractère et de physionomie, je veux dire le sentiment et la persuasion que l'idée morale, toujours la même et toujours diverse, n'a cessé d'être en progrès depuis Socrate. Et pour descendre à de plus petites choses, cette fiction est une tentation secrète de présenter des hommes d'époques si différentes sous un jour quelque peu uniforme. Notre XIX° siècle a un peu la manie de transformer les philosophes en apôtres, en martyrs, etc., et nous devons dire à l'auteur que Socrate et Marc-Aurèle auraient été fort étonnés de ces noms-là. Ils étaient plus simples et moins emphatiques. Socrate ne se croyait aucunement un martyr, une victime offrant son sang pour la vérité en buvant la ciguë. Ces réserves faites, il faut féliciter l'auteur d'avoir choisi une fiction très-simple et d'avoir su s'en servir heureusement pour donner de l'attrait aux idées les plus austères. Il circule dans toute son œuvre un tel souffle de moralité, un tel enthousiasme du bien que la Commission n'aurait pas hésité un moment à lui décerner le prix, s'il n'avait pas, ou à peu près, laissé au bout de sa plume l'exposé de la doctrine de Fénelon. L'auteur a des connaissances, mais ce qui vaut mieux, il en est le maître, il se les est appropriées, il en dispose avec aisance comme d'un bien qui lui est naturel; partout, et c'est le principal mérite de son travail, il parle d'abondance de cœur. Ému lui-même, il émeut. A peine s'aperçoit-on que l'exposition des doctrines aurait pu être plus étoffée.

La Commission ne croyant pas, bien qu'à regret, qu'il y ait lieu de décerner le prix, propose d'accorder une mention très-honorable à l'auteur du n° 3 avec une récompense de 300 fr., et de partager le reste entre l'auteur du n° 6 et celui du n° 2, 200 fr. au premier, et 100 fr. au second.

EXTRAIT

DU

PROCÈS-VERBAL DE L'ACADÉMIE

en date du 23 mai 1879

Après la lecture des rapports de MM. Fayel et Denis, aux conclusions desquels la Compagnie donne son approbation, M. le Président décachète les billets qui renferment les noms et les adresses des concurrents récompensés.

L'ouverture du premier billet fait connaître que le prix LE SAUVAGE, de la valeur de trois mille francs, est remporté par M. le Dr H. Duret, de Condé-sur-Noireau, prosecteur à la Faculté de médecine de Paris.

Pour le prix DE LA CODRE, de la valeur de six cents francs, inégalement partagés d'après l'appréciation des juges du concours,

M. le Président proclame les noms des vainqueurs qui sont :

Mme *Marie de Besneray*, de Lisieux, auteur du n° 3, qui a obtenu trois cents francs avec une mention très-honorable ;

M. l'abbé *Douville*, vicaire à Valognes, auteur du n° 6, — deux cents francs avec une mention honorable ;

M. *Le Héricher*, professeur honoraire de rhétorique à Avranches, auteur du n° 2, — cent francs et une mention honorable.

BIOGRAPHIE

DU

GÉNÉRAL DECAEN

Par M. Gaston LAVALLEY

Vice-Secrétaire de l'Académie

Decaen (Charles-Mathieu-Isidore) est né à Caen, le 13 avril 1769. Son père, qui était avocat, aurait voulu le diriger vers le barreau ; mais, à dix-huit ans, le jeune homme s'engagea volontairement dans l'artillerie de la marine. Au bout de trois années, pour céder peut-être au vœu de ses parents, il acheta son congé et reprit ses études de droit.

En 1792, l'entrée de l'étranger sur le territoire français le détermina à reprendre les armes ; et c'est ainsi qu'un acte de patriotisme lui rouvrit la carrière où l'appelait sa vocation. Parti simple sergent-major au 4ᵉ bataillon des volontaires du Calvados, il devint en quelques mois sous-lieutenant, puis capitaine à l'armée du Rhin. Kléber l'attira et le fixa près de lui en qualité d'adjoint (c'est-à-dire aide-de-camp) pendant le fameux siége de Mayence. « Mes adjoints, écrivait à cette occasion le général, ont vécu sous des voûtes de feu ; chaque jour devrait leur être compté comme une campagne. »

Après ces brillants débuts contre l'étranger, Decaen fut appelé en Vendée avec les restes de la brave armée de Mayence. Il y participa à toutes les expéditions, à tous les combats. Il était au Pont-St-Père, où Charrette subit une complète déroute ; à Angers, où il rallia l'avant-garde, après la mort du général Marigny et fit plier l'ennemi par un retour vigoureux. Decaen fut singulièrement récompensé de cette action d'éclat; car on l'obligea bientôt à faire la guerre des taillis, — guerre périlleuse et sans gloire, — contre les chouans de la Gravelle et des environs. Kléber, qui lui demandait ce sacrifice, lui écrivit à ce sujet, de son quartier général de Vitré : « J'ai besoin de toi et de ton zèle pour organiser différents arrondissements ; comme celui de la Gravelle devient le plus dangereux, j'ai pensé qu'il sera le plus digne de ton courage. »

Une invitation faite en de pareils termes ne pouvait se refuser ; il accepta et fit son devoir. Ce fut lui qui organisa le service des colonnes mobiles, seul moyen pratique de purger le pays de bandes, dont la principale tactique consistait en guets-apens nocturnes. Il se sentait d'ailleurs soutenu par les bonnes paroles, d'une simplicité héroïque, que les généraux de la Révolution savaient mêler aux ordres qu'ils donnaient à leurs inférieurs. « Ton zèle et ta conduite t'ont mérité l'estime de tes frères d'armes, lui écrivait Kléber le 15 floréal an II ; continue à servir ta patrie ; ta récompense est dans ce sentiment si doux qu'éprouve l'âme lorsqu'elle a tout fait pour faire le bien. »

Dans cette guerre dangereuse et obscure, Decaen eut donc cette bonne fortune d'être à l'école du héros de Mayence, qui lui montra, par son exemple, comment on peut rester humain tout en demeurant énergique. S'il dut gémir d'être obligé de combattre des compatriotes, il eut du moins cette consolation d'accomplir son devoir de soldat sans que sa conscience d'homme eût à en souffrir. Kléber, son général en chef, n'oubliait jamais, au milieu des dures nécessités de la guerre civile, les conseils de la pitié. Il poussait même si loin la générosité qu'il ne rougissait pas, devant un inférieur, de revenir sur un ordre déjà donné, quand il lui paraissait trop sévère.

C'est ainsi qu'il écrivait à Decaen, le 4 floréal an II, à propos de la levée des jeunes gens de la première réquisition : « L'ordre que j'ai donné, dans mon instruction du 2, de les regarder comme émigrés et hors la loi, m'a semblé trop rigoureux. En conséquence, tu te borneras à les faire arrêter et conduire, sous bonne et sûre garde, aux chefs-lieux de leurs districts respectifs, d'où on les enverra le plus tôt possible à leur destination. »

C'est sous cet admirable maître que Decaen apprit

à faire l'association de la douceur et de la force, en un mot, à ne jamais séparer la fraternité, qui doit être la vertu du citoyen, de la discipline, qui est le devoir du soldat.

Cependant, fatigué d'une guerre de grand chemin où il fallait se borner à une bravoure de maréchaussée, Decaen sollicita et obtint du gouvernement de nouvelles lettres de service pour l'armée du Rhin. Au moment où il partit, le général Hoche, qui avait essayé de le retenir sous son commandement par les instances les plus flatteuses, lui écrivit, le 10 nivôse an III : « Pars, mon cher Decaen ; va à un poste honorable, et sers bien ta patrie ! »

Decaen ne tarda pas à dépasser la recommandation ; car, dès son arrivée à l'armée du Rhin, il fit plus que son devoir et se signala par tant d'actions d'éclat, qu'il fut nommé, à vingt-six ans, général de brigade. En 1796, près de Strasbourg, il se jette dans une barque avec seize grenadiers et traverse le Rhin sous la mitraille d'une batterie, qu'il enlève et dont il tourne les canons contre l'ennemi. Le lendemain, pendant une reconnaissance, il sauve, au péril de sa vie, un de ses grenadiers qui allait se noyer dans le courant de la Kinsick. Et c'est ainsi qu'au bouillant courage du soldat, il joignait la froide intrépidité du sauveteur.

Sa bravoure devint bientôt proverbiale dans l'armée. A Ettlingen, ce fut lui qui décida le succès de la journée, en attirant sur sa brigade l'effort concentré de toute l'infanterie ennemie. Pendant la célèbre retraite de Moreau, il commandait l'arrière-garde de l'aile gauche. Peu de temps après, pour sa belle conduite dans Kehl, assiégé par le prince Charles, le Directoire lui accordait un sabre d'honneur.

Nommé général de division vers le commencement de la mémorable campagne de 1800, Decaen fut détaché par Moreau pour s'emparer de Munich, qui était défendu par 14,000 hommes de garnison. Tout en combattant et en poussant devant lui le général autrichien, il trouva le moyen de faire plus de trente lieues en trois jours et de surprendre la ville, dont il se rendit maître.

Pendant une suspension d'armes qu'on accorda à l'Autriche, Decaen, chargé de l'administration de la Bavière, fit dans ce pays une reconnaissance qui lui permit de signaler à Moreau (lettre du 1er septembre 1800) la position de Hohenlinden comme pouvant devenir fatale à l'ennemi, si celui-ci avait la témérité de s'y engager. Le 3 décembre suivant, cette prédiction se réalisait et fournissait au général l'occasion de montrer ses plus brillantes qualités militaires. Il s'acquit en effet dans cette journée une gloire comparable à celle de Desaix, lorsque, arrivant subitement sur le champ de bataille de Hohenlinden, il décida cette immortelle victoire, comme Desaix avait décidé celle de Marengo.

Après avoir amené sa division par une série de marches forcées à travers des chemins épouvantables, Decaen se présenta tout à coup devant Moreau, dans la nuit qui précéda la bataille. Ce fut alors que le général en chef s'écria avec joie devant son état-major : « Voilà Decaen ; demain la victoire est à nous! » Parole qui fut justifiée le lendemain par les prodiges qu'accomplit Decaen. Avec sa division, il dégagea la brigade Drouet et une partie de la division Richepanse, fit 3,000 prisonniers, prit sept pièces de canon et poursuivit l'ennemi avec une rapidité foudroyante.

Lorsque la paix de Lunéville eut été signée, le premier Consul, qui avait des vues de haute politique sur les Indes, confia le commandement d'une expédition à Decaen. Nommé capitaine général des établissements français dans l'Inde, le général s'embarqua à Brest, le 5 mars 1803, sur les vaisseaux du contre-amiral de Linois. Mais, à peine était-il arrivé à Pondichéri, qu'il y apprit la nouvelle de la rupture du traité d'Amiens.

Avec une perspicacité qui n'eut d'égale que sa résolution, Decaen, sans attendre les ordres du ministère de la marine, résolut de sauver l'escadre menacée par les Anglais, en opérant secrètement sa retraite afin de gagner au plus vite l'île de France.

Dès qu'il fut débarqué dans cette île, le 17 août 1803, il prit le titre de capitaine général des établissements français au-delà du cap de Bonne-Espérance. Pendant huit ans, à partir de ce jour, Decaen déploya de rares talents d'administrateur et même de jurisconsulte ; car il promulgua une série d'ordonnances, si heureusement appropriées à la colonie, que celle-ci les vit encore appliquer par le vainqueur lui-même, après la prise des deux îles de France et de la Réunion.

Le gouverneur général ne se bornait pas à organiser l'administration militaire, judiciaire et civile; il entretenait de nombreuses correspondances, politiques et scientifiques, avec tous les pays où il y avait quelque chance de susciter des ennemis aux Anglais. C'est ainsi qu'il avait des agents et des interprètes à Madagascar, à Maskate, dans l'Inde et dans la Perse, où il put, grâce à son habileté, communiquer avec l'ambassadeur que la France y avait envoyé.

La grande idée de Decaen, celle qui fait le plus d'honneur à son intelligence, à son audacieuse persévérance, c'était de créer aux îles de France et de la Réunion un centre d'organisation navale et militaire, capable de porter des coups funestes aux possessions anglaises de l'Inde. Pour lui, c'était là qu'il fallait frapper le colosse. Blessée mortellement dans ses colonies, l'Angleterre serait bientôt réduite à l'impuissance sur le continent. Telle était sa pensée et, pour la réaliser, Decaen dépensa une somme d'énergie et de travail incalculables. Avec la petite escadre, qu'il avait sous ses ordres, il sut résister pendant huit ans à toutes les tentatives des flottes envoyées par la Compagnie anglaise des Indes; il réussit même à faire assez de prises sur la marine ennemie pour payer ses troupes, armer des corsaires et protéger le commerce des îles, dont il avait le gouvernement.

Pour se débarrasser d'un ennemi si actif et si dangereux, les Anglais firent un suprême effort et couvrirent la mer de leurs vaisseaux. Après avoir longtemps épié le moment favorable pour opérer un débarquement, ils s'emparèrent par surprise, le 8 juillet 1810, de l'île de la Réunion, alors appelée Bonaparte, qui n'avait qu'une garnison de 364 soldats. Tel fut le premier résultat de l'abandon coupable dans lequel on avait laissé deux colonies, qui avaient si longtemps résisté, avec de misérables ressources, aux entreprises des Anglais dans la mer des Indes.

Pendant sept années, le général Decaen n'avait cependant cessé de demander des secours à la mère-patrie. Peu de temps après son arrivée à l'île de France, il disait au Premier Consul, dans une lettre du 20 frimaire : « Que l'île de France
« est heureusement située ! De son point, on
« embrasse le monde. Que cette situation fait
« faire de réflexions ! qu'elle fait naître de désirs !...
« De l'île de France, on porte des regards avides
« sur l'Inde ou sur l'île de Java et ses dépendances,
« ou, plus modérés, sur la vaste et fertile contrée
« de Madagascar. J'ai eu l'honneur, mon gé-
« néral, de vous présenter le résultat de mes obser-
« vations et de mes pensées sur l'Inde. Je vous
« adresse aussi une note sur Java ; bientôt je
« serai plus instruit sur Madagascar. Je m'occupe
« de reconnaître les avantages réels que la France,

« par vous gouvernée, doit enfin retirer d'un
« immense pays que les siècles passés ont vu né-
« gliger. Aidez mon zèle, mon général, mettez-moi
« à portée d'acquérir la gloire dont vous m'avez
« donné la perspective, car j'aurais bien du chagrin
« d'être réduit à me comparer à Tantale. »

Ce naïf grand homme, altéré de gloire, dut se contenter de l'eau bénite de cour, qu'on lui servit à discrétion. En effet, après quelques lettres adressées directement au chef du gouvernement, après des appels réitérés au ministre de la Marine, Decaen, qui épiait avidement l'arrivée des vaisseaux venant d'Europe, ne reçut pour tout renfort qu'un portrait de l'Empereur, accompagné, il est vrai, d'une lettre de satisfaction.

Cependant les Anglais, encouragés par la prise de l'île de la Réunion, avaient augmenté le nombre des croisières qui cernaient sa voisine, l'île de France. Ils espéraient aussi s'en emparer par un coup de main. Mais ils allaient se trouver là en face d'un homme de guerre aussi brave qu'expérimenté. Ils réussirent toutefois à se rendre maîtres du fort de la Passe dans la nuit du 13 août 1810. Seulement leur succès fut de peu de durée. Dès le 29, ils furent chassés du fort, à la suite d'un long et brillant combat naval, soutenu par la division Duperré.

Decaen ne se fit pas d'illusions sur la portée de ce beau fait d'armes. Tout en le signalant à l'attention du ministre de la Marine, il accompagna son rapport d'une lettre virulente, dans laquelle il se plaignait de la lenteur qu'on mettait à lui envoyer des troupes ; car il savait que la Compagnie des Indes préparait contre lui une immense expédition, et il n'avait à lui opposer qu'un millier d'hommes en état de porter les armes !

Malgré cette infériorité numérique, malgré la défection des troupes coloniales, qui refusèrent au dernier moment de marcher à l'ennemi, Decaen accepta la lutte et résista pendant deux jours aux efforts d'une armée de 24,000 hommes, dont la flotte anglaise avait opéré le débarquement dans la nuit du 29 au 30 novembre 1810. Blessé à la jambe dès le début de l'action, le général, malgré de cruelles souffrances, resta à la tête de sa faible garnison. « Il faut l'avoir vu, dit un témoin « oculaire (Biogr. par Saint-Elme le Duc) pour se « faire une juste idée du sang-froid et de l'in- « trépidité qu'il déploya dans cette circonstance. « Cela passe toute croyance. Seul, arrivant au « petit pas de son cheval, calme, impassible, sous « le feu roulant d'une ligne d'infanterie d'un « demi-mille, il semblait moins au milieu des « ennemis qu'à une promenade. »

Obligé cependant de céder au nombre, le défenseur de l'île de France demanda et obtint une capitulation si honorable que Napoléon l'approuva en termes élogieux, et que le général anglais qui l'avait accordée fut blâmé par son gouvernement. De leur côté, les colons votèrent au capitaine-général une adresse, comme témoignage d'estime et de reconnaissance.

En 1811, époque de son retour en France, Decaen remplaça le maréchal Macdonald dans le commandement en chef de l'armée de Catalogne. Avec environ 30,000 hommes, sur lesquels il dut fournir des garnisons aux places fortes, il sut dans cette province, l'une des plus belliqueuses de l'Espagne, soutenir pendant deux ans l'honneur de nos armes.

De ce commandement il passa, en 1813, à celui de l'armée française en Hollande. Une épreuve difficile y attendait sa loyauté. Decaen ne tarda pas à s'apercevoir que ces provinces, lasses de l'état continuel de guerre qui pesait sur elles, n'attendaient qu'une occasion de ressaisir leur indépendance. Personne n'avait osé révéler cet état de choses à Napoléon. Decaen seul eut le courage d'avertir l'Empereur de ce qui se passait. Sa franchise déplut; il fut rappelé et soumis à une enquête. Sa disgrâce cessa lorsqu'on eut besoin de son dévouement bien connu. Il s'agissait d'organiser à Libourne, sous le nom d'*armée de la Gironde*, un corps destiné à reprendre Bordeaux, que la trahison du maire avait livré aux Anglais. Decaen travaillait à remplir cette mission, lorsque la nouvelle de l'abdication de l'Empereur l'obligea à signer, en avril 1814, un armistice avec le commandant de la division anglaise.

Pendant la première Restauration, Decaen eut à Bordeaux le commandement de la 11° division militaire. Lié par son serment au gouvernement royal, il sut y rester fidèle à l'époque du retour de l'île d'Elbe. Ce fut seulement trois mois après le départ de Louis XVIII, qu'il se décida à accepter de Napoléon le commandement de l'armée des *Pyrénées-Orientales*.

Lorsque la Restauration rentra pour la seconde fois en France, à la suite de l'étranger, elle comprit le général Decaen, malgré la loyauté de ses services, dans l'ordonnance de proscription du 24 juillet 1815. Il fut arrêté à Paris le 13 décembre et enfermé à l'Abbaye, où il subit une dure captivité de quinze mois, qui altéra sa santé et épuisa toutes ses ressources.

L'instruction de son procès prouva que Decaen n'avait jamais trahi personne, et qu'il s'était surtout proposé pour but, pendant son commandement de Bordeaux, d'éviter les horreurs d'une nouvelle guerre civile. La duchesse d'Angoulême déposa elle-même de la loyauté et de la générosité de sa conduite. Devant ce dernier témoignage, les accusateurs du général n'osèrent plus affronter le grand jour de l'audience. Pour éviter le scandale d'un débat, qui n'aurait pas été sans confusion pour eux, ils imaginèrent un biais afin de rendre la liberté, sans se compromettre, à un prisonnier qui devenait embarrassant. C'est ainsi qu'on put lire, dans le *Moniteur* du 25 février 1817, le passage suivant d'une ordonnance du roi :
« .....Reconnaissant que les faits imputés au lieu-
« tenant-général Decaen sont compris dans l'am-
« nistie portée par la loi du 12 janvier 1816,

« nous ordonnons qu'il soit mis immédiatement
« en liberté. »

A propos des mêmes événements de 1815, une autre accusation, en sens contraire, s'attaqua à la mémoire du général Decaen. Ce fut à l'occasion d'une souscription, provoquée par le *National* en 1841, pour lui élever une statue dans sa ville natale. Un des journaux de Caen, le *Haro*, protesta contre ce projet, en se basant sur les termes d'une proclamation du 12 mars 1815, qui lui semblait un acte odieux d'ingratitude envers Napoléon. Mais, avec une entière bonne foi, le même journal alla aux informations et, dans un numéro du 7 septembre 1841, il s'exprimait ainsi : « Notre hésitation à nous associer à
« une œuvre de patriotisme, que nous avons pro-
« voquée, aura du moins servi à faire apparaître
« la gloire du général Decaen dégagée de toute
« ombre fatale. Prochainement nous donnerons
« à nos concitoyens, sur la conduite que le gé-
« néral tint à Bordeaux, des détails curieux et
« desquels il ressort qu'au lieu d'avoir mérité le
« moindre blâme, il acquit de nouveaux droits
« à l'estime et à la reconnaissance de tous les
« Français. »

Decaen fut mis à la retraite par la seconde Restauration. Riche de gloire, mais pauvre de biens, il vécut, loin des fonctions publiques, dans sa maison de campagne de Cernay, située dans la vallée de Montmorency. C'est là qu'il recueillit ses notes et rédigea ses mémoires, dont plusieurs parties sont malheureusement restées inachevées ou ont été détruites, avec un certain nombre de ses papiers, dans le pillage de Bellevue, pendant la guerre de 1870-1871.

Après les Journées de juillet, Decaen rentra dans le cadre d'activité de l'état-major général. Il fut nommé président de la commission chargée de l'examen des réclamations des anciens officiers, puis également président de la commission de législation coloniale, au Ministère de la Marine. Il était occupé de ces importants travaux lorsque, le 9 septembre 1832, il succomba à une violente attaque de choléra.

Il mourut si pauvre que sa veuve ne fut pas en état de payer ses funérailles, et que le Ministère de la Guerre dut les faire faire aux frais de l'État. Devant un si noble dénûment l'opinion s'émut et, le 3 mars 1833, on présenta à la Chambre un projet de loi pour une pension à la veuve du général. Par un jeu ironique du hasard, ce fut le maréchal Soult, dont la fortune avait grandi avec la gloire, qui fut chargé, comme Ministre de la Guerre, de faire l'éloge de l'admirable désintéressement de Decaen. Il le fit d'ailleurs en termes chaleureux. Après avoir montré la gêne où se trouvait Mme Decaen, dont l'un des fils devait prendre sur son traitement de sous-lieutenant pour soutenir sa mère, il s'écria : « N'y aurait-
« il donc que le pays qui refuserait de tendre une
« main secourable à cette malheureuse veuve? Je
« ne puis le supposer. Je la recommande non pas

« à la commisération, mais à la reconnaissance de
« la Chambre. »

La Chambre répondit à ces nobles paroles par un refus. Dès le lendemain les journaux libéraux ouvrirent une souscription pour la veuve du général. Un des souscripteurs, le général de Monistrol, écrivait au *Courrier français,* en lui envoyant son offrande : « Honoré de l'amitié du général
« Decaen, témoin de sa rare modestie, je crois
« rendre un plus grand hommage à sa mémoire
« en ne parlant que de son désintéressement :
« un mot me suffira. Celui qui dans les Indes a
« fait plus de 200 millions de prises à l'ennemi,
« par les expéditions hardies qu'il traça aux
« Duperré, aux Linois, Hamelin, Bergeret, Hal-
« gan, Bouvet, Eperon, Roussin, Bouraigne,
« Hugon, Ducrest de Villeneuve, Lemaran et
« tant d'autres capitaines célèbres, aujourd'hui
« l'illustration de la marine française ; celui qui
« a constamment refusé la part immense qui lui
« revenait sur ces prises importantes ; celui qui,
« en Catalogne, refusa de recevoir une somme de
« 800,000 fr., qui lui était apportée par les nota-
« bilités de Vick, parce que, disait-il, il n'avait
« pas droit à des contributions d'une ville que
« son départ ne lui permettait plus de protéger ;
« celui qui eut tant de trésors à sa disposition,
« le gouverneur général de la Catalogne, le capi-
« taine général de toutes nos colonies orientales,
« cet homme, ce grand citoyen (le Ministre de la
« guerre est venu le dire à la tribune de France),

« le général Decaen, est mort sans laisser de quoi
« payer son enterrement. »

Ajoutons, pour compléter cet éloge, que Decaen, pendant son commandement à l'île de France, avait employé jusqu'à ses propres ressources pour augmenter nos moyens de croisière et d'attaque contre la marine anglaise. Le désintéressement de ce grand patriote est d'autant plus digne d'admiration qu'il le conduisit presque à un état voisin de la pauvreté. « C'est seulement en 1831,
« disait le baron Charles Dupin dans une seconde
« demande aux Chambres, et lorsque vous avez
« voté la nouvelle loi électorale, que le général
« Decaen put devenir électeur. A cette époque,
« savez-vous combien il payait pour le total de
« ses contributions personnelles et mobilières ?
« 26 fr. 98 c. ! S'il n'eût pas payé cette faible
« somme, il n'aurait pas été porté sur la liste
« électorale ; car le total de ses autres contribu-
« tions ne s'élevait qu'à 19 fr. 72 c., y compris les
« portes et fenêtres ! »

Sans se couvrir de ridicule et d'odieux, la Chambre ne pouvait refuser une seconde fois une pension exceptionnelle à la veuve du général Decaen. Mais, au lieu de faire les choses largement, elle marchanda et réduisit les 6,000 fr. qu'on demandait à 3,000 fr. Encore faut-il ajouter que la veuve de l'illustre soldat, ayant droit déjà à une pension de 1,500 fr., ce ne fut en réalité qu'une pareille somme qui lui fut accordée à titre de récompense nationale. Ce qui fit dire, non sans raison, au *Corsaire,* dans son numéro du 28 janvier 1834 : « Ce n'est pas un sou par victoire ! »

Cette discussion dans les Chambres eut toutefois cet excellent résultat de faire valoir le grand caractère du général Decaen. Car c'est par là surtout qu'il se recommande à l'admiration de la postérité. Dans un pays où le courage militaire est une vertu professionnelle, on lui trouvera facilement des frères d'armes qui l'égaleront par la bravoure, mais on en rencontrera bien peu qui puissent lui être comparés pour l'indépendance et la dignité de la vie.

Admirateur sincère du génie de Bonaparte, Decaen s'inclina volontiers devant la supériorité du capitaine, mais ne fléchit jamais le genou devant la pourpre de l'empereur. Il est le seul peut-être qui ait osé, dans des cas difficiles, lui dire la vérité. Se souvenant des leçons de loyauté, d'abnégation et de patriotisme, qu'il avait reçues sous des maîtres tels que Hoche et Kléber, Decaen resta toujours le pur soldat des premiers temps de la Révolution. Et c'est ainsi qu'il put traverser quarante années de crises politiques sans avoir à faire amende honorable de la moindre défaillance.

Placé dans des postes où il aurait pu s'enrichir, même légitimement, il demeura pauvre ; voisin du pouvoir, il aima mieux le conseiller que le flatter ; sans cesse employé dans des expéditions où il y avait moins de gloire à trouver que de dangers à courir, comme en Vendée, à l'île de France, en Espagne, il accepta le sacrifice sans murmurer et ne se montra pas jaloux de camarades qui eurent, avec moins de bravoure et de capacités, mille occasions de se distinguer dans les grandes guerres du Continent. En un mot, ce fut dans notre siècle, si riche en talents, mais si stérile en caractères, un homme taillé sur le modèle de ceux de Plutarque.

Un tel héros méritait bien un souvenir dans sa ville natale. Deux journaux de Caen y pensèrent. Un beau jour, ils ouvrent une souscription dans leurs colonnes pour élever une statue au général Decaen. Ils font des appels successifs à la ville qui avait eu l'honneur de donner le jour à ce grand patriote ; mais ils ont *beau la prier ; la cruelle qu'elle est,* se souvenant sans doute des vers de Malherbe, un de ses autres enfants illustres, *se bouche les oreilles et les laisse crier.* La première liste de souscription, ouverte par le *Pilote du Calvados* le 25 septembre 1841, ne produisit en effet que 87 fr. 05 c. ! Et la souscription cessa, faute de souscripteurs !

Le général Decaen devra se contenter, dans sa ville natale, du portrait que son fils, son dernier représentant, croyons-nous, a légué en mourant à la Bibliothèque de Caen.

LÉGENDES

Par M. Gustave LE VAVASSEUR

Membre correspondant

DEUX MIETTES DE L'HISTOIRE DE NORMANDIE

(CHANSONS DE GESTE)

I.

La blanche Nef (1120).

> Accidit hora gravis Thomaque miserrima navis
> Quam malè recta terit rupe soluta perit...
> Purpura cum bisso liquido putrescit abysso,
> Rex quoque quem genuit piscibus esca fuit.
> Sic tibi lidentes ludit Fortuna potentes ;
> Nunc dat, nunc demit, hinc levat, inde premit.
>
> ORDERIC VITAL.

I.

Ceci n'est point un conte indigne de mémoire,
Un couplet de chanson qu'on fredonne après boire,
Normands ; c'est le récit lamentable et notoire
D'un blanc vaisseau perdu jadis dans la nuit noire ;
C'est un triste chapitre, hélas ! de notre histoire ;
Elle eut ses nuits de deuil comme ses jours de gloire.

II.

Oh ! les princes normands, comme ils étaient joyeux
En l'an onze cent vingt ! mangeant bien, buvant mieux,
La chanson sur la lèvre et l'éclair dans les yeux,
Gaspillant leur jeunesse et se moquant des vieux,
Ils avaient le vin tendre, ils méprisaient les gueux,
Et le peuple disait qu'ils s'aimaient trop entre eux.

III.

« Le sceptre doit-il être un fléau qui martelle ?
Est-ce que les Anglais que j'ai sous ma tutelle »
— Disait le roi Henri, — « n'ont pas l'âme immortelle ? »
« L'âme, » — pensait Guillaume Adelin, « bagatelle !
Mon père n'est plus bon qu'à mettre en curatelle ;
Les Saxons ? les Saxons sont des bœufs qu'on attèle. »

IV.

Guillaume était le fils légitime du Roi,
Le seul. « Mon jeune coq chante un peu haut, ma foi ! »
— Pensait le père, mais le père restait coi. —
« Tout ceci n'est qu'ardeur de jeunesse, pourquoi
S'inquiéter d'un feu qui s'éteindra de soi ?
Si mon fils a le sang chaud, c'est qu'il tient de moi.

V.

Et puis ce vent de France a l'haleine légère
Et brûlante; au pays de Mathilde, sa mère
A travers le brouillard, la bise est plus sévère
Et calme la jeunesse. En mer ! » — « En mer, mon père,
On s'amuse aussi bien sur l'eau que sur la terre
Et c'est moi qui serai le soleil d'Angleterre. »

VI.

— « Sire, un homme demande à vous parler, un chef
De barque. » — « Qu'il approche. Expose ton grief. »
— « Je suis Thomas Érard, fils d'Étienne… » — « Sois bref. »
— « Mon père conduisit ton père, de rechef
Je réclame mon droit; mon navire est ton fief. »
— « Le nom de ton vaisseau, Thomas? » — « La Blanche-Nef. »

VII.

Mon père conduisit Guillaume à la conquête,
Prends-moi. » Le Roi répond : » Ma nef est toute prête,
Mais tu m'as l'air d'un brave et d'un pilote honnête,
Tu conduiras mes fils. » — « J'en réponds sur ma tête,
Je suis homme de mer et brave la tempête;
Mes cinquante rameurs sont en habits de fête. »

VIII.

Les cinquante rameurs répondent à l'appel,
Mais que la nuit est froide aux Avents de Noël,
Et qué ramer à jeun est un métier cruel !
Buvons, et si ce n'est qu'un péché véniel,
Les chapelains du Roi liront dans leur missel
Les oraisons qui font la paix avec le Ciel.

IX.

« En mer ! » — disait Guillaume Adelin, — « et qui m'aime
Me suive; viens, ma sœur Mathilde, beauté blême
Et chaste, humide encor de l'eau de ton baptême,
Frère Richard, Chester, Grantmesnil, Geoffroy d'Exme,
Buvons ! Au diable soit l'Avent et le Carême ! »
— « Allons-nous en d'ici, » — dit Étienne, — « on blasphême. »

X.

Ils sont ivres, rameurs, chapelains et soldats,
Ivres au gouvernail, ivres au pied des mâts,
On a le vent en poupe, on rame à tour de bras,
On va comme la flèche. « O pilote Thomas,
Quel est ce rocher blanc sur ta route là-bas ? »
Thomas voit la mer trouble et ne se souvient pas.

XI.

« Thomas, vire de bord, il est temps encor, vire !... »
Mais Thomas pousse au roc où le trépas l'attire ;
La Blanche-Nef accoste et son flanc se déchire :
« Entends le mât qui geint, la voile qui soupire
Et le flot noir grouillant dans la nef qui chavire,
Thomas, c'est le dernier sanglot de ton navire. »

XII.

« Sauvez le duc Guillaume ! » — « Il est sur le radeau. »
— « Et Mathilde ? » — « Mathilde est un petit oiseau
Qui ferait à grand'peine incliner un roseau ;
Sauvons la pauvre enfant ! » Hélas ! la goutte d'eau
Pour le vase trop plein devient même un fardeau
Trop lourd. La froide mer s'ouvre comme un tombeau.

XIII.

On ouït un grand cri d'épouvante et de rage,
Puis tout se tut, hormis le flot, monstre sauvage,
Qui savourait sa proie en léchant le rivage.
Dans l'écume bientôt une tête surnage,
C'est celle de Thomas, le maître d'équipage.....
Une autre à cheveux blonds, c'est Gilbert, le beau page.

XIV.

Puis d'un crâne chenu la lune, astre d'hiver
Ainsi que d'un miroir fait jaillir un éclair...
C'est le front du boucher Bérold. Sur le flot clair
Thomas regarde. —« Où donc est le duc ? »—« En enfer ! »
Répond le page. — « Alors, j'y vais. » — Le flot amer
Engloutit pour jamais Thomas « l'homme de mer. »

XV.

Le page et le boucher s'en vont à la dérive
Sur un mât. L'espérance au bois glacé les rive,
Mais le froid les détache et le trépas arrive ;
Il dévore le page à la chair tendre et vive,
L'ogre a faim, puis, dédain ou pitié fugitive !
Rejette en murmurant le boucher sur la rive.

XVI.

— « La belle nuit d'hiver ! » — disait le roi Henri
Sous son manteau royal, chaud et joyeux abri,
« Le vent du sud vient-il d'un rivage fleuri ?
De la terre et du ciel je suis le favori. »
Et, levant vers le ciel un regard attendri,
Pour la dernière fois le monarque a souri.

XVII.

L'estime de fortune est une folle estime;
Tantôt elle soulage et tantôt elle opprime;
On est près d'être en bas quand on est sur la cime.
Roi Henri, ses faveurs parent une victime,
Tes neveux, tes bâtards et ton fils légitime
Vont servir de pâture aux poissons de l'abîme.

XVIII.

Bérold a raconté l'épouvantable nuit.
Le roi tout pensif tend l'oreille au moindre bruit ;
On dirait qu'un fantôme inconnu le poursuit.
Mais quel est cet enfant effaré qui le suit,
Tremble, cherche à quitter la main qui le conduit,
Lève ses grands yeux bleus étonnés et s'enfuit?

XIX.

Le bon roi fait risette à l'enfant qu'il attire ;
Mais le pauvre petit a peur, il se retire,
Il pleure et dit au roi qui le caresse : « Sire,
Sais-tu qu'ils sont tous morts là-bas, sur le navire ? »
Le roi ne put parler, ni pleurer, ni maudire,
Mais depuis ce jour-là nul ne le vit sourire.

II.

Res gestæ sub Henrico secundo et Ricardo quarto.

(1160-1192)

Res gesta sub Henrico secundo, circ. 1160. — « Pertractatis seriis colludebant Rex et ipse (cancellarius), tanquàm coëtani pueri .... Unâ die coequitabant in strata Londoniæ, etc. »

(Wilhelmi filii Stephani vit. S^{ti} Thomæ, cité par A. Thierry, *Hist. de la Conquête d'Angleterre*, t. II, pièces justificatives).

Res gesta sub Ricardo quarto. 1192. — « Le jour de la Chandeleur, après disner, Richard, ses courtisans et quelques gentilshommes ordinaires du roy Philippes, allèrent se promener hors de la cité, etc. »

(Du Moulin, *Hist. de Normandie*, liv. XIII, p. 141.)

I.

1160).

L'Histoire bien souvent est lamentable à lire ;
Ce ne sont que récits d'opprobre et de martyre,

La page la moins triste est celle qu'on déchire.
Heureux qui, fatigué de voir et de maudire
Les tyrans en démence et le peuple en délire
Dans le sang et les pleurs peut cueillir un sourire !
Parmi les couronnés qu'on hait et qu'on admire,
Henri second ne fut le meilleur ni le pire.
C'était, dans ses bons jours, un fort aimable sire
Et parfois il aimait terriblement à rire.

II.

Lorsque Thomas Becket était son chancelier,
Qui depuis ..... mais alors il était séculier,
Le Roi se prit pour lui d'un amour singulier.
C'était son camarade et son familier ;
On eût dit deux chevaux dans le même collier ;
Ils s'attablaient devant le même doublier,
Buvaient le vin puisé dans le même cellier
Et se faisaient parfois de vrais tours d'écolier ;
Ils chevauchaient souvent en leur particulier.
On ne sait qui des deux fut meilleur cavalier.

III.

Ils chevauchaient un jour dans Londres ; la froidure
Étreignait les passants et la terre était dure,
L'inclémence du temps piquait comme une injure.
— « Thomas, vois-tu cet homme ? il n'a pour couverture

Qu'un vieux manteau troué qui montre la couture.
Qu'il est chétif et nu ! La pauvre créature !
La vois-tu ? ressens-tu le froid noir qu'elle endure ? »
— « Je la vois. » — « Ce serait, je crois, charité pure
De lui donner un froc pour remplacer sa bure ;
Qu'en dis-tu ? »—Thomas dit au roi : « La chose est sûre. »

IV.

« Ce serait une grande et belle charité,
Exhalant un parfum de popularité,
Faites-la donc. » Le Roi dit au pauvre, arrêté
Devant Thomas et lui : — « Bonhomme, en vérité
Ton manteau n'est pas chaud et tu l'as trop porté,
Ce n'est plus la saison des vêtements d'été ;
Veux-tu que je te donne un habit ouaté ? »
Le bonhomme un instant resta comme hébété,
Puis grogna dans ses dents comme un dogue irrité.
Il croyait qu'on voulait railler sa pauvreté.

V.

Le roi Henri riait sous cape, à la Normande ;
Son œil plein de malice et sa bouche friande
Guettaient le chancelier qui, suivant la légende,
Était alors drapé dans une houppelande
De magnifique drap rouge avec une bande
De petit-gris. — « Tu viens d'entendre mon offrande

A cet homme ? Thomas, la charité commande
Qu'on l'habille, il n'est pas à propos qu'il attende ;
C'est toi qui la feras cette charité grande,
Digne de Saint-Martin, et que Dieu te la rende !

VI.

« C'est toi qui la feras ! C'est toi qui la feras !
Le pauvre est nu, Thomas, mais tu l'habilleras,
Et si le Ciel se gagne à ce prix, tu l'auras !
Allons, compère, allons, habit bas ! habit bas !
Crois-tu donc que les gueux n'aiment point les beaux draps ? »
Et le Roi batailleur, en riant aux éclats
Cherchait à dépouiller le chancelier Thomas
Qui résistait, tâchait de sortir d'embarras,
Luttait, se dérobait et se croisait les bras :
— « Sire, mon manteau neuf ! Mais vous n'y pensez pas ! »

VII.

On dirait une émeute, on chuchote, on devise.
— Que se passe-t-il donc là-bas sur la Tamise ?
Le peuple se rassemble et voit avec surprise
Un seigneur cavalier qu'un autre dévalise.
Le Roi vint-il tout seul à bout de l'entreprise ?
Le chancelier fit-il semblant de lâcher prise ?
Il était courtisan, la chose était permise,
La disgrâce est bien plus cruelle que la bise,
Et le Roi riait tant de le voir en chemise
Près du pauvre endossant la cape rouge et grise !

VIII.

Le vieux texte latin dont j'ai traduit ceci
Dit que toute la cour se mit à rire aussi.
Pourquoi pas? front joyeux vaut bien front obscurci.
Il paraît que le pauvre auparavant transi,
Sentant sa cape chaude, à Dieu rendit merci.
Le fait peut-être aurait besoin d'être éclairci,
Mais j'aime mieux penser que cela fut ainsi,
En tout de la morale il faut avoir souci :
A quoi bon raconter l'histoire que voici,
Si l'on ne pouvait pas dire : *Utile dulci?*

IX.

(1192).

La première anecdote est sans fiel, la seconde
Est moins gaie; aussi bien les Rois à tête blonde,
Normands où revivait la race vagabonde,
Gourmande et sans pitié des écumeurs de l'onde,
Plantagenets maudits que le diable seconde
Avaient déjà le sang le plus ardent du monde
Avant d'avoir reçu celui de la Gironde.
Henri deux bouillonnait comme un torrent qui gronde,
Richard eut des accès de rage furibonde.
Tous deux avaient d'ailleurs la rancune profonde.

X.

Pourquoi le roi Richard avait-il pris la croix ?
— D'abord pour batailler ; passes d'armes, tournois,
Assauts, il n'était pas délicat sur le choix ;
Les bons coups à ses yeux affirmaient les bons droits.
Peut-être eut-il encor d'autres motifs ; je crois
Que dans l'horreur des nuits il entendait parfois
La malédiction de son père :..... la voix
S'éteignait, puis le corps saignait comme autrefois.
Le remords dans la nuit pèse de tout son poids
Et la pourpre du lit n'en défend pas les rois.

XI.

Donc, fuyant et soi-même et l'ombre qui s'obstine
A maudire, fuyant la colère divine,
Farouche et curieux aussi de voir la mine
Que fait au champ d'honneur la race Sarrasine,
Richard Cœur de lion s'en fut en Palestine.
Par malheur, il fallut hiverner à Messine,
Et ce qu'y fit Richard oisif, on le devine.
Il se battit, sans trop regarder l'origine
De la noise, pourvu qu'il fît quelque ruine.
Tancrède s'en serait bien passé, j'imagine.

XII.

Un jour (l'histoire dit : un jour de Chandeleur)
Un âne cheminait, suivi d'un laboureur ;

L'âne portait un faix de cannes; par malheur
Par le même chemin Richard le batailleur
Chevauchait après boire et de folâtre humeur.
Un gros de cavaliers escortait son seigneur.
Des Barres en était; ce des Barres, la fleur
Des chevaliers Picards n'était pas grand parleur,
Mais il était plus fort que le Roi querelleur,
Le prouvait au besoin et n'en avait pas peur.

XIII.

Il n'avait de normand que le nom de Guillaume.
Deux ans auparavant ce hardi gentilhomme,
Traitant le roi Richard comme un bœuf qu'on assomme,
L'avait tenu couché sous lui le temps d'un psaume.
Cet échec poursuivait Richard comme un fantôme.
A Bouvines plus tard il sauvait le royaume,
Fauchant les ennemis comme on fauche le chaume
Et martelait Othon qu'il traînait par son heaume.
Lorsque le roi Richard vit la bête de somme,
« Des Barres! — cria-t-il, — à toi! je suis ton homme,

XIV.

Aux barres, chevalier des Barres, et joûtons!
Les jours de Chandeleur ne sont guères moins longs
Que les jours de Carême et sont tout aussi bons
Pour *bouhourder*; d'ailleurs, qui sait où nous serons
Au carême prochain! Aux bâtons! Aux bâtons! »
— « Soit, dit le chevalier des Barres, combattons;

Bouhourdons, roi Richard, aussi bien nous savons
Ce que nous pouvons faire et ce que nous valons. »
Le bois au premier choc fut brisé par tronçons,
Mais des Barres resta ferme sur ses arçons.

XV.

En commençant c'est presque un jeu de demoiselle,
Mais le cœur de lion se gonfle, l'étincelle
Jaillit des yeux, aux fronts d'où la sueur ruisselle
La colère petit à petit s'amoncelle;
La bile du Picard s'échauffe comme celle
Du Normand, la rancœur fermente et se décèle ;
Tous deux à bras le corps se prennent sous l'aisselle ;
Le pourpoint de Richard se déchire, sa selle
Soudain tourne. — « Un cheval ! un cheval ! qu'on me selle
Un cheval ! Voyez-vous des Barres qui chancelle ? »

XVI.

Des Barres chanceler ! C'est à rire aux éclats
Au nez du Roi. Le jour où tu chancelleras,
Ce jour-là, chevalier des Barres, tu mourras !
Il est habile à toute espèce de combats,
Au col de son cheval il enlace ses bras,
Richard s'efforce en vain de le jeter à bas :
« Par la splendeur de Dieu, Picard, tu tomberas ! »
— « Roi, faut-il vous aider à sortir d'embarras ? »
— « Grand merci, » — dit le roi, — « mais ce n'est point le cas ;
Deux contre un, me prends-tu pour un lâche ? Non pas. »

XVII.

Richard fait un dernier effort ; il pousse, il serre,
Étreint des Barres, mais en vain ; son adversaire
Reste ferme à cheval et semble un bloc de pierre.
Alors le roi Richard voit rouge, la colère
Qui l'étouffe le pousse au meurtre et l'exaspère,
Mais l'honneur parle encor plus haut et la fait taire.
— « O l'obstiné Picard, » — dit-il, — « assez de guerre !
Mieux eût valu pour toi tomber que me déplaire.
Français présomptueux, va-t-en hors de ma terre !
Je suis ici chez moi tout comme en Angleterre.

XVIII.

« Des Barres, je te hais, sais-tu bien ? Je te hais !
Reste sur ton cheval puisque tu le veux, mais
Pique des deux, vaillant Picard, et disparais !
Retourne avec ton roi Philippe au camp français
Et dis-lui qu'il te donne à garder son palais. »
Des Barres répondit : « Seigneur Richard, j'y vais. »
Philippe-Auguste était subtil ; on fit la paix,
Mais Richard ne put voir des Barres désormais.
Nous pardonnons parfois les torts qu'on nous a faits,
Mais ceux que nous avons faits nous-mêmes, — jamais.

PRIX LE SAUVAGE

ÉTUDE GÉNÉRALE

DE LA

LOCALISATION

DANS

LES CENTRES NERVEUX

Par A. DURET

Membre correspondant

Ouvrage couronné par l'Académie de Caen

> La division du travail physiologique est la loi du perfectionnement des êtres organisés.
> (Milne Edwards).

INTRODUCTION.

L'étude proposée par l'Académie nous transporte au sein d'une des parties de la pathologie, dont l'évolution fait en ce moment les progrès les plus considérables.

Les recherches les plus patientes des anatomistes contemporains, les expériences les plus délicates des physiologistes, et les observations les plus consciencieuses des maîtres en clinique s'accumulent et se concentrent chaque jour pour l'éclaircissement de cette question importante :

Peut-on localiser les fonctions des centres nerveux ?

C'est-à-dire :

Existe-t-il des parties des centres nerveux, auxquelles soit dévolu plus spécialement un rôle distinct dans le fonctionnement des organes?

Il importe, en effet, de savoir si la masse nerveuse, représentée par le cerveau et la moelle, est capable de réagir *de la même manière* dans sa totalité sous l'influence des excitations extérieures, si celles-ci la pénètrent et s'y diffusent sans aucun ordre, ou si, au contraire, les différentes parties que l'anatomie a depuis longtemps appris à y reconnaître sont douées de propriétés différentes.

Le contact d'un objet que touche la main ou tout autre partie du corps, les impressions lumineuses que reçoit l'œil, les vibrations des corps sonores agitant le nerf auditif, les ébranlements produits sur les extrémités des nerfs du goût et de l'odorat, sont-ils transmis indifféremment dans toutes les régions des centres nerveux? Existe-t-il partout des éléments capables de recevoir les diverses impressions, de les classer et de les analyser ?.....

Et, l'excitation vibratoire étant parvenue aux centres, est-ce indifféremment une région quelconque de ces centres qui est le point de départ de ces mouvements souvent si réguliers, si propres à atteindre le but proposé, si intentionnels ?

En un mot :

Est-il un ordre, au sein des centres nerveux, correspondant à l'harmonie si admirable que nous observons dans le fonctionnement de nos organes?

La solution de cette question est intéressante non-seulement pour celui qui cherche à résoudre les problèmes de la biologie, dans un but philosophique ; mais, elle est importante aussi pour le médecin, auquel pourrait être permis, sans aucun doute, un classement plus méthodique, une symptomatologie plus limpide, et un diagnostic plus précis des maladies du système nerveux, et qu'elle conduirait à intervenir dès le début du mal, lorsque les lésions sont encore à leur origine.

Nous nous proposons, *afin de répondre aux programme tracé par les savants membres de l'Académie,* d'étudier ces trois chapitres distincts : la localisation dans les centres nerveux, au triple point de vue anatomique, physiologique et pathologique.

L'organe, sa fonction et ses maladies doivent toujours être ENSEMBLE l'objet des recherches de tout médecin doué d'un esprit éminemment scientifique.

C'est, tout à la fois, une œuvre d'analyse et de critique de nombreux travaux publiés récemment qu'il nous faut entreprendre ; nous aurions de nombreux motifs d'hésiter à soumettre à notre jugement les travaux des maîtres les plus éminents sur un des points les plus difficiles de la science médicale, si déjà nous n'avions eu pour notre part l'occasion d'apporter des éléments importants à la question des localisations, et si nous n'avions l'espoir de rencontrer, au sein de l'Académie, les encouragements de juges bienveillants et l'indulgence de savants maîtres.

P.-S. — On nous saura gré, nous l'espérons, de faire précéder l'étude des localisations pathologiques de deux chapitres contenant l'exposition sommaire des faits anatomiques et physiologiques sur lesquels s'appuie la doctrine des localisations. Sans cela notre travail eût manqué d'une *base solide* et de *clarté*. Le contrôle entre la lésion et ses symptômes eût été impossible. Nous eussions répondu imparfaitement aux questions proposées :

Des altérations pathologiques des centres nerveux, étudiées spécialement au point de vue des symptômes pouvant se rattacher à leur localisation dans l'axe cérébro-spinal.

Insister sur les conséquences pratiques de ce *rapport entre la lésion et le symptôme*, et en déduire les éléments du diagnostic ainsi que les indications thérapeutiques.

PREMIÈRE PARTIE.

DE LA LOCALISATION ANATOMIQUE.

PREMIÈRE PARTIE.

DE LA LOCALISATION ANATOMIQUE.

SOMMAIRE :

La localisation dans les centres nerveux est en rapport avec les lois fondamentales de l'anatomie générale.

Elle est plus parfaite, plus complexe, plus difficile à découvrir chez les animaux supérieurs ; mais elle se révèle dans les diverses phases de leur développement embryonnaire.

Le plan élémentaire du cerveau et de la moelle est le même dans toutes les classes d'animaux supérieurs, à l'état de complet développement. — Comparaison des noyaux médullaires et cérébraux de l'homme avec les ganglions isolés des annélides.

Localisations anatomiques :
1° Dans la moelle (noyaux cellulaires et fibres blanches) ;
2° Dans le bulbe ;
3° Dans les hémisphères cérébraux.
A. — Substance blanche — grandes voies de transmission du mouvement et de la sensibilité.

B — Substance grise :
a) Accidents de terrain ; sillons et circonvolutions. — Théorie mécanique du mode de formation des plis cérébraux.
b) Territoires d'irrigation vasculaire. — Topographie des bassins artériels.
c) Des localisations histologiques
Conclusions.

I. — Une doctrine physiologique qui établit ses fondements jusque dans l'histoire générale des êtres organisés, qu'on peut déduire comme corollaire d'une des grandes lois primitives, est soutenue avec succès et ne tarde pas à acquérir, par l'accumulation des faits démonstratifs, une solidité inébranlable. Il nous est facile d'indiquer comment il en est ainsi pour la doctrine des *localisations* fonctionnelles dans le système nerveux central.

Depuis longtemps déjà, le savant professeur du Muséum de Paris, Milne Edwards, a émis cette grande pensée : « la division du travail est la loi du perfectionnement des êtres organisés. »

Près d'elle se placent, non moins fécondes : la loi de descendance de Darwin, qui établit la corrélation entre les êtres, et la loi de différenciation des organes de Haëckel et de Gegenbaüer.

L'être ou individu entretient son existence ou la propage par ses organes, ou parties de lui-même douées de fonctions différentes.

Le perfectionnement dans l'échelle des êtres s'obtient donc par la multiplicité des organes ou par la division des fonctions. Selon les besoins de l'être, des organes naissent ou plutôt se différencient dans sa substance.

Lorsque l'être est perfectionné, c'est-à-dire, lorsqu'il possède des organes nombreux, il est nécessaire, pour l'harmonie des fonctions, qu'il existe une corrélation entre les organes :

Ce rôle appartient au système nerveux.

Ainsi, deux faits revèleront le perfectionnement de l'être : 1° des organes multiples ; 2° un système nerveux compliqué.

Il paraît, cependant, y avoir des exceptions dans les ordres inférieurs. Les protozoaires et les amibes ne consistent qu'en une masse limitée d'une substance homogène, et cependant, ces animaux se nourrissent sans tube digestif, respirent sans organes respiratoires, ont une sorte de circulation, se meuvent et sentent sans système nerveux et sans organes des sens. — A travers leurs testes, les foraminifères envoient des prolongements ou pseudopodes, à l'aide desquels ils se meuvent et se dirigent dans l'espace. — Les hydres, par leurs longs tentacules, attirent et saisissent les particules nécessaires à leur nutrition, et cependant, on ne leur connaît pas de système nerveux.

Ce ne sont là cependant que des contradictions apparentes à la loi générale. Ces animaux sont des composés de cellules de même nature, capables de transmettre les irritations extérieures sous la même forme vibratoire. Chez eux, les organes n'existent pas à proprement parler ; il n'y a pas différenciation, puisque toutes les parties du corps jouissent des mêmes propriétés. Tremblez sépare un polype en plusieurs parties, et chacun des tronçons continue à se développer et à vivre d'une existence aussi complète que l'ensemble.

Le système nerveux n'apparaît que quand les organes se composent d'éléments anatomiques dissemblables.

Dans son état le plus simple, il est composé de quelques groupes de cellules nerveuses qu'on appelle ganglions, auxquels viennent se rendre ou d'où partent des éléments en forme de filaments, qui sont les fibres nerveuses.

Dans les annélides et les arthropodes, il existe pour chaque anneau deux ganglions symétriques, réunis entre eux par une commissure de fibres nerveuses transversales ; une autre commissure, longitudinale, associe les ganglions de tout le corps les uns avec les autres : ils forment ainsi *une chaîne* non interrompue.

Ce sont là les premiers *indices* de centres nerveux, et de *localisations* dans ces centres. Chaque ganglion préside aux fonctions de l'anneau : les commissures transversales associent chaque moitié du corps, et les commissures longitudinales harmonisent l'ensemble.

Chez les animaux radiaires le nombre des ganglions augmente proportionnellement aux rayons, et la subdivision des nerfs périphériques se conforme aussi exactement aux conditions générales de la structure.

La grosseur des ganglions nerveux, chez les animaux des premiers ordres, augmente avec le volume et l'importance des organes. Il arrive parfois que plusieurs ganglions se confondent en une seule masse ganglionnaire plus volumineuse. Bientôt enfin, la chaîne ganglionnaire forme un gros cordon cylindrique, où ganglions et fibres semblent confondus : c'est la moelle épinière des animaux vertébrés.

Dans les animaux des classes inférieures, correspondant à la tête, près de la base du cou, existe une masse ganglionnaire plus volumineuse : ce sont les ganglions œsophagiens ; leurs nombreuses fibres commissurales se disposent en anneaux. — Chez les vertébrés ce développement des ganglions des parties antérieures acquiert de plus grandes proportions pour constituer la masse nerveuse cérébrale.

En résumé, la structure comparée du règne animal démontre que : les centres nerveux des vertébrés ne forment une masse continue que, parce qu'ils sont composés de ganglions nerveux fusionnés entre eux.

Nous montrerons plus tard, dans la moelle épinière et dans le cerveau de l'homme de réels indices anatomiques de cette disposition des éléments nerveux en ganglions ou groupes cellulaires distincts.

Il y existe, en effet, une localisation anatomique, que nous devait faire prévoir l'anatomie comparée ; et, elle correspond à une localisation des fonctions.

Division du travail par la multiplicité des fonctions, ou des organes chargés de l'accomplir, multiplicité des centres nerveux ganglionnaires, complexité des rapports entre les éléments nerveux pour permettre la corrélation des organes et l'harmonisation des fonctions, telles sont les conditions de l'existence des vertébrés supérieurs.

Si nous ne parvenons pas à découvrir l'ordre de cette admirable disposition n'accusons que notre ignorance, et n'admettons pas *a priori*, pour ne pas chercher, qu'il n'y a que confusion !

II. — C'est encore une des lois les plus fécondes de l'anatomie générale que les animaux des degrés supérieurs reproduisent dans les différentes phases de leur développement embryonnaire la forme et l'aspect des êtres qui occupent le bas de la série.

L'étude du développement des centres nerveux des vertébrés révèle aussi l'apparition successive et séparée des diverses parties du cordon médullaire et des masses cérébrales. Les parties grises ou cellulaires de la moelle, qui, chez l'adulte, semblent former un tout homogène, apparaissent chez le fœtus par îlots séparés, tout à fait comparables aux ganglions nerveux des arthropodes et des annélides. En même temps se forment, au fur et à mesure des besoins de l'organisation, les fibres commissurales, destinées à relier ces groupes ganglionnaires entre eux, ou à les mettre en rapport avec les régions élevées des centres nerveux, c'est-à-dire avec les hémisphères cérébraux. Mais, à cet égard, il est nécessaire d'entrer dans quelques détails ; car les faits sont de date récente.

Les travaux des embryologistes, Baër, Reichert, Remak, Coste, Kolliker, etc., nous ont appris que la moelle épinière est le résultat de l'invagination du feuillet épidermique, c'est-à-dire du feuillet externe du blastoderme.

Les cellules les plus superficielles de ce feuillet seraient l'origine des cellules épithéliales cylindriques du canal central de la moelle, de l'épendyme. Autour de ce canal, ayant dans les premières semaines de grandes dimensions, on ne voit d'abord que des cellules embryonnaires, des cellules indifférentes, comme on pourrait les appeler. Mais, bientôt, dans le système nerveux, comme dans le foie et dans tous les organes, elles prennent une figuration spéciale : elles se transforment peu à peu en cellules nerveuses, c'est-à-dire que, d'abord petites et ovoïdes, elles grandissent considérablement, prennent des prolongements et ne tardent pas à revêtir la forme des éléments nerveux adultes. Elles n'apparaissent pas toutes en même temps dans la hauteur du cordon médullaire ; c'est là un point intéressant pour le sujet qui nous occupe. Elles se forment par groupes en même temps que se développent les organes auxquels elles doivent correspondre. D'après les travaux récents de Fleisig (1), auquel nous devons

(1) Fleisig, « Die leitungsbahnen in Gehirn und Ruckenmarks des Menschens auf Grund entwicklungs geschichte

ces notions encore incomplètes, dans le bulbe apparaissent d'abord les groupes cellulaires des pneumo-gastriques et des nerfs craniens. Ce n'est que bien plus tard, à mesure que progressent les bourgeons latéraux, origines des membres supérieurs et inférieurs, que se voient les cellules nerveuses constituant les renflements brachial et lombaire de la moelle épinière. Les premiers noyaux nerveux ou groupes cellulaires, qui existent chez l'embryon, sont donc ceux des nerfs du cœur et de la respiration ; puis, plus tard, naissent ceux de la face, et enfin ceux des membres. Ce développement des noyaux gris bulbo-médullaires a la plus grande analogie avec celui des ganglions nerveux des articulés.

L'axe gris bulbo-médullaire n'est donc pas d'abord homogène dans toutes ses parties, comme il paraît le devenir plus tard ; il est constitué de *groupes ganglionnaires* primitivement distincts : preuve remarquable d'une localisation anatomique, d'abord très-nettement caractérisée, et qui plus tard ne nous paraît confuse que parce que nos recherches sont encore insuffisantes !

Chose plus intéressante encore ! les fibres commissurales se forment par groupes, par faisceaux distincts, selon *les besoins* du fonctionnement des organes. D'après Fleisig et Pierret, en dehors des cornes médullaires, au milieu de cellules em-

untersuchungen dargestellt. » (Les voies de transmission dans le cerveau et la moelle épinière de l'homme exposées d'après les recherches embryogéniques.) Leipsig, 1878.

bryonnaires, apparaissent *aussi nettement distinctes* que les groupes cellulaires, et sous forme de cordons séparés, les fibres blanches qui servent à les unir entre eux, ou qui établissent des communications avec les centres bulbaires et cérébraux. Les cordons postérieurs de la moelle apparaissent les premiers : ils relient entre elles toutes les régions cellulaires de la moelle épinière et du bulbe *affectées à la sensibilité*. Ce fait nous permettra de comprendre plus tard comment, d'après les physiologistes, la moelle épinière est surtout un centre de diffusion des phénomènes sensibles et surtout des phénomènes reflexes.

Les parties les plus postérieures des cordons latéraux se développent ensuite sous forme de faisceaux distincts. Elles mettent en communication le cerveau avec la moelle et contiennent les fibres *motrices volontaires* descendant de l'encéphale.

Ainsi, suivons bien la succession des phénomènes du développement des organes et des centres nerveux chez l'embryon ; car, c'est l'image fidèle de ce que nous avons observé chez les animaux inférieurs. Dans la masse embryonnaire *indifférente* (analogue à la substance cellulaire des rhizopodes) s'esquissent, par différenciation, les organes ; et, en même temps, apparaissent les nerfs qui les mettent en rapport avec l'axe médullaire. Dans celui-ci, on ne voit d'abord que les racines des paires nerveuses, que les zones radiculaires de Pierret ; mais, presque aussitôt naissent, en groupes séparés, les cellules nerveuses ; enfin, des cordons de fibres nerveuses se développent pour mettre en rapport les noyaux de cellules les uns avec les autres, ou pour les unir aux centres cérébraux. — *L'appareil sensitif précède l'appareil moteur dans son apparition :* il en résulte que les impressions sensibles, périphériques, sont transmises aux centres nerveux avant que ceux-ci aient des éléments pour réagir ; les cellules motrices des cornes antérieures de la moelle apparaissent presqu'en même temps, mais, à cette époque, d'après Buffalini, le fœtus n'est capable que de mouvements reflexes : les fibres descendantes encéphaliques, ou psycho-motrices volontaires se forment plus tardivement (1).

Cet ordre admirable dans la corrélation du développement des organes et des centres nerveux du fœtus ne nous démontre-t-il pas la nécessité d'une spécialisation dans le fonctionnement ?

Ces deux faits, à leur tour, localisation anatomique, spécialisation dans le fonctionnement, entraînent comme conséquence nécessaire, une corrélation étroite entre les symptômes et les lésions : c'est-à-dire que les lésions localisées doivent donner lieu à des symptômes localisés : les organes dont les centres sont atteints sont primitivement seuls en souffrance ; les obscurités

---

(1) Buffalini, *Sullen structura del medulle spinale nel feto* (Sur la structure de la moelle épinière chez le fœtus). — Lo sperimentale, 1877, n° 11, p. 537.

du diagnostic ne doivent être attribuées qu'à notre défaut d'analyse.

III. — L'examen anatomique le plus superficiel du cerveau et de ses annexes n'impose pas moins l'idée d'une *spécialisation* dans les fonctions.

L'organisation cérébrale se complique à mesure qu'on s'élève : à la place des hémisphères, les êtres inférieurs ne possèdent que deux ganglions plus volumineux que les autres ; dès qu'on arrive à la classe des vertébrés, l'efflorescence de la masse nerveuse encéphalique atteint des proportions importantes.

Il est facile, chez eux, de reconnaître partout *un même plan élémentaire.*

Au point de convergence des nerfs crâniens et du foyer d'origine des nerfs cardiaques et respiratoires, existe un premier renflement dans toute la série : c'est le bulbe rachidien. De celui-ci s'élèvent deux colonnes nerveuses, qui vont former les pédoncules du cerveau, les cuisses des hémisphères cérébraux ; elles sont d'abord enlacées et masquées en avant, par l'anneau des fibres nerveuses du Pont-de-Varole ou de la protubérance, fibres qui constituent les connaissances du cervelet avec le cerveau, le bulbe et la moelle. En haut les pédoncules s'épanouissent au sein de deux masses volumineuses, à peu près symétriques, les hémisphères cérébraux, masses dans lesquelles doivent s'élaborer et se développer des phénomènes importants et complexes, si l'on considère qu'elles acquièrent leur plus grande puissance en haut de la série, et surtout chez l'homme, le plus parfait des êtres organisés.

Selon les espèces animales, cependant, des modifications surviennent dans ce plan général ; mais toujours les différenciations dans les centres nerveux sont en rapport avec la prédominance de certaines fonctions. Les lobes olfactifs forment deux masses volumineuses, séparées des hémisphères, chez les cyclostômes et les sélaciens ; s'ils s'unissent aux hémisphères, ils sont encore distincts sous l'aspect de deux *processus*, considérables chez certains mammifères, et connus sous le nom de bulbes olfactifs. Chez les oiseaux, ce sont les lobes optiques ou corps bijumeaux qui prennent un *summum* de développement en rapport avec les qualités prépondérantes de leur vision.

Nous ne pouvons exposer en détail toutes les modifications du plan primitif : il nous suffit d'indiquer leur existence pour montrer que *l'exaltation de la fonction détermine le développement spécial du centre correspondant dans la masse nerveuse*. Nous nous contenterons d'étudier avec plus de soin, au point de vue des localisations anatomiques, le cerveau de l'homme et des mammifères supérieurs.

Des coupes de leurs centres nerveux, pratiquées en différents sens, nous montrent bientôt que la substance nerveuse n'est pas homogène, mais qu'il existe des localisations anatomiques sous forme de masses ganglionnaires.

Dans le bulbe, les beaux travaux de Lockart Clarke, de Stilling, de Vulpian, de Duchenne, de Charcot, et plus récemment de Pierret et Mathias Duval, nous ont appris à reconnaître le siége exact des ganglions ou noyaux d'origine des nerfs craniens. La masse grise du plancher bulbaire, homogène à l'œil nu, se décompose sous l'objectif du microscope, à un faible grossissement, en groupes cellulaires distincts : nous savons en quels îlots séparés abordent les nerfs pneumogastriques, hypoglosse, spinal, facial, etc. C'est ce qu'on nomme les *origines réelles* des nerfs craniens.

Chose remarquable, d'après les recherches de Pierret, ces noyaux cellulaires sont d'autant mieux localisés et distincts qu'on étudie les mammifères supérieurs : ainsi, chez le chien, les groupes cellulaires sont diffus et peuvent être difficilement séparés les uns des autres.

Dans la protubérance, le *locus niger* de Sœmmering constitue une localisation anatomique dont le rôle est inconnu. Des groupes cellulaires spéciaux occupent aussi les tubercules quadrijumeaux, les corps genouillés, etc.

Dans les ventricules cérébraux, on remarque deux ganglions très-volumineux : la couche optique et le noyau caudé du corps strié ; et plus loin, sur les côtés, en pleine substance nerveuse, sous l'insula de Reil, existent deux masses nerveuses en forme de lentilles plan-convexes que les Allemands désignent sous le nom de noyaux lenticulaires. Ainsi, au centre de chacun des hémisphères cérébraux se trouvent *trois ganglions nerveux* dont nous devrons rechercher les fonctions spéciales.

Un ordre non moins admirable semble régner dans la disposition des fibres nerveuses qui unissent ensemble les ganglions du bulbe et de la moelle, et qui les mettent en communication avec les hémisphères cérébraux. Sans doute la distribution de ces fibres est très-complexe, et la mémoire la plus heureuse, l'imagination la plus féconde et l'intelligence la plus robuste ont peine à suivre et à comprendre, dans tous leurs détails, les descriptions de Meynert (de Vienne); de Luys, en France; de Huguenin (de Bâle); de Fritsch; des générations d'anatomistes s'épuiseront encore avant d'avoir pu nous éclairer complètement, et surtout avant que les faits acquis par ces savants maîtres appartiennent définitivement au domaine commun. Mais il existe de grandes voies de transmission indiquées par la direction des *tractus* les plus volumineux de la substance blanche, que tout le monde peut suivre, et dont la connaissance importe hautement au pathologiste localisateur.

Dans toute la hauteur du bulbe rachidien et de la protubérance, nous pouvons facilement reconnaître les faisceaux pyramidaux, qui vont du cerveau à la moelle. On y a poursuivi les trajets des nerfs crâniens jusqu'à leurs noyaux d'origine (Stilling, Clarke, Pierret, Meynert, etc.); les fibres commissurales cérébelleuses s'y dessinent avec netteté.

Dans ces derniers temps, on s'est plus particulièrement occupé de la voie suivie, à travers les hémisphères cérébraux, par les fibres des pédoncules cérébraux (Meynert, Luys, Henle, Charcot). Sur des coupes faites selon les indications de Charcot, les plus inexpérimentés peuvent reconnaître que le pédoncule cérébral s'ouvre en éventail, d'avant en arrière, et qu'il occupe cette région anatomique, qu'autrefois on appelait le centre semi-circulaire de Vienssens, et qu'on désigne maintenant sous le nom de capsule interne. Qu'il passe entre la couche optique et le noyau caudé du corps strié d'une part, situés du côté du ventricule, et d'autre part, le noyau lenticulaire, couché sous l'insula.

On reconnaît aussi, à n'en pouvoir douter, que, dans leur ascension entre les gros ganglions cérébraux, les pédoncules leur envoient un certain nombre de faisceaux. Enfin, les dernières ramifications vont en rayonnant se perdre dans les circonvolutions frontales, en avant; dans les circonvolutions pariétales, à la partie moyenne; et, en arrière, dans les lobes occipitaux (couronne rayonnante de Reil).

Il devient beaucoup plus difficile de suivre Meynert, Luys et Huguenin, dans les ramifications nombreuses de fibres, qu'ils décrivent avec tant de soin, dans la substance blanche des hémisphères : fibres qui unissent les circonvolutions aux ganglions de la base ; fibres qui servent de commissures aux deux hémisphères ; qui relient les circonvolutions frontales entre elles ou avec celles des autres parties de l'hémisphère ; qui se rendent aux corps quadrijumeaux, aux noyaux de la protubérance et du bulbe, au cervelet, etc. Les recherches pathologiques ne comportent pas encore un degré de précision suffisant pour permettre l'utilisation de ces recherches anatomiques délicates. On en est encore à vérifier si les lésions des plus gros faisceaux s'accompagnent de troubles localisés, et si leur diagnostic, au lit du malade, est devenu possible.

Concluons donc : les grandes voies des fibres nerveuses peuvent être explorées et suivies par tout le monde. Il ne convient donc pas de dire qu'un pays est inconnu, parce qu'on ne peut représenter sur sa carte topographique tous les petits chemins, tous les sentiers, qui relient entre eux les points secondaires. — Nous croirons avoir acquis déjà un résultat considérable, si dans la partie pathologique de ce travail nous montrons comment des lésions disposées sur les grandes voies interrompent le fonctionnement des centres principaux, et se signalent à l'observateur par des troubles localisés.

IV. — Il est une vaste région du terrain cérébral dont nous n'avons pas encore parlé, et qui ne semble pas se prêter facilement à la conception de localisations anatomiques : c'est l'écorce grise des hémisphères.

Dans cette nappe grise continue, qui contient à elle seule plus d'éléments nerveux que le reste de l'axe cérébro-rachidien, il semble d'abord n'exister aucun indice de différenciation. A la surface comme sur la coupe, la teinte est uniforme dans l'écorce : c'est à peine si on peut remarquer à l'œil nu les lignes peu apparentes qui représentent les cinq couches de Baillanger.

Cependant, chez les vertébrés supérieurs, il existe à la surface des hémisphères des accidents de terrain donnant lieu à la formation de sillons et de saillies ondulées qu'on nomme des circonvolutions. Cette disposition ne serait-elle pas l'indice de localisations anatomiques ? — Ne pourrait-on pas aussi en trouver les éléments dans l'étude de la circulation sanguine, du développement ou de la structure histologique ?

Pendant longtemps, la loi qui préside au développement des circonvolutions de l'écorce cérébrale est restée inconnue ; deux cerveaux humains semblaient ne pouvoir être comparés entre eux ; l'irrégularité la plus grande paraissait exister dans la configuration des sillons et des plis cérébraux. Un jeune et savant professeur du Muséum, trop tôt enlevé à la science, Gratiolet, le premier, a démontré que le plan général restait constant, et que l'écorce cérébrale pouvait être l'objet d'une description topographique exacte.

Parcourant dans la série des mammifères les différentes conformations de l'écorce cérébrale, il a montré aussi bien pour le cerveau lisse des plus bas, que pour les plis et replis des plus élevés, ce qu'était l'esquisse générale. Les recherches de

Broca et de son élève Gromier chez le singe et chez l'homme, une communication récente de l'auteur à la Société de Biologie, sur le développement des circonvolutions, sont venus compléter les descriptions de Gratiolet.

Comme type simple de la description, il faut, à l'exemple de Broca, prendre le cerveau d'un singe, dont la surface, quoique généralement lisse et ayant des plis peu accusés, est entrecoupée par des sillons profonds constituant des lignes de repaires très-nettes.

Sur la face externe et convexe de l'hémisphère de cet animal, le *Pithecus Innuus,* on peut voir un grand sillon oblique, c'est la scissure de Sylvius; un autre est perpendiculaire à la grande scissure médiane inter-hémisphérique, c'est le sillon de Rolando; puis un troisième, plus postérieur, perpendiculaire aussi à la grande scissure, c'est le sillon perpendiculaire externe. Chez les singes supérieurs et chez l'homme, ces trois sillons fondamentaux sont toujours nettement accusés et conservent leur aspect général. Ils permettent de diviser la partie convexe des hémisphères en lobes et en lobules : des sillons secondaires indiquent, dans les lobes et les lobules, les circonvolutions et les plis. Ces derniers, d'après M. Pozzi, seraient des divisions de la circonvolution elle-même.

La partie de l'hémisphère sise en avant du sillon de Rolando est le lobe frontal; elle comprend : 1° une circonvolution verticale, parallèle au sillon (circonvolution frontale ascendante), et 2° trois circonvolutions perpendiculaires à la première (première, deuxième et troisième circonvolutions frontales).

Entre le sillon de Rolando et le sillon perpendiculaire externe se développe le lobe pariétal constitué : 1° d'une circonvolution pariétale ascendante ; 2° à l'extrémité supérieure de celle-ci est un lobule (lobule du pli pariétal), et à son extrémité inférieure un second lobule (lobule du pli courbe). Ces deux lobules sont séparés par le sillon courbe inter-pariétal.

En arrière du sillon perpendiculaire externe existe le lobe occipital, comprenant trois circonvolutions horizontales qu'on appelle première, deuxième et troisième circonvolutions occipitales.

Sous la scissure de Sylvius, se voient des circonvolutions plus ou moins nettement accusées au nombre de cinq : on les appelle circonvolutions temporo-sphénoïdales.

De même, à la face interne et à la face inférieure des hémisphères, Gratiolet a reconnu des lobules et des circonvolutions constantes, sur la nomenclature desquelles nous n'insistons pas, parce qu'elles n'ont, aujourd'hui, qu'un intérêt secondaire au point de vue de la théorie des localisations.

Cependant, il faut bien le savoir, cette division de l'écorce cérébrale en lobe, en lobules et en circonvolutions n'est qu'apparente ; souvent même les sillons principaux sont interrompus par des ponts de substance nerveuse que Gratiolet et Broca appellent des *plis de passage*, espèces d'anastomoses des lobes ou des lobules entre eux, auxquelles, selon nous, on a voulu faire jouer un rôle trop important : ils ne sauraient suffire, dans tous les cas, à distinguer le cerveau des singes supérieurs de celui de l'homme, ni à apprécier la qualité fonctionnelle, ni à comparer l'état intellectuel de deux cerveaux humains. Toutefois, leur existence peut indiquer, selon nous, une richesse plus grande, une surface plus étendue de l'écorce cérébrale.

V. — La théorie que nous avons émise sur le mode de formation des circonvolutions, montre bien dans quelle mesure il faut accorder crédit à une localisation ou à une spécialisation anatomique et fonctionnelle qui serait basée sur l'étude de la disposition des circonvolutions. Dans une communication de la Société de Biologie, nous avons exposé l'ordre d'apparition et le *processus* formatif des circonvolutions chez l'embryon et le fœtus. Nous avons insisté devant l'éminente Société sur le parallélisme constant qui existait entre l'apparition des plis, leur mode de formation et le développement du crâne chez le fœtus. D'après nous, la surface cérébrale se plisse uniquement parce que son développement en surface est trop rapide comparativement à celui de la voûte du crâne. Ainsi, la principale scissure, celle de Rolando, est le résultat de l'action des deux fosses opposées, des deux demi-sphères crâniennes ; l'une plus petite, la sphère frontale ; l'autre plus grande, la sphère occipitale. Sous cette influence, la vésicule hémisphérique se plie à sa partie moyenne, d'abord du côté opposé aux noyaux de la base, vers la grande scissure inter-hémisphérique : ce premier pli, dont l'extrémité supérieure est à peu près la partie moyenne de la grande scissure chez l'homme, un peu plus en arrière cependant, est le sillon de Rolando. Chose remarquable ! chez les animaux inférieurs, dont le front est fuyant, c'est-à-dire dont l'angle facial est plus petit que chez l'homme, le sillon de Rolando se trouve reporté tout à fait en avant, près de l'extrémité antérieure de l'hémisphère, où il prend le nom de sillon crucial, d'après la nomenclature de Gratiolet.

Nous ne pouvons ici suivre tout ce travail où nous démontrons par l'étude du cerveau de l'embryon aux différents âges la génèse des sillons et des circonvolutions. Il nous suffit d'indiquer, que cette singulière lobulation, propre à un seul organe, au cerveau, est le résultat d'une influence mécanique.

Ces accidents de terrain, sans changement dans la nature intime, ne sauraient donc fournir que des éléments insuffisants pour une localisation anatomique et, par contre, pour une localisation fonctionnelle. Ce n'est pas ainsi que procède la nature dans les autres organes, quand elle veut établir une *division du travail :* comme dans le foie, le poumon, elle isole les lobules les uns des autres par des enveloppes conjonctives ; chacun d'eux n'est que la miniature de l'organe en grand ; il reçoit une branche vasculaire spéciale, qui lui apporte le sang nécessaire à son fonctionnement et un rameau nerveux chargé d'ordonner et de régulariser la fonction.

VI. — On pouvait, précisément, espérer trouver dans l'étude de l'appareil vasculaire du cerveau une sorte *d'individualisation*, ou, tout au moins, une tendance à la différenciation des diverses régions de l'écorce cérébrale. Nos travaux sur la circulation des centres nerveux, vont nous montrer jusqu'à quel point on peut faire fonds sur une disposition anatomique de ce genre.

Si, dans les phases les plus reculées de la vie embryonnaire, la masse cérébrale a été réellement composée de plusieurs petites portions de substance, qui, plus tard, se sont fusionnées, il est probable que la circulation de l'adulte portera des traces de cette division primitive ; car, chez le nouvel être, à peine l'indice élémentaire de l'organe apparaît, qu'un vaisseau accompagne le bourgeon et le suit dans sa progression.

L'histoire du développement embryonnaire du cerveau nous apprend qu'il est d'abord constitué par trois renflements de l'axe nerveux disposés à la suite les uns des autres, auxquels on donne les noms de vésicules cérébrales : ce sont, en effet, des sphères creuses dont la cavité est en communication directe avec le canal épendymaire de la moelle épinière. La vésicule postérieure formera le ventricule bulbaire et le cervelet ; la moyenne sera l'origine de l'aqueduc sylvien et de la substance cérébrale qui l'entoure, et enfin l'antérieure correspondra au troisième ventricule, au noyau gris du corps strié et à la couche optique. — Les hémisphères proprement dits naissent par deux vésicules secondaires, greffées de la vésicule cérébrale antérieure.

D'après nos recherches sur la circulation des centres nerveux, on peut reconnaître une indépendance presque complète dans la circulation bulbaire, dans la circulation des noyaux de la base. En effet, nous avons décrit comme un système à part les artères des noyaux bulbaires; nous avons indiqué ensuite comme composant un second système, les artères des noyaux cérébraux; un troisième système est celui des hémisphères proprement dits. Chez le fœtus, dès qu'apparaissent sur les côtés de la vésicule cérébrale antérieure les deux bourgeons qui sont l'origine des hémisphères cérébraux, ils sont pourvus de trois petites branches artérielles, qui deviendront les artères cérébrale antérieure, sylvienne et cérébrale postérieure.

A trois mois de l'âge embryonnaire, l'écorce cérébrale est unie; on n'y observe ni plis ni sillons; à ce moment, d'après nous, existe à sa surface une sorte de squelette artériel formé de ces trois branches vasculaires, dont la disposition est constante. Lorsque se fait le plissement cérébral, ces vaisseaux conservent leurs rapports avec l'écorce cérébrale : c'est ce qui explique ce fait, la régularité de distribution des vaisseaux de l'encéphale.

Ainsi, trois artères principales couvrent, régulièrement et de la même manière sur les deux hémisphères et chez tous les sujets, l'écorce cérébrale située au-dessous d'elles ; d'autre part, le plissement a lieu toujours selon les mêmes lois mécaniques : il n'est donc pas étonnant que l'on ait pu préciser quelles circonvolutions sont vascularisées par les principales branches artérielles, et démontrer qu'à cet égard tous les cerveaux étaient comparables.

Mais, c'est là un résultat de topographie, et non une différenciation organique. De même qu'on peut préciser la situation des principales cités du bassin d'un grand fleuve en indiquant leurs rapports avec les affluents, de même, le pathologiste pourra fixer le siége de la lésion cérébrale, en le rapportant à l'artère qui en a été le point de départ (Il s'agit presque toujours de lésions artérielles, hémorrhagies et ramollissement), ou en indiquant les circonvolutions atteintes.

Le principal avantage de l'étude de la circulation, c'est de nous avoir donné une *géographie cérébrale*, et de permettre la comparaison entre deux hémisphères du même individu ou d'individus différents. Cette connaissance sera surtout précieuse, lorsqu'il s'agira de vérifier par la pathologie, les théories des physiologistes.

VII. — Puisque, ni l'histoire du développement,

ni l'étude de la vascularisation cérébrale ne nous offrent une solution précise sur ce point, peut-on trouver dans l'écorce grise cérébrale des localisations anatomiques, des différenciations d'organes ou de parties similaires? Il ne nous reste plus qu'à recourir à l'étude de l'écorce cérébrale par les procédés histologiques. Il est vrai que, sur la coupe, l'écorce grise est partout semblable à elle-même, que la circulation la divise en districts, qui ne diffèrent pas les uns des autres par la nature du terrain : mais n'existe-t-il pas de distinction possible dans les éléments nerveux eux-mêmes ou dans leur agencement ?

Il est impossible, à notre époque, de répondre d'une manière satisfaisante à cette importante question ; car les études microscopiques rencontrent, au point de vue technique, de grandes difficultés. Déjà Meynert et Huguenin ont indiqué des différences notables dans l'aspect et la structure des cellules nerveuses de la couche grise des régions frontale, pariétale, et occipitale des hémisphères.

Nous verrons plus loin que les recherches récentes des physiologistes ont établi l'existence, dans une partie de l'écorce grise des hémisphères, d'une région dont l'excitation électrique produit des mouvements localisés (région motrice corticale) Là, seulement, d'après Betz, Charcot et Gombault, on rencontrerait une variété spéciale de cellules nerveuses, les cellules géantes, analogues aux grandes cellules *motrices* des cornes antérieures de la moelle. Il y a quelques mois à peine, un histologiste anglais, Bewan Lewis, a repris l'étude comparée des cellules nerveuses des régions motrices chez la brebis ; chez le chat, chez l'homme, etc. Il a trouvé des résultats intéressants, mais dans le détail desquels nous ne pouvons entrer.

Cependant, reconnaissons que nos moyens d'investigation sont encore insuffisants, qu'il est difficile de préciser des qualités différentielles bien accentuées entre les diverses régions de l'écorce grise, par l'étude microscopique. C'est là un résultat qui permettrait encore l'hésitation sur la réalité de localisations fonctionnelles dans l'écorce grise des circonvolutions, s'il n'existait d'autres éléments de conviction. Avant d'indiquer comment on peut les puiser dans les recherches physiologiques, qu'il nous soit permis d'attirer l'attention du lecteur sur le point suivant.

Jusqu'à la naissance, d'après nos recherches, l'écorce grise des circonvolutions est peu distincte et n'existe que sous une très-faible épaisseur. Dans l'année qui suit la naissance, elle triple et quintuple d'épaisseur en certains endroits. Pour répondre à ce développement on voit apparaître un système vasculaire spécial, formé par de petites arborisations, ou artérioles fonctionnelles de l'écorce. D'après Saunder et Soltzmann, ce serait seulement à cette période, qu'on pourrait distinguer dans l'écorce grise motrice les grandes cellules géantes. C'est cette écorce grise, rappelons-le, qu'on considère comme étant le siége des centres nerveux pour les mouvements volontaires.

Il est facile de voir là une remarquable coïncidence avec le développement de l'enfant, qui ne commence à faire ses premiers pas et à régulariser ses mouvements, c'est-à-dire à leur donner un caractère intentionnel, qu'à la fin de la première année de son existence. Comme si l'activité fonctionnelle et le développement des centres volontaires cérébraux étaient simultanés, ou tout au moins avaient des rapports très-intimes dans leur ordre d'apparition !

VIII. — Concluons donc :

1° Dans la moelle, le bulbe, la protubérance, les pédoncules cérébraux, il est possible de reconnaître dans la disposition des noyaux gris par îlots séparés, et dans la disposition des fibres nerveuses ayant une direction constante et déterminée, *une localisation anatomique* réelle : l'anatomie comparée, l'embryogénie et l'anatomie humaine se prêtent un mutuel appui pour cette conclusion ;

2° La même localisation est évidente pour les gros ganglions de la base du cerveau : noyau caudé, couche optique, noyau lenticulaire ;

3° Dans l'écorce grise cérébrale la différenciation est moins apparente : ni les accidents de terrain représentés par les circonvolutions, ni le développement chez le fœtus, ni les études histologiques ne nous ont jusqu'à présent donné des résultats précis. L'étude de la vascularisation et des circonvolutions à permis seulement d'établir une topographie très-utile dans l'avenir pour l'indication géographique des lésions pathologiques et pour la comparaison des recherches expérimentales.

DEUXIÈME PARTIE.

DE LA LOCALISATION PHYSIOLOGIQUE

DEUXIÈME PARTIE.

DE LA LOCALISATION PHYSIOLOGIQUE.

SOMMAIRE.

I. Localisations médullaires. — Indépendance relative des fonctions médullaires et des fonctions cérébrales. — La moelle est le centre des actes réflexes et des actes défensifs.
A. Centres. — Centres des membres supérieurs et inférieurs. — Centres médullaires de la respiration et de la circulation. — Centres des muscles de l'abdomen. — Centre cilio-spinal. — Centre genito-spinal. — Centre de l'érection. — Centre vésical. — Centres vaso-moteurs et calorifiques.
B. Conducteurs. — Conducteurs excito-moteurs. — Conducteurs sensitifs. — Fibres d'association.
II. Localisations bulbaires.
A. Centres. — Centres respiratoires. — Centres vaso-moteurs. — Centre d'arrêt du cœur. — Centres dilatateurs de la pupille. — Centres de la déglutition, de la phonation, de la mastication. — Centres diabétiques et salivaires.

B. Conducteurs. — Conducteurs psycho-moteurs; conducteurs sensibles, etc.

III. Localisations protubérantielles.

IV. Localisations cérébelleuses.

V. Vue synthétique de l'influence du bulbe et de la moelle sur les fonctions de l'être.

VI. Localisations cérébrales.

A. Théorie par induction : localisations des vibrations psychiques, motrices et sensibles. — Transformations des forces.

B. Des grandes voies de transmission.

C. Rôle des couches optiques et des corps striés.

D. Rôle fonctionnel de l'écorce grise.

1° Les premiers expérimentateurs ; — 2° Découverte des centres moteurs, sensibles et sensoriels ; — 3° Localisation chez les singes ; — 4° Topographie des centres de l'écorce grise chez l'homme ; — 5° Résumé.

Dans une de ses dernières leçons d'ouverture, l'illustre professeur du Collége de France, Cl. Bernard, disait : « Qu'il n'y avait pas de maladies, mais plutôt des troubles physiologiques. » Les signes cliniques ne sont, en effet, que des déviations des fonctions normales, que des perturbations dans le rôle d'un ou de plusieurs organes. Il est donc indispensable, pour affirmer qu'il s'agit de troubles localisés, que la partie atteinte pathologiquement ait réellement des propriétés physiologiques spéciales, qui leur correspondent et dont ils ne sont que la révolution anormale.

Nous avons reconnu, dans nos considérations précédentes, certaines localisations anatomiques ;

les recherches expérimentales ont-elles révélé qu'elles aient des propriétés particulières ? Telle est la question à résoudre.

Bien que le cerveau, le bulbe et la moelle aient entre eux les plus intimes relations, nous séparerons leur étude physiologique au point de vue des localisations.

Le cordon médullaire est un conducteur parcouru par les impressions qui vont au cerveau, et par les excitations qui en descendent : mais, de plus, comme pouvait le faire prévoir sa structure anatomique qui nous a fait connaître sous les fibres blanches un axe de substance grise, c'est-à-dire de ganglions nerveux, c'est un centre capable de réaction autonome.

Ainsi, deux faits à résoudre :

1° Dans l'axe gris médullaire, existe-t-il des parties qui aient un rôle défini, dont les fonctions soient localisées ?

2°. Les divers faisceaux de fibres blanches sont-ils suivis par des courants d'excitation différents ?

I. — L'indépendance des fonctions médullaires est mise en évidence dans les expériences où on sépare la moelle par une section transversale du bulbe et du cerveau, et, où par son intermédiaire seul, on peut cependant produire ce qu'on appelle les mouvements réflexes.

Chez un animal décapité, irritez un nerf sensible et aussitôt surviendront dans les membres certains mouvements irréguliers, qui, à un examen superficiel, paraissent sans but : ce sont des secousses ou de véritables décharges de groupes de muscles. Si l'on vient à détruire la moelle, l'irritation du nerf sensible ne saurait plus les produire. La moelle est donc le centre de la plupart des actes réflexes.

Malgré leur apparente irrégularité, ces actes répondent cependant à un but : mais il est indépendant de la volonté. Jetez une grenouille décapitée dans l'eau, et ses pattes s'agiteront en des mouvements de natation parfaitement rhythmés ; laissez tomber dans le vide un oiseau privé de ses lobes cérébraux, et ses ailes s'étendront pour prévenir les effets de la chute ; renversez sur le flanc un lapin dont le cerveau a été détruit, et ses membres agiront aussitôt pour replacer le tronc en équilibre. Si, chez ces animaux, vous détruisez la moelle épinière, ces mouvements n'auront plus lieu.

Un esprit synthétique caractériserait ce pouvoir de la moelle épinière en disant : qu'elle est le centre de la plupart des mouvements instinctifs et habituels. Mais tous n'y sont pas localisés, car le bulbe et la protubérance en contiennent un certain nombre. Ainsi, ceux qui regardent la protection des organes des sens, ceux, en général, de la face et du cou. On pourrait peut-être préciser la part de la moelle épinière, en disant qu'il s'agit de mouvements défensifs.

Il semble aussi qu'il y ait corrélation entre la force de l'excitation et le mouvement produit : plus le chatouillement de la plante du pied est vif, plus la secousse dans le membre est rapide et violente.

Il nous faut aller plus loin encore pour le but que nous poursuivons. En quelles régions de l'axe gris sont localisés ces centres réflexes ? Sont-ils diffus ou limités ?

Deux physiologistes belges, Masius et Van Lair, ont essayé de préciser expérimentalement : chez la grenouille, les centres des mouvements des membres antérieurs commencent 1 millimètre en avant de la deuxième racine et occupent une longueur de 3 millimètres à 3 millimètres 1/2 ; les centres des mouvements des membres postérieurs iraient de 2 millimètres en avant de la septième racine, jusqu'au niveau de l'insertion de la dixième.

A. — Dans l'espèce humaine, on peut considérer que les centres réflexes des membres supérieurs occupent plus spécialement le renflement cervical, et ceux des membres inférieurs, le renflement lombaire. Nous ne serons donc pas étonnés d'observer qu'à la suite des lésions atrophiques des muscles des membres, ces deux régions de la moelle soient les principaux foyers de la dégénérescence.

Les muscles du thorax et de l'abdomen ont pour usage principal les mouvements respiratoires ; deux centres principaux président à ces mouvements, l'un dans le bulbe que nous aurons l'occasion d'indiquer plus loin, l'autre dans la moelle. Les muscles abdominaux ont leur centre entre la huitième paire dorsale, et la quatrième lombaire ; les intercostaux répondent à la moelle dorsale ; les centres des grands pectoraux et des grands dentelés sont au-dessus de la cinquième cervicale ; enfin, la section de la moelle au-dessus de la quatrième cervicale paralyse le diaphragme et abolit tout mouvement respiratoire.

Telles sont les notions, encore peu définies, mais suffisantes dans beaucoup de cas pour l'interprétation pathologique, que nous possédons, sur les centres médullaires de l'appareil locomoteur. Il n'est ici question que des centres réflexes ; les mouvements respiratoires sont eux-mêmes d'ordre réflexe. — Dans le bulbe et le cerveau, il existe d'autres associations des cellules nerveuses motrices, d'autres groupes ganglionnaires mal connus encore qui semblent en rapport avec certains mouvements coordonnés pour un but plus complexe : ainsi les mouvements de la marche et de la natation chez l'homme, dans lesquels, la plupart du temps, le travail cérébral a un rôle important.

D'autres centres, dans la moelle, sont connus et précisés par les expériences des physiologistes.

Budge et Valler ont démontré que la galvanisation de la moelle, au niveau de la deuxième paire dorsale, dilate les deux pupilles, et que la dilatation cesse par la section du sympathique. C'est ce qu'il nomme le centre cilio-spinal. Dans les traumatismes des vertèbres cervicales qui lèsent la moelle épinière, il n'est pas rare d'observer des phénomènes pupillaires qui s'expliquent facilement par les expériences des auteurs allemands.

Dans la partie inférieure de la moelle, vers la quatrième paire lombaire, se rencontre le centre genito-spinal bien décrit par Budge. Son irritation produit des mouvements dans la partie inférieure du rectum, de la vessie, des canaux déférents, et, chez la femelle, des contractions de l'utérus. Golz et Fremberg ont vu, chez une chienne dont la moelle avait été coupée à la hauteur de la première paire lombaire, le rut, la conception, la grossesse et enfin l'accouchement et la lactation se produire comme chez une chienne intacte.

D'après Goltz, le centre de l'érection se trouve situé dans la moelle lombaire; après la section de la moelle chez les chiens, on détermine l'érection, avec des mouvements rhythmiques du bassin par le chatouillement du pénis, et cette érection disparaît par la destruction de la moelle lombaire.

Le même expérimentateur considère la mixtion comme un phénomène purement réflexe dont le centre est dans la moelle, au niveau des 3°, 4° et 5° lombaires. Par l'irritation de cette région, on produit des contractions lentes du col et du corps de la vessie. Si on touche la peau du ventre, si on presse le gland ou le prépuce d'un chien dont la moelle a été coupée au niveau de la 2° lombaire, la vessie se vide : la destruction de la moelle empêche ce réflexe de se produire.

Enfin, il est certain que la moelle contient des centres trophiques, des centres pour les sécrétions pour l'absorption et qu'elle joue un rôle important dans la régulation de la circulation sanguine et de la chaleur animale : mais les physiologistes n'ont pu encore localiser d'une façon précise les régions occupées par ces centres.

B. — La moelle épinière est non-seulement un centre d'innervation : elle contient encore des conducteurs, les faisceaux blancs. Nous pouvons à cet égard résumer en deux mots les acquisitions de la physiologie.

Les cordons antéro-latéraux sont centrifuges et rapportent les incitations de l'encéphale vers les extrémités. — Les cordons postérieurs paraissent surtout formés de fibres commissurales, à direction longitudinale, mettant en rapport les uns avec les autres les différents points de l'axe gris ; les impressions sensibles ou centripètes arriveraient de la périphérie par les racines postérieures et se diffuseraient dans la substance grise de la moelle à différentes hauteurs. La transmission de la sensibilité dans la moelle épinière, d'après Schiff, Brown Sequard, Vulpian, se fait donc principalement par la substance grise : car on peut couper les cordons postérieurs sans arrêter le passage des impressions sensibles et sans empêcher la production des mouvements réflexes. Les théories de Schiff sur la conductibilité spéciale de cordons postérieurs pour la douleur, et de la substance grise pour la sensibilité générale ne sont pas admises.

Nos notions sur les conducteurs de la moelle sont donc encore bien incomplètes. Quel est le rôle spécial des cordons de Gall, des cordons de Turk, des faisceaux latéraux, etc... ? A cet égard, les physiologistes ne nous ont encore rien appris.

II. — Les localisations physiologiques connues dans le bulbe présentent un grand caractère de précision qui a permis de bonne heure aux pathologistes d'en faire une utile application à la clinique. Nous verrons qu'on peut, avec assez de facilité, diagnostiquer au lit des malades un certain nombre de lésions bulbaires. Les anatomistes nous ont appris le siége des noyaux moteurs des muscles de la langue, du cou, du pharynx et de la face. Au sommet de l'angle inférieur du plancher bulbaire, se trouvent les noyaux de l'hypoglosse et du spinal; un peu au-dessus, existent ceux du pneumo-gastrique et du glosso-pharyngien. A peu près à la partie moyenne du losange, se trouvent les noyaux moteurs des muscles de la face ; et à l'angle supérieur ceux des muscles des yeux.

Nous avons démontré récemment dans une thèse que les irritations mécaniques de tous ces centres bulbaires provoquent des contractions dans les muscles correspondants.

A. — Dans le bulbe encore se rencontre un centre respiratoire, un centre vaso-moteur ; un centre d'innervation pour la dilatation de la pupille, un centre d'arrêt du cœur, un centre des mouvements de déglutition, un centre de phonation, un centre glycogénique et diabétique, un centre masticateur et un centre salivaire.

1° Le centre respiratoire, connu encore sous le nom de nœud vital depuis les recherches de Flourens, de Longet et de Vulpian, correspond au noyau des nerfs pneumo-gastriques et au sommet du V de substance grise du calamus. La lésion de ce centre chez l'homme est rarement primitive; elle tue, comme la piqûre chez l'animal, par arrêt de la respiration : nous rapporterons plus loin des exemples d'affections localisées au nœud vital et produisant, selon leur nature, soit la mort rapide, soit la mort subite, la mort sans phrase, selon l'expression pittoresque de M. Charcot.

2° Le centre vaso-moteur du bulbe a une existence démontrée par des expériences précises; il suffit de sectionner transversalement le bulbe à sa partie inférieure pour produire une énorme dilatation des artères de tout le corps. Mais le siége de ce centre est très-indéterminé. Owjaniskow le place au niveau des tubercules quadrijumeaux. Il vaut mieux admettre, avec Vulpian, qu'il existe dans toute la hauteur de la moelle du bulbe une série de centres vaso-moteurs superposés; mais leur importance, en raison du nombre des vaisseaux qu'ils tiennent sous leur dépendance, va en augmentant vers le bulbe. — Malgré le manque de précision des lieux de la substance grise où siégent ces centres, la connaissance de leur existence permet l'explication de certaines manifestations pathologiques; telles que refroidissement localisé, rougeurs anormales, sueurs et sécrétions localisées, etc.

3° Le centre de dilatation pupillaire est simplement signalé dans les recherches de Schiff et de Salkowski ;

4° La situation du centre d'arrêt du cœur n'est pas encore bien déterminée. Ce qu'il a de positif, d'après Budge, c'est que la galvanisation du bulbe produit l'arrêt du cœur. — Le centre d'excitation du cœur occupe la moelle cervicale ; il est relié au cœur par des filets qui suivent les nerfs intercostaux, aux 2e et 3e ganglions thoraciques du sympathique et de là dans le plexus cardiaque ;

5° Il est probable que les centres de déglutition et de phonation correspondent au siége des noyaux du glosso-pharyngien ou à leur voisinage : mais leur localisation anatomique est encore mal connue.

Les centres des muscles moteurs de la face et de la mastication occupent la région des noyaux du nerf facial et de la branche motrice du trijumeau ;

6° Les centres diabétique et salivaire ont été indiqués pour la première fois par Claude Bernard. Le premier correspond au voisinage des nerfs auditifs. C'est en ce point qu'il faut léser la substance du plancher pour produire une ou deux heures après le diabète expérimental. Le centre de la sécrétion salivaire serait au niveau de l'origine du facial.

II. — Les fibres blanches du bulbe sont verticales ou transversales. Les premières montent de la moelle ou descendent du cerveau : elles sont motrices ou sensibles. Les conducteurs qui provoquent les mouvements sont représentés par les pyramides antérieures. Les conducteurs sensibles siégent surtout en arrière, au niveau des corps rectiformes. — Les fibres transversales sont : les paires nerveuses, des commissures intra-bulbaires ou des fibres venant du cervelet. C'est tout ce que nous savons sur ce sujet.

III. — La protubérance n'est pas une région nerveuse distincte au point de vue anatomique. Sa substance grise constitue la partie supérieure du plancher du quatrième ventricule : c'est là que siégent en partie les noyaux du facial, du moteur oculaire commun, du moteur oculaire externe, du trijumeau, etc... En haut, elle entoure l'aqueduc sylvien, et, d'après Duchenne, c'est là que se trouvent les noyaux moteurs oculaires communs ; plus haut encore, elle est représentée par le *locus niger* de Sœmmering dont nous ignorons complètement les fonctions. — En avant passent, paraît-il, les faisceaux moteurs ; c'est ce que les Allemands appellent l'étage inférieur ou pied des pédoncules. En arrière, se rencontreraient plutôt les faisceaux sensitifs ; ils sont recouverts par les tubercules quadrijumeaux; c'est cette partie de la protubérance que les Allemands désignent sous le nom de calotte ou étage supérieur.

Nous ne savons rien du rôle des olives et des fibres transversales qui forment le pont de Varole.

IV. — Nous n'insisterons pas sur les fonctions du cervelet. Flourens en avait fait un centre de coordination et d'équilibration des mouvements. Les nouvelles recherches de Ferrier semblent démontrer qu'il n'agit que sur les mouvements des yeux, qu'il les coordonne et les associe pour nous permettre de recevoir toujours les rayons lumineux dans l'axe visuel. Ce serait de cette manière seulement qu'il contribuerait à l'équilibration, au même titre d'ailleurs que les nerfs des canaux demi-circulaires et des autres parties de l'oreille interne.

Nous mettrons donc en réserve ce fait important que, pour les expérimentateurs, l'incoordination des mouvements qui accompagne les lésions du cervelet se trouve expliquée.

V. — Qu'il nous soit permis, maintenant, de présenter une vue synthétique de l'influence du bulbe et de la moelle sur les fonctions de l'être, et sur le rôle particulier de chacun de leurs centres. Nous comprendrons ainsi comment toutes les fonctions localisées dans les différents centres, que nous avons décrits, s'harmonisent, se complètent et établissent la vie végétative.

Le bulbe et la moelle, en effet, président à toutes les fonctions de la vie végétative, mais, ce mot étant pris dans son sens le plus vaste. Ce rôle a été d'abord attribué au nerf grand sympathique : seul, il est incapable de régulariser et d'harmoniser toutes les fonctions qui conservent les échanges nutritifs : les nombreux filets qui retiennent ces cordons ou ces ganglions à la moelle n'indiquent-ils pas qu'elle est une source puissante de son influx ?

Privez un animal de ses hémisphères cérébraux ; chez lui, la vie continuera de s'entretenir : mais il ne pourra plus combiner ses sensations et les analyser ; ses mouvements n'auront plus aucune spontanéité. Comme la plante, il resterait immobile et fixé au sol, si quelque influence extérieure ne venait le faire sortir de son sommeil apparent. Quelle différence entre le mouvement produit alors et celui d'une sensitive dont les feuilles et les branches s'incurvent vers le sol dès qu'un contact extérieur vient l'exciter ? Les deux actes, chez la plante et chez l'animal, ont le même caractère de nécessité, de fatalité ; c'est la réaction constante du centre nerveux chez le premier et des tissus chez le second. En raison de sa plus grande perfection on l'appelle chez l'animal mouvement réflexe. La grenouille privée du cerveau exécute cependant des mouvements de natation dès qu'elle est dans l'eau, mais, si un obstacle se présente, elle reste immobile. L'oiseau dans les mêmes conditions étend ses ailes dans l'air comme pour modérer les effets de sa chûte ; mais dès qu'il a touché le sol il les reploie et reste immobile ; le lapin qui a subi la même opération, retire sa patte, si on

le pince ; puis reste sans mouvement, sans fuir !
Ces animaux ne peuvent combiner leurs sensations et modifier le mouvement impulsif. Ils semblent plongés dans un sommeil profond ; leurs réactions sont en raison directe de l'excitation primordiale, et elles semblent n'avoir qu'un but, indépendant d'eux et poursuivi par une force naturelle supérieure à eux et en dehors d'eux : soustraire leur existence à la cause destructive, immédiatement agissante. Les actes supérieurs de l'animal sans cerveau sont des actes *défensifs*.

Pendant ce temps, s'accomplissent toutes les fonctions de nutrition, assimilation et désassimilation. Pénétrons donc dans ce vaste laboratoire organique et voyons en détail comment les centres nerveux président aux élaborations de chacun des appareils.

Dans le thorax nous voyons d'abord fonctionner l'appareil pulmonaire. A un premier coup d'œil, le jeu est des plus simples : appel de l'air et du sang dans les poumons et revivification de celui-ci par celui-là. Le centre respiratoire bulbaire, nœud vital, veille sur ce conflit de l'air et du sang : mais pour assurer l'ordre et la régularité des manœuvres, des fils nombreux devront le relier à d'autres centres. Les nerfs sensibles des bronches, de la trachée et du larynx l'excitent et créent en lui le besoin de respirer ; l'excitation produite a pour résultat le mouvement des muscles inspirateurs : nécessairement un fil de communication unit le centre bulbaire aux centres du diaphragme et des muscles du cou, qui, comme nous le savons, occupent la partie supérieure de la moelle cervicale. Dès que le poumon contient assez d'air, avertissement au centre bulbaire par les nerfs sensitifs, *besoin d'expirer*, excitation par d'autres fils des centres expirateurs, situés à la région dorso-lombaire de la moelle.

Cependant, pour laisser pénétrer l'air dans les poumons, la bouche s'ouvre, le voile du palais se soulève légèrement, les lèvres de la glotte s'écartent; d'autres communications encore doivent donc exister avec les centres bulbaires des nerfs faciaux, du glosso-pharyngien, du spinal, etc...

Cela ne saurait suffire encore : la régularisation de la circulation exige d'autres communications. Le liquide sanguin ne parcourt pas toujours les canaux du parenchyme pulmonaire avec une régularité comparable à celle de l'eau dans un terrain pourvu d'un excellent drainage. Si le cœur accélère ses battements, les mouvements thoraciques devront s'accommoder à cet excès d'activité. Dans ce but, un nerf sensitif, le nerf de Cyon, va de l'endocarde au bulbe, où il se met en rapport avec le centre respiratoire : celui-ci peut alors modérer le cœur par des filets descendant dans le cordon des pneumo-gastriques. Si, au contraire, le cœur ralenti doit se contracter avec plus de rapidité, le bulbe averti par le même nerf endo-cardique, agira sur les centres excitateurs des mouvements cardiaques : on sait que ceux-ci occupent la partie inférieure de la région cervicale de la moelle, émettant des filets excitateurs, qui sortent du rachis avec les nerfs intercostaux et vont se perdre dans le plexus cardiaque (Cl. Bernard, Ludwig, Cyon, etc.). Ces multiples communications du centre bulbaire avec les centres modérateurs et excitateurs du cœur ne sont pas encore suffisantes. Le cœur peut recevoir de la grande circulation un flot de sang trop abondant, qui de là peut inonder les poumons et engorger leurs canaux : il faut donc que le centre bulbaire puisse agir sur tous les centres vaso-moteurs du corps humain, et avoir des filets qui descendent dans la moelle pour le mettre en communication avec ceux-ci, dans toute sa hauteur.

Nous ne tenons pas compte du jeu accidentel de cet appareil, tel qu'on l'observe dans les phénomènes de la voix et du chant, de la toux, d'expectoration, etc.

Cette multiplicité des rapports d'un seul centre obscurcit souvent le tableau nosologique : plusieurs appareils peuvent être influencés secondairement par les voies de communication. C'est là une cause de difficultés du diagnostic de la localisation pathologique primitive. Et cependant, elle seule est le point de départ des manifestations pathologiques : l'atrophie des muscles inspirateurs détruit l'harmonie de l'appareil respiratoire, mais les centres médullaires, les noyaux des nerfs moteurs de ces muscles, c'est-à-dire les cellules des cornes antérieures, sont seules primitivement atteintes.

Dans l'abdomen, les appareils de la digestion, de la secrétion urinaire, de la génération, sont aussi dirigés par les centres du bulbe et de la la moelle : cette pluie des sucs digestifs, ces écoulements par les canaux des liquides du foie et du pancréas, ces contractions musculaires qui effectuent le passage du bol alimentaire ; la régulation des vaisseaux absorbants, le flux du sang de la veine-porte dans le foie, sont des phénomènes régularisés par les ganglions nerveux du sympathique et de l'axe spinal.

Enfin, tous les actes réflexes de l'appareil locomoteur sont sous la dépendance des centres bulbo-rachidiens.

Le résultat d'une lésion, même peu étendue mais transversale de la moelle, pourra donc être très-compliqué ; d'autant plus qu'elle renferme encore de nombreuses fibres de communication avec les centres cérébraux, dont l'action accidentelle et volontaire deviendra impuissante.

Malgré ces nombreuses difficultés, les pathologistes, comme nous l'établirons, peuvent reconnaître chez les malades le siége réel de la lésion primitivement perturbatrice : car, fréquemment, dans sa marche, elle est systématique, et elle réalise ce que souvent l'expérimentateur n'aurait pu accomplir : une localisation parfaite.

VI. — L'existence de centres nerveux ayant des fonctions distinctes au sein des hémisphères cérébraux, est, de nos jours, l'objet plus spécial des recherches des expérimentateurs et des observations des cliniciens.

Dans le bulbe et dans la moelle la localisation anatomique est plus apparente et l'expérimentation plus facile : depuis une dizaine d'années les névrologistes exploitent la mine féconde des maladies du bulbe et de la moelle. Aussi, les difficultés ne concernent plus que le détail. Il n'en est pas ainsi pour les hémisphères.

Flourens, le premier, ayant osé soumettre le cerveau, chez les animaux, à des explorations directes et méthodiques, a établi d'une manière irréfutable que ces masses nerveuses sont le siége des actes psychiques.

Sans cerveau, pas de pensée, c'est-à-dire pas de sensibilité analysée, pas de sensation consciente, pas de mouvements volontaires et pas d'opérations intellectuelles proprement dites, telles que : mémoire, jugement, imagination, conservation de l'individu et de l'espèce; pas d'instinct; de sensibilité, etc...; pas de langage ni parlé, ni écrit...

D'ailleurs, la simple observation suffit pour établir la réalité des faits démontrés par Flourens, Longet, Vulpian, Bernard, etc... : les larges destructions cérébrales produisent l'effondrement des facultés intellectuelles, l'anéantissement des idées, et paralysent les mouvements et la sensibilité.

Nous avons donc, comme point de départ de nos recherches de la localisation physiologique dans le cerveau : que tous les phénomènes psychiques se passent dans la masse nerveuse des hémisphères.

A. — Ces phénomènes, s'ils se localisent, doivent se diviser d'abord, au moins, en trois centres principaux :

1º Les centres d'impression, conscients ou inconscients.

2º Les centres d'action : moteurs, sécrétoires, etc...

3º Enfin, les centres psychiques proprement dits : sensations, idées, images, etc...

Tels sont nécessairement les trois termes principaux du fonctionnement cérébral. Existe-t-il des foyers d'élaboration distincts pour chacun d'eux ?

Les considérations les plus simples établissent *a priori* qu'il ne saurait en être autrement.

Un grand nombre de nos idées nous sont acquises par nos sensations (1) ; or, celles-ci doivent pénétrer dans les hémisphères cérébraux par des voies d'apport parfaitement organisées et distinctes; sans cela, elles seraient confuses et peu susceptibles d'analyse. Les conducteurs sensitifs ne sau-

---

(1) Nous admettons volontiers qu'un certain nombre de nos idées sont innées ou mieux héréditaires, c'est-à-dire en rapport avec l'organisation cérébrale transmise par nos parents. Nous leur devons des organes perfectionnés, plus susceptibles d'adaptation à certaines idées générales. — En remontant les générations, il serait facile d'établir que, pour nos ancêtres comme pour les sauvages de la Nouvelle-Calédonie, les idées générales de morale, de sociabilité, de religion ne se sont formées que peu à peu, à la suite d'impressions souvent répétées : mais, nous ne pouvons entrer, ici, dans le terrain philosophique.

raient, pour la même raison, se disperser sans ordre dans toutes les régions des hémisphères.

A son point de départ, l'impression sensible est une vibration, un mouvement : dans les papilles de la peau les filets nerveux terminaux sont agités au sein des corpuscules de Paccini et de Messuer ; la vibration mécanique accidentelle devient une vibration nerveuse, mais elle n'en est pas moins une forme de mouvement. C'est ainsi que dans la rétine, au niveau des cônes et des bâtonnets la vibration lumineuse se transforme en vibration nerveuse ; que dans l'organe de Corti, dans l'oreille interne, la même transformation a lieu pour les ondes sonores.

Quelle que soit la théorie qu'on puisse concevoir sur l'essence de l'idéation, qu'on la considère comme une propriété inhérente à la matière ou comme étant immatérielle, il n'en est pas moins vrai qu'il doit exister dans les centres nerveux une région où les vibrations nerveuses se transforment en idées, en vibrations psychiques.

Ainsi, nous concevons *a priori* la nécessité de l'existence dans les centres nerveux de deux localisations principales :

1° Une voie commune pour les conducteurs sensibles ;

2° Un centre où se rendent les conducteurs, où s'opère la transformation des sensations en idées.

La grande voie sensitivo-psychique des hémisphères, après avoir été soupçonnée pathologiquement par Turk et Charcot, a été découverte par Meynert, Carville et nous, Veyssières, etc. Le centre où se rendent ces conducteurs a été, nous le verrons plus loin, indiqué par Ferrier ; mais la démonstration de l'auteur anglais est encore incomplète.

Les idées ou vibrations psychiques que nous considérons comme une forme de mouvement, aussi immatérielles que lui, vont à leur tour, que nous en soyons conscients ou inconscients, se transformer en mouvements extérieurs (contractions musculaires); *la force cérébrale à l'état de tension va devenir une force vive.* Les caractères de ces mouvements idéo-cérébraux sont tels qu'ils ne sauraient être confondus avec des mouvements réflexes, comme ceux de la moelle et du bulbe, et qu'on ne peut supposer qu'il s'agit d'un simple parcours de la vibration nerveuse des cellules sensibles de la moelle à ses cellules motrices, et de là aux nerfs moteurs jusqu'aux muscles.

Le mouvement volontaire a un caractère de régularité, de modération, d'adaptation au but, que ne présente jamais l'acte réflexe : c'est pour cela que, malgré certaines analogies, il se décèle à l'observateur.

La vibration psychique, qui va créer le mouvement volontaire, ne peut errer au hasard dans l'hémisphère cérébral : elle doit atteindre, en fin de compte, les régions où aboutissent les conducteurs, qui la mettront en rapport avec les organes, avec les muscles. Ces conducteurs sont nécessairement disposés suivant un certain ordre, en parvenant sous l'écorce cérébrale. Il en résulte que les éléments nerveux en rapport avec chacun d'eux affectent la même disposition ; de là, la nécessité de centres psycho-moteurs corticaux.

La vibration psychique transmet donc, selon les besoins, le mouvement à ces centres : elle redevient en eux vibration nerveuse, suivant la grande loi de la transformation des forces. Puis, elle descend dans un faisceau nerveux déterminé, en rapport avec le centre impressionné et avec le groupe musculaire mis en mouvement : ainsi s'accomplit le mouvement volontaire.

Nous devons à Fritsh, Hitzig, Ferrier, Carville et à l'auteur de ce travail la connaissance des centres psycho-moteurs volontaires de l'écorce cérébrale; nos expériences avec Carville nous ont, d'autre part, révélé le siége exact dans l'hémisphère du faisceau principal, qui contient les fibres nerveuses issues de ces centres. M. Charcot et ses élèves ont établi que les lésions, qui siégent sur le trajet de ce faisceau, déterminent la paralysie de tout le côté opposé du corps.

En résumé, le raisonnement le plus simple nous a démontré la nécessité de l'existence dans l'écorce de trois régions spéciales : une région sensitivo-psychique, une région psychique proprement dite et une région psycho-motrice. Nous avons déjà dit que les centres de ces trois grandes régions ou zones cérébrales avaient été découvertes récemment par les physiologistes.

On nous permettra, dans l'intérêt des vérifications pathologiques que nous allons faire, de faire connaître, en quelques mots, l'histoire de ces découvertes.

Les premiers physiologistes qui se sont occupés de rechercher expérimentalement les fonctions du cerveau, dès qu'ils eurent établi que les hémisphères étaient le siége des actes psychiques, essayèrent de trouver des centres spéciaux à chacun de ces actes. La grande idée de la division du travail nerveux s'imposait à eux.

Ils recherchèrent d'abord si les parties les plus nettement localisées anatomiquement avaient des fonctions distinctes. Flourens et Vulpian reconnurent que la destruction des tubercules quadrijumeaux produisait chez les animaux la perte de la vision : nombre de faits pathologiques sont venus confirmer leur opinion.

B. — Les masses grises centrales, la couche optique et le corps strié ont été aussi l'objet de nombreuses expérimentations ; mais, sur ce point, la lumière n'est pas faite.

Serres plaçait dans les couches optiques les centres des mouvements des membres antérieurs ; dans le corps strié, ceux des membres abdominaux. Vulpian, dans ses leçons sur le système nerveux, avoue que nous ne savons rien des fonctions des couches optiques. Luys, par des déductions anatomiques, arrive à décrire dans ces ganglions nerveux quatre centres principaux :

1° Un centre, antérieur, pour l'olfaction ; 2° un centre, moyen, pour la vision ; 3° un centre, médian, pour le toucher ; 4° un centre, postérieur, pour l'audition. La doctrine du savant névrologiste n'est pas encore confirmée. Nothnagel a détruit la couche optique chez des chiens ou des lapins, soit à l'aide d'une aiguille, soit par des injections interstitielles ; il n'aurait constaté ni anesthésie ni paralysie ; le seul phénomène observé serait une situation anormale des extrémités. Aussi il se rattache à l'opinion de Meynert, d'après laquelle les couches optiques représenteraient les centres des mouvements combinés, qui se produisent inconsciemment et par action réflexe, par suite des impressions qui partent des surfaces sensibles périphériques et qui vont aboutir à ces couches. En un mot, les ganglions optiques seraient, pour l'expérimentateur allemand, des centres réflecto-moteurs pour les mouvements habituels, qui, comme on le sait, ont pour caractère principal d'être généralement inconscients.

Ferrier, dans ses expériences d'électro-physiologie, n'ayant pu déterminer de mouvements localisés par l'excitation électrique des ganglions optiques, les considère comme ne jouant aucun rôle moteur. Il a détruit, chez un singe, la couche optique d'un côté, et il a vu l'hémianesthésie survenir du côté opposé. Les recherches de l'auteur anglais nous paraissent insuffisantes pour entraîner la conviction. Nous verrons plus loin quelles notions peuvent nous fournir sur les fonctions de la couche optique les phénomènes produits chez l'homme par les lésions localisées de cet organe.

Le noyau caudé ou noyau intra-ventriculaire du corps strié paraît devoir être considéré comme un centre moteur important. Ferrier, Carville et l'auteur de ce travail ont obtenu des mouvements de tous les muscles du côté opposé du corps par son excitation électrique : si celle-ci est puissante, on détermine un véritable pleurosthotonos. Carville et nous, nous avons constaté, que par l'extirpation ou la destruction de ganglions, on produirait chez l'animal une paralysie du côté opposé, mais une paralysie spéciale : l'animal peut encore se dresser sur ses pattes, mais il lui est impossible de les mouvoir dans un mouvement régulier de progression ; il tourne sur place, les pattes du côté opposé à la lésion cérébrale restant en pivot sur le sol, et les autres, exécutant en vain de grands mouvements de marche, de manière à décrire un grand cercle de rotation.

On ne sait rien de précis sur les fonctions du noyau extra-ventriculaire du corps strié.

En résumé, comme l'avait déjà prévu Carpenter, et comme l'indique le développement chez l'embryon, on peut considérer le noyau caudé comme l'analogue des cornes antérieures de la moelle, et les couches optiques comme une efflorescence des cornes postérieures : le noyau caudé est moteur, et le noyau optique sensitif. Mais, reconnaissons que ces faits sont encore entourés d'une profonde obscurité.

C. — La substance blanche des hémisphères n'avait pas été avant Carville et l'auteur l'objet de recherches spéciales, au point de vue de son rôle physiologique. Guidés par cette notion anatomique que, dans sa partie inférieure, la substance blanche n'était autre qu'un développement en éventail des pédoncules cérébraux, ces deux expérimentateurs pensèrent que si quelques-unes de ses fibres étaient motrices ou d'autres sensibles, leur section devrait produire ou la paralysie ou l'hémianesthésie. A l'aide d'un instrument spécial, ils ont sectionné, en différents points, l'expansion des pédoncules dans l'hémisphère. Ils ont reconnu que la section à la partie antérieure, au niveau du noyau caudé du corps strié, produisait infailliblement la paralysie du côté opposé du corps, l'hémiplégie ; la section de la partie postérieure au niveau de la couche optique cause aussi constamment l'hémianesthésie.

L'anatomie pathologique et la clinique, comme nous l'établirons plus loin d'après les travaux de M. Charcot, ont établi d'une manière éclatante cette opinion des deux physiologistes français. La partie antérieure de l'expansion pédonculaire contient donc toutes les fibres nerveuses psychomotrices, ou fibres pour les mouvements volontaires ; la partie postérieure renferme toutes les fibres sensitivo-psychiques. C'est là une localisation anatomique, physiologique et pathologique des mieux établies.

B. — Il nous reste maintenant à exposer les dernières recherches sur les fonctions de l'écorce grise cérébrale, sur le rôle des circonvolutions.

Nous avons vu plus haut qu'aucun caractère anatomique ne différenciait les divers points de l'écorce grise : elle forme sur les hémisphères une nappe continue, où se dessinent des sillons et des plis, dont la connaissance peut aider à la topographie des lésions pathologiques, mais qui n'établissent aucune séparation réelle. L'irrigation vasculaire peut aussi fournir des repaires pour la description géographique des lésions : mais elle n'indique en rien une modification dans la nature du terrain. Les recherches histologiques, enfin, ne nous ont donné que quelques indices de différenciation : en certains points, on trouve de grandes cellules motrices, analogues aux cellules des cornes antérieures de la moelle.

Ce que l'anatomie ne pouvait faire, la physiologie semble devoir l'instituer. On a découvert récemment dans l'écorce cérébrale les centres psycho-moteurs dont nous avons parlé.

A. — Les premiers expérimentateurs avaient essayé de contraindre la substance grise cérébrale à dévoiler ses fonctions en la soumettant à divers excitants ; ils n'avaient pas réussi. Flourens, Vulpian, Longet, Bernard, considéraient l'écorce grise comme inexcitable.

II. — En 1870, un physiologiste allemand, Fristch, appliquant les deux pôles d'un courant continu sur la tempe d'un malade, remarqua certains mouvements dans les globes oculaires. Il pensa dès lors, à tort ou à raison, que ceux-ci étaient le résultat de l'excitation des hémisphères cérébraux. Dans le but de contrôler cette idée, Hitzig, autre physiologiste allemand, entreprit une première série de recherches expérimentales. Il s'éleva contre l'opinion des premiers expérimentateurs et annonça que l'écorce grise cérébrale était excitable par les courants continus ; il indiqua nettement les régions des hémisphères dont l'excitation, chez le chien, produisait des mouvements localisés.

Bientôt, dans un second mémoire, en 1872, il précisa davantage et décrivit le siége des centres moteurs volontaires, chez le chien, pour le membre antérieur, pour le membre postérieur, pour les muscles de la face et du cou.

L'émotion du monde scientifique fut peu profonde. C'est à peine si Schiff, le physiologiste italien, adressa à Hitzig quelques critiques.

L'année suivante, Ferrier, physiologiste anglais, publia un mémoire sur les fonctions des hémisphères cérébraux, bientôt traduit en français par nous. Les progrès étaient considérables. L'auteur anglais avait décrit un grand nombre de centres cérébraux chez le chien : il précisa le siége des centres pour les mouvements volontaires de la face, des lèvres, des yeux, de la langue, du cou et des membres supérieurs et inférieurs. Il reconnut l'existence de centres analogues chez différents animaux, le lapin, la grenouille, les poissons, etc. Il émit le premier cette loi générale : que le nombre et l'étendue des centres varient d'une espèce à l'autre ; que la localisation est d'autant plus parfaite que l'on s'élève plus haut dans l'échelle des êtres. La grenouille a des centres développés pour les mouvements de natation, les oiseaux des centres pour le vol, les lapins des centres de mastication, etc... Dans le cervelet existeraient des centres pour les mouvements coordonnés des yeux.

Dans un mémoire de critique et de recherche expérimentale conduit avec beaucoup de soin, Carville et l'auteur, après avoir été momentanément les adversaires de Ferrier, constatèrent la vérité de ses assertions et complétèrent son œuvre sur différents points. Ils démontrèrent que les mouvements si nettement localisés produits par l'excitation de l'écorce grise cérébrale, ne pouvaient être le résultat de la diffusion des courants électriques vers les régions profondes des hémisphères cérébraux. Les premiers ils recherchèrent quelle interprétation il fallait faire des mouvements attribués aux centres corticaux. Ces centres étaient-ils réellement psychomoteurs ? Ils l'établirent en pratiquant l'extirpation des centres révélés par l'électricité. Toujours un trouble paralytique correspondant survient chez les animaux opérés. Ainsi, après la destruction des centres du mouvement de flexion de la patte chez le chien, ce mouvement devient impossible. Mais, cinq ou six jours après l'animal paraît guéri de sa paralysie. Il fallait donc admettre l'existence d'une substitution fonctionnelle. Les auteurs français ont alors émis l'hypothèse suivante, qui n'a pu être démontrée fausse : il s'agit chez les animaux inférieurs de centres fonctionnels, plutôt que de centres anatomiques permanents. Sous l'influence de l'habitude et de la répétition des mouvements, certaines cellules cérébrales, plus fréquemment mises en vibration par l'ébranlement nerveux périphérique, s'associent entre elles et constituent un centre. Ainsi s'expliquerait, selon eux, le rôle des centres de l'écorce dans les mouvements volontaires et la paralysie passagère observée chez les animaux inférieurs. La paralysie persiste tant que les cellules corticales n'ont pas formé une nouvelle fédération sous l'influence de la continuité et de la répétition des vibrations transmises par les nerfs périphériques. Le chien paralysé de sa patte, à la suite d'une lésion corticale, est obligé de faire à nouveau l'éducation de son membre : au début, par son inhabileté à la marche, et à éviter les obstacles, il ressemble au jeune chien dans les premiers jours de son existence.

Du reste, Carville et l'auteur avaient pensé que les larges destructions de l'écorce pouvaient produire une paralysie réelle et définitive. En effet, dans ces conditions, il n'existe plus, dans l'écorce cérébrale, de cellules motrices capables de s'associer pour former des centres de mouvements volontaires. D'après les recherches de Hitzig, de Ferrier, de Carville et de l'auteur, toute l'écorce des hémisphères n'a pas des propriétés psycho-motrices. Seule, la partie moyenne et convexe est douée de cette propriété ; le reste a un autre rôle à remplir.

C. — Chez les animaux supérieurs, la localisation des centres psycho-moteurs volontaires, dans l'écorce cérébrale, est beaucoup plus parfaite. Ferrier vint bientôt le démontrer. Chez les singes, on peut dissocier par l'électrisation les mouvements de pronation, de supination, de flexion, dans le membre supérieur, etc. L'auteur anglais eut en effet un beau succès scientifique, le jour où, devant le Collège royal des médecins de Londres, il montra, en expérimentant sur un singe, les effets de l'électrisation de l'écorce cérébrale sur les mouvements des membres. Devant cette assemblée d'élite, il annonçait d'avance les mouvements qu'il allait déterminer chez l'animal par l'application d'un courant sur l'hémisphère cérébral. Le singe étendait le bras, montrait le poing, saisissait un objet, au gré de l'expérimentateur. Un homme avait substitué sa volonté à celle d'un animal par l'intermédiaire d'un courant électrique.

Depuis cette époque, Hitzig et Ferrier ont, chacun de leur côté, publié un ouvrage volumineux sur les fonctions du cerveau. Nous ne pouvons ici présenter l'analyse de ces remarquables travaux. Nous constaterons seulement les principaux résultats acquis, et qui doivent être définitivement admis au point de vue physiologique, malgré les critiques de Brown-Sequard, de Golz, de Schiff, etc., qu'il ne nous est pas possible de discuter avec soin.

Il existe dans les hémisphères cérébraux, comme dans la moelle et le bulbe, deux régions principales, dont les lésions semblent devoir donner lieu à des troubles localisés : 1° les centres proprement dits, ganglions de la base, ou écorce grise de la surface ; 2° les conducteurs, substance blanche de l'encéphale, centre ovale de Vieussens.

Dans la substance blanche, les recherches de Carville et de l'auteur, de Veyssieres, de Raymond de Pitres, ont indiqué, comme nous l'avons dit : 1° les voies de passage des fibres psycho-motrices. Elles occupent la partie antérieure de l'expansion pédonculaire. Il suffit de pratiquer une coupe transversale des hémisphères cérébraux, au niveau du chiasma des nerfs optiques, pour voir, entre le noyau caudé et le noyau lenticulaire, le tractus blanc dont nous voulons parler : c'est en ce point qu'on le désigne sous le nom de capsule interne ; 2° les voies de passage des fibres sensitivo-psychiques : elles siégent dans la partie postérieure de l'expansion pédonculaire. Une coupe transversale des hémisphères, au niveau des tubercules mamillaires montre ce carrefour des fibres sensitives ; il est compris entre la couche optique et le noyau lenticulaire : c'est la partie postérieure de la capsule interne.

On pourrait, par l'anatomie, reconnaître d'autres tractus blancs et les suivre dans la voie qu'ils parcourent, mais jusqu'à présent les recherches des physiologistes ont été infructueuses.

Ajoutons cependant que les fibres blanches situées au-dessous des centres que nous allons décrire dans l'écorce cérébrale, ont des propriétés conductrices en rapport avec les fonctions de ces centres. Ainsi, la section des fibres blanches, immédiatement au-dessous du centre des mouvements de la patte, produit la paralysie de cette partie du membre supérieur, au même degré que la destruction du centre lui-même.

ED. — Exposons maintenant la topographie des centres de l'écorce cérébrale. Nous nous plaçons au point de vue des connaissances nécessaires à l'examen pathologique ; et nous renvoyons le lecteur aux ouvrages de Hitzig, Ferrier, etc., pour la description et l'histoire en détail des centres psycho-moteurs chez les animaux.

Voici donc quelle est la situation probable, d'après les physiologistes des centres moteurs corticaux chez l'homme :

1° Les centres qui président aux mouvements associés du membre inférieur occupent les extrémités supérieures de la circonvolution frontale ascendante, et de la pariétale ascendante ainsi que le lobule du pli pariétal;

2° Les centres du membre supérieur sont en avant des précédents sur l'extrémité postérieure de la première circonvolution frontale et de la circonvolution frontale ascendante ;

3° Sur les extrémités postérieures des deux circonvolutions frontales supérieures existent les centres des mouvements de la face, du cou et des lèvres;

4° Sur la troisième circonvolution, dans sa partie postérieure, se trouvent, comme l'avait depuis longtemps indiqué Broca, les centres des mouvements de la langue et en général de tous les muscles des organes du langage.

Tels sont les quatre départements principaux de l'écorce cérébrale, dont le rôle à l'égard des mouvements volontaires a été nettement révélé par la physiologie. Cette topographie a été établie chez l'homme d'après les résultats constatés par Ferrier chez les singes supérieurs, tels que l'orang, le chimpanzé, dont le cerveau ne diffère de celui de l'homme que par l'absence de quelques plis de passage tout à fait secondaires.

De plus, Ferrier considère le pli courbe comme étant le siége de la *perception visuelle :* la destruction de cette partie chez les singes supérieurs les rend complètement aveugles. La lésion de la première circonvolution temporale entraîne la perte de *l'audition,* dans les mêmes conditions.

Enfin les centres de l'odorat et du goût occupent

le gyrus micinnatus et la circonvolution voisine. Le sens du toucher aurait pour siége la circonvolution de l'hyppocampe.

E. — En résumé, la topographie de l'écorce cérébrale, d'après les recherches physiologiques, comprendrait trois grandes zones distinctes : la première, réservée aux opérations de l'intellect proprement dites, c'est-à-dire à l'idéation, occuperait peut-être la région frontale des hémisphères. La seconde, *zone corticale motrice*, correspondrait aux circonvolutions voisines du sillon de Rolando, en avant et en arrière. La troisième, *zone sensorielle*, siégerait au lobe temporo-sphéroïdal et au lobe occipital.

L'étude des lésions pathologiques chez l'homme, à laquelle nous allons maintenant nous livrer, va nous démontrer que déjà la réalité de l'existence d'une zone psycho-motrice est parfaitement établie. Pour les deux autres zones, quelques faits ont été produits : mais c'est à l'avenir encore qu'il appartient de décider de la valeur et de l'importance des recherches de la physiologie expérimentale, pour la pathologie humaine.

TROISIÈME PARTIE

DES LOCALISATIONS PATHOLOGIQUES

TROISIÈME PARTIE.

DES LOCALISATIONS PATHOLOGIQUES.

SOMMAIRE.

Différence des troubles produits par les lésions irritatives, par les lésions destructives. — Lésions diffuses et complexes. — De l'action à distance.

I. — Localisations dans la moelle.

A. — Lésions des centres cellulaires de l'axe gris : *Myélites aiguës* : a). — Paralysie infantile ; tableau clinique ; symptômes localisés ; lésions. — b) Paralysie spinale de l'adulte — c). — Myélite aiguë centrale — d). Myélites transverses.

Myélites chroniques : a). — Amyotrophie spinale progressive protopathique — b). — Amyotrophies spinales deutéropathiques.

B. — Lésions systématiques des cordons blancs : a). — Ataxie locomotrice : explication des douleurs fulgurantes et des troubles des mouvements — b).— Sclérose latérale amyotrophique — c). — Dégénérescence descendante — d). — Tabes dorsal-spasmodique.

C. — Des affections diffuses de la moelle accessoirement localisées.

II. — Localisations dans le bulbe rachidien :
Lésions ganglionnaires ; paralysies labio-glosso-laryngées. — Lésions du nœud vital. — Paralysies faciales bulbaires. — Propagations des lésions médullaires localisées.
Lésions des fibres blanches ; scléroses ascendantes, scléroses descendantes.
Lésions en foyer dans le bulbe. — Morts subites.
Lésions traumatiques localisées.
Lésions bulbaires ayant produit des troubles viscéraux.

III. — Localisations pathologiques dans la protubérance : leur diagnostic. — Paralysies alternes ; troubles du goût et de l'odorat.

IV. — Localisations pathologiques dans les pédoncules cérébraux (en dehors des hémisphères).

V. — Localisations pathologiques dans les hémisphères cérébraux. — Conditions de l'étude. — Toujours lésions au foyer.

A. — *Substance blanche.*

a). — De l'hémiplégie d'origine centrale, sa lésion ; son diagnostic.

b). — De l'hémianesthésie d'origine centrale ; sa lésion ; son diagnostic. — De l'hémiopie et des troubles sensoriels démidiés.

c). — De l'hémichorée cérébrale : lésions ; diagnostic. — De l'athétose.

B. — *Substance grise.* — Écorce. — Influence des découvertes physiologiques.

a). — Localisations dans les lésions destructives : hémiplégies corticales ; symptômes et diagnostic. — De l'héphasie. — Hémiplégies incomplètes et monoplégies corticales.

b). — Localisations pathologiques ayant déterminé des convulsions. — Secousses localisées; spasmes.— Contractures. — Epilepsies partielles ou Jacksonniennes.
c). — Synthèses.
VI. Synthèse générale des localisations pathologiques.

Une lésion pathologique, quel que soit son siége ou sa nature, se révèle à l'observateur par un désordre dans le fonctionnement de l'organe primitivement atteint et quelquefois par des troubles dans les organes qui sont en corrélation avec lui.

Si la lésion est irritative, on sera témoin d'une exaltation de la fonction ; si elle est destructive, ce sera un arrêt, une suppression ou une diminution qu'on constatera. Une légère congestion du rein augmente la secrétion de l'urine avec tous ses principes ; si elle est plus vive, l'épithélium se desquame, et le tube rénal laisse filtrer une quantité anormale d'albumine ; à un degré plus accusé encore, la sclérose oblitère les vaisseaux, détruit les organes secréteurs, et l'urée n'étant plus éliminée, s'accumule dans le sang et occasionne la mort par intoxication.

C'est surtout à propos des maladies du système nerveux, qu'il convient de tenir compte de ces deux types caractéristiques : lésions irritatives et lésions destructives. Une méningite cérébrale produit du délire, des convulsions et des contractures dès le début ; elle exalte les centres nerveux. Une hémorrhagie en foyer détruit les centres et, dès l'origine, se révèle par des paralysies. Il se peut que la méningite paralyse aussi : mais, c'est tardivement, lorsque l'infiltration purulente a détruit les éléments nerveux. De même, un foyer hémorrhagique provoque parfois autour de lui une irritation qui détermine momentanément une exaltation de la fonction (délire, convulsions, contracture, hyperesthésie) : mais, l'impuissance de l'organe, aux yeux de l'observateur attentif dès le début, domine la scène.

Il résulte de cette différence entre les deux ordres des lésions pathologiques, que les lésions paralytiques fournissent presque toujours de meilleurs renseignements en faveur des localisations dans les centres nerveux.

Que faut-il entendre, en effet, par les mots localisation dans les maladies nerveuses? Ces expressions signifient : pour les physiologistes, qu'une lésion localisée anatomiquement donne lieu à des troubles en rapport avec les fonctions de la partie atteinte; et pour les cliniciens, que la lésion fournit des signes suffisants pour révéler sa nature et son siége. Aux premiers, l'observation du malade et l'examen nécropsique subséquent fournissent souvent une expérience admirablement exécutée, œuvre de la nature; nous verrons, en effet, que, pour quelques régions des centres nerveux, la pathologie a précédé les recherches expérimentales dans la démonstration du rôle de l'organe atteint. Aux seconds, la découverte physiologique a le plus souvent indiqué la voie à suivre pour arriver, sur le vivant, au diagnostic de la partie lésée. Citons des exemples. Les expérimentateurs ont cru reconnaître, par l'exploration électrique dans l'écorce grise cérébrale, des centres présidant aux mouvements volontaires : les efforts des nécrologistes, à l'heure actuelle, tendent à confirmer la réelle existence de ces centres. Au contraire, ce sont les pathologistes qui, les premiers, nous ont appris que la troisième circonvolution frontale gauche était un centre pour les organes du langage. Depuis, Ferrier, Carville et l'auteur ont démontré que l'excitation électrique de cette partie chez les animaux produit des mouvements dans la langue, le voile du palais et les lèvres.

Les lésions des centres nerveux, lorsqu'elles ne sont pas nettement localisées, c'est-à-dire qu'elles sont complexes, multiples, qu'elles sont à la fois irritatives et destructives, qu'elles atteignent plusieurs parties ayant des limites géographiques voisines, peuvent parfois être reconnues des cliniciens : mais elles ne sauraient fournir aux théories physiologiques qu'un point d'appui insuffisant et sujet à discussions. Il importerait donc, dans l'intérêt de la question des localisations cérébrales, de ne pas chercher à expliquer tous les signes fournis par des lésions diffuses. Nous devrons faire un choix dans les faits soumis à l'observation.

Nous éviterons aussi de nous arrêter longtemps devant les lésions qui, par leur nature, peuvent avoir une importante action à distance, c'est-à-dire une action sur les centres nerveux voisins ou éloignés : tels sont les tumeurs et les traumatismes ayant un retentissement trop étendu.

En résumé, nous aurons présents à l'esprit les trois termes importants du problème pathologique que nous poursuivons : un centre nerveux ayant des limites géographiques bien connues ; des fonctions distinctes, et une lésion bien définie dans sa nature et dans son siége, c'est-à-dire que nous chercherons toujours la localisation, au triple point de vue de l'anatomie, de la physiologie et de la pathologie.

Dans le chapitre précédent, nous avons établi les localisations anatomiques et physiologiques : exposons maintenant la corrélation que présentent avec elles les lésions constatées à l'autopsie et les symptômes observés chez le vivant. Les documents fournis par l'examen pathologique chez l'homme sont les plus importants et les plus décisifs ; car seuls ils permettent de juger en dernier ressort et de fournir la preuve.

Les localisations dans la moelle, le bulbe et les hémisphères cérébraux devront être tour à tour l'objet de nos investigations.

LOCALISATIONS PATHOLOGIQUES DANS LA MOELLE ÉPINIÈRE.

La question qu'il nous faut résoudre doit d'abord être nettement posée. Existe-t-il au lit du malade des symptômes capables de révéler une lésion de telle ou telle partie de la moelle épinière? Sommes-nous encore obligés, comme autrefois, de nous contenter du diagnostic d'inflammation de la moelle, de myélite aiguë ou chronique? La science, au contraire, est-elle assez avancée pour permettre de désigner les régions de la moelle qui sont lésées? Peut-on reconnaître une affection des cordons postérieurs, des cordons antérieurs ou de l'axe gris de la moelle épinière? En un mot, les recherches physiologiques nous ont fait reconnaître des organes différents dans le cordon médullaire : leur lésion isolée peut-elle se révéler à l'observateur?

Les travaux de Charcot, de Duchenne de Boulogne, de Vulpian, de Bouchard, de Turck, nous permettent de répondre affirmativement : et il n'est pas un clinicien qui, aujourd'hui, se contente du diagnostic grossier de myélite ; on y met plus de précision et on désigne la variété : myélite centrale, myélite des cordons postérieurs, myélite descendante, sclérose latérale.

Souvent le mot myélite est supprimé, et bien que la maladie consiste en une lésion localisée des centres nerveux, on lui donne un nom emprunté à un de ses principaux symptômes : ainsi, paralysie infantile, paralysie générale spinale, etc.

Le cordon médullaire est essentiellement composé : 1° de groupes cellulaires qui forment les centres de l'axe gris ; 2° de fibres conductrices ou commissurales. Les lésions qui occupent l'axe gris portent le nom de lésions centrales et peuvent rester localisées. Lorsque le désordre pathologique suit un des cordons nerveux de la moelle, dans son développement, on dit que les lésions sont systématiques. — Les lésions diffuses sont celles qui ne limitent pas leur action à un seul organe de la moelle, mais qui envahissent à la fois les cordons et l'axe gris. Elles occupent la moelle dans une plus ou moins grande étendue dans le sens de la hauteur et dans le sens de l'épaisseur, sans tenir compte de la disposition anatomique des parties ou de leurs fonctions physiologiques. Cependant, les organes atteints réagissent chacun pour son compte particulier ; mais comme cette réaction n'est plus isolée, on comprend combien il est difficile d'établir des localisations. Les lésions diffuses ne s'éloignent pas des lois générales de la pathologie nerveuse dans leurs manifestations ; aidé des renseignements fournis par l'étude antérieure des lésions bien localisées, on peut soumettre à une interprétation fructueuse les troubles par lesquels elles se révèlent à l'observateur.

LÉSIONS LOCALISÉES DANS L'AXE GRIS MÉDULLAIRE, OU LÉSIONS GANGLIONNAIRES.

I. MYÉLITES AIGUËS.

A. Paralysie infantile.

Parmi les inflammations aiguës de la moelle épinière, il en est une qui paraît se localiser dès son origine aux cornes antérieures de la moelle épinière. C'est cette affection qu'on appelle la paralysie infantile, bien décrite pour la première fois par Duchenne, de Boulogne, en 1864.

Les phénomènes observés sont toujours en rapport avec une altération prédominante, sinon exclusive, de l'appareil des cellules nerveuses, dites motrices, qui occupent les cornes antérieures de la moelle.

Cette maladie, qui survient le plus souvent chez les enfants de deux à cinq ans, a un mode d'invasion brusque. Un appareil fébrile intense se déclare et les phénomènes paralytiques s'accusent d'emblée. Du jour au lendemain, les membres inférieurs, un membre supérieur seul, un ou plusieurs groupes musculaires sont frappés d'impuissance. C'est une paralysie complète dès le début, absolue, avec flaccidité des membres, avec abolition ou diminution de l'excitabilité réflexe, sans qu'il y ait traces d'obtusion de la sensibilité, ni troubles fonctionnels du rectum et de la vessie.

Dans les myélites aiguës diffuses, le tableau est loin d'être semblable : dès le début existent des troubles de la sensibilité, hyperesthésies ou anesthésies, des douleurs, des fourmillements et des signes de paralysies du rectum et de la vessie.

Dans la paralysie infantile, les recherches de Vulpian et Provost, en 1866, de Joffroy et Charcot, de Damaschino et Roger (2° mémoire), établissent que la lésion observée est l'atrophie des cellules des cornes antérieures de la moelle. Elles subissent une dégénérescence pigmentaire et graisseuse ; elles perdent leurs prolongements et se réduisent à des globules cellulaires très-pauvres et quelquefois à des débris, où il devient très-difficile de reconnaître des éléments figurés. Dans les cas avancés, la corne antérieure elle-même présente une diminution de volume et des déformations manifestes.

Si la paralysie musculaire n'atteint qu'un petit groupe de muscles, d'un membre inférieur, par exemple, on ne trouve les cellules motrices atrophiées que dans un des groupes des cornes antérieures de la moelle lombaire (obs. de Michaud et Pierret).

Or, comme nous avons pris soin de le faire observer dans la partie physiologique, d'après

Brown-Sequard et Schiff, la substance grise des cornes antérieures serait surtout destinée à la transmission des excitations motrices et n'a aucun rapport avec la sensibilité. Ces résultats, fondés sur l'expérimentation, sont donc confirmés par les manifestations pathologiques dans la paralysie infantile et par l'étude des lésions. Dans cette maladie les troubles de la sensibilité sont nuls ; mais les couches s'atrophient rapidement et perdent leur excitabilité. N'est-ce pas là une localisation des plus manifestes aussi bien de la lésion que des symptômes observés ?

Le diagnostic est établi clairement : 1° parce que l'affection quoique aiguë est toujours purement musculaire, et n'atteint que les muscles de la vie animale, en particulier les muscles des membres, bien que le tronc et la tête ne soient pas épargnés ; 2° parce qu'il n'existe pas de troubles de la sensibilité, pas d'exaltation des centres reflecto-moteurs (ceux-ci sont abolis, parce que les grandes cellules motrices sur lesquelles doit se réfléchir l'impression périphérique sont détruites) ; pas de contractures permanentes ; pas d'escharres, comme dans les autres formes de myélites aiguës ; et qu'enfin les fonctions de la vessie et du rectum sont en général respectées.

En résumé, la paralysie infantile est une maladie limitée à l'appareil moteur de la moelle, aux centres cellulaires des cornes antérieures, et qui retentit exclusivement sur des organes moteurs.

B. Paralysie spinale de l'adulte.

La paralysie aiguë, par atrophie rapide des cellules des cornes antérieures de la moelle épinière, ne serait pas spéciale à l'enfance, comme on l'a cru d'abord ; elle se rencontre avec des caractères assez semblables chez l'adulte. M. Duchenne, de Boulogne, puis M. Charcot, ont rapporté dans leurs ouvrages de remarquables exemples de cette affection chez l'adulte ; et, bien que, jusqu'à ce jour, il n'existe qu'une seule autopsie faite par le Dr Gombault, où l'atrophie aiguë des cellules nerveuses ait été constatée directement, nous devons admettre, en raison de l'analogie des symptômes, l'identité des deux maladies.

L'affection, chez l'adulte, commence brusquement par une fièvre intense, qui, durant trois ou quatre jours, dans les cas graves, simule une véritable affection typhique. Le malade se plaint de fourmillements dans les membres et de douleurs sourdes dans la région de l'épine dorsale ; presque aussitôt, les membres deviennent paralysés, inertes.

La paralysie du mouvement persiste pendant plusieurs mois, absolue, complète ; une atrophie musculaire, plus ou moins intense, lui succède. Les membres sont flasques, inertes, amaigris. Dans un cas, cité par M. Charcot, les mouvements volontaires étaient presque impossibles ; d'un côté, tout se bornait à quelques légers mouvements des orteils.

Comme dans la paralysie infantile, la sensibilité cutanée reste indemne : jamais on n'observe de troubles durables de la mixtion, ni d'indices de formation d'escharres (1). Ce sont là, on le voit, les traits principaux de la paralysie infantile.

Après plusieurs mois, en général, ou après plusieurs années, les muscles recouvrent peu à peu en partie leurs fonctions : il semble que de nouvelles fibres musculaires renaissent, et la puissance du muscle progresse tellement, dans certains cas, que les malades peuvent bientôt se tenir debout et marcher. Il leur reste, cependant, des déformations paralytiques persistantes, tels que pieds-bots, genoux cagneux, déviations de la colonne vertébrale, du membre supérieur, etc....

Ces traits principaux de la maladie montrent bien qu'il s'agit encore ici d'une lésion *localisée* à l'appareil moteur de la moelle épinière.

C. Myélite aiguë centrale.

Il est une autre inflammation aiguë de la moelle, dans laquelle la lésion suit dans son développement l'axe gris central de la moelle épinière ; mais, elle se dispose sous forme de foyers disséminés et irréguliers. Le canal central, épendymaire, est le siège d'un catarrhe épithélial très-prononcé ; la

---

(1) Dans les myélites aiguës diffuses, ou généralisées, les escharres sont un phénomène, au contraire, très-vulgaire et se produisent avec une rapidité singulière en 4, 5, 6 et 7 jours.

substance grise avoisinante, aussi bien dans les cornes antérieures que dans les postérieures, les deux commissures sont envahies par le processus irritatif.

On l'appelle myélite aiguë centrale généralisée. Cette dernière qualification montre qu'il ne s'agit pas d'une affection localisée à un appareil organique, cellules nerveuses ou fibres nerveuses. Nous en parlerons brièvement cependant, parce qu'elle reste limitée aux contours du canal central, et qu'il importe pour notre cause d'énumérer les traits qui la distinguent des affections localisées réellement, c'est-à-dire localisées au triple point de vue anatomique, physiologique et pathologique.

C'est dans le centre du cordon médullaire, sur la substance grise que l'inflammation porte ses efforts; on en distingue plus nettement les deux substances; on rencontre çà et là des extravasats sanguins, et d'après M. Hayem, toutes les hématomyélies décrites par les auteurs ont pour cause originelle une inflammation aiguë avec ramollissement de la substance nerveuse (Th. Agg. 1872, *De l'Hématomyélie*).

Les symptômes de cette affection sont: de la fièvre, des troubles de la sensibilité, tels que picotements, fourmillements, etc... Après quelques jours survient un affaiblissement rapide de la motilité, et bientôt une paraplégie complète. L'excitation réflexe est bientôt annihilée. La vessie et le rectum sont paralysés. Enfin, apparaissent avec rapidité des atrophies musculaires, des escharres de la région sacrée, des troubles dans la sécrétion rénale, etc...

Parfois, l'inflammation aiguë de la moelle épinière (ou le ramollissement rouge, comme on disait autrefois) forme un foyer, qui n'occupe qu'une partie, en hauteur, de ce cordon nerveux. On dit alors qu'il s'agit d'une myélite aiguë localisée *en foyer*.

Elle s'étend le plus souvent transversalement; la substance blanche est aussi bien le siége de l'inflammation que la substance grise. C'est pour cette raison qu'on se sert quelquefois pour désigner ces affections des expressions : myélites aiguës transverses.

Il ne s'agit pas, à proprement parler, de maladies localisées; car, il est impossible, par l'étude des symptômes, de différencier *primitivement* les fonctions des divers faisceaux médullaires ou des groupes cellulaires. Mais, il est important de remarquer que, cependant, la symptomatologie est parfaitement en rapport avec l'étendue et le siége des lésions : ainsi, si les cornes antérieures sont atteintes, la paralysie musculaire est très-accusée, ainsi que l'atrophie qui lui succède ; des troubles de la sensibilité se manifestent dès que les cordons postérieurs sont envahis.

Il peut enfin survenir des troubles urinaires si la myélite transverse occupe primitivement la région lombaire, au niveau du centre génito-spinal de Budge, ou si l'inflammation qui tend à se propager avec une grande rapidité descend jusqu'à lui. C'est ce qu'on observe fréquemment dans les myélites aiguës transverses, qui succèdent aux traumatismes du rachis et de la moelle.

II. MYÉLITES CHRONIQUES.

La localisation des symptômes et des lésions peut s'établir d'une façon plus péremptoire lorsqu'il s'agit d'inflammations chroniques, dont on peut suivre en général les développements avec plus de facilité, et dont l'examen anatomique, après la mort, ne saurait laisser prise à aucun doute : telles sont les amyotrophies spinales chroniques.

Ces atrophies musculaires sont sous la dépendance d'une lésion de la substance grise de la moelle épinière, et plus particulièrement de la dégénérescence des cellules motrices des cornes antérieures.

Elles se développent, soit primitivement, soit consécutivement, par l'extension d'une lésion occupant les faisceaux blancs voisins.

Le type de l'atrophie musculaire spinale protopathique est l'atrophie musculaire progressive, telle qu'elle a été décrite d'abord par Duchenne et Aran, et bien étudiée depuis par M. Charcot dans ses Leçons cliniques sur les maladies du système nerveux.

Les amyotrophies spinales dentéropathiques sont le résultat de l'extension de la sclérose des cordons latéraux, de la pachyméningite spinale hypertrophique, de la sclérose de l'ataxie locomotrice, de la sclérose en plaques, de la sclérose consécutive aux compressions de la moelle dans le mal de Pott, le cancer vertébral ou les traumatismes rachidiens.

A. Atrophie musculaire progressive protopathique.

Le trait le plus saillant de cette affection consiste en ce qu'après des prodromes presque insensibles, on constate l'atrophie individuelle d'un muscle ou d'un groupe de muscles : nous disons individuelle, car les groupes de muscles voisins ont conservé leur relief normal.

Nous ne ferons qu'indiquer comment progressent les lésions. Souvent, les muscles de la main et plus particulièrement de l'éminence thénar sont atteints les premiers ; puis, certains muscles de l'avant-bras, du bras ou de l'épaule les suivent dans leur dégénérescence. La destruction a lieu ainsi muscle par muscle.

Elle peut aussi débuter par un groupe musculaire du membre inférieur, ou par les muscles du tronc. Elle y reste parfois confinée.

Si l'on cherche à se rendre compte de la marche de la lésion dans un seul muscle, on constate que la dégénérescence s'y fait fibre à fibre. A la diminution de volume du muscle se lie un certain degré d'affaiblissement des mouvements exécutés par le muscle. Lorsque dans un membre plusieurs groupes musculaires sont atteints, survient une paralysie du membre, mais qui n'est jamais aussi complète, aussi étendue que la paralysie flasque et inerte, qui succède aux affections cérébrales, dans lesquelles, du reste, on ne constate d'abord aucune atrophie musculaire.

Comme conséquence assez rapide de ces atrophies musculaires, nous devons signaler les déformations, les changements d'attitude des membres. Telles sont les différentes formes de griffes pour les mains, et de pieds-bots pour les pieds, etc.

Lorsque les muscles du tronc deviennent le siége de l'atrophie, que le diaphragme est détruit fibre à fibre ; les mouvements respiratoires se suspendent peu à peu, et la mort, elle-même, s'avance du même pas que la dégénérescence musculaire.

Quelle est donc, dans ces cas, la lésion observée? « La lésion, dont il s'agit, dit M. Charcot, porte nécessairement sur les grandes cellules motrices. La névroglie peut, elle aussi, être affectée, mais, en pareil cas, l'altération est systématiquement circonscrite dans les cornes grises antérieures ; les faisceaux blancs sont absolument respectés. » Les racines antérieures et les nerfs périphériques sont dégénérés consécutivement à la lésion de la substance grise. Selon M. Charcot, les muscles s'atrophient, parce que le travail irritatif, dont les cellules nerveuses sont le siége primitif, se transmet par la voie des racines nerveuses et des nerfs centrifuges jusqu'aux fibres musculaires, qui, sous cette influence, subissent une inflammation chronique lente, et enfin, une lipomatose interstitielle.

B. Amyotrophies denteropathiques.

L'atrophie musculaire chronique par lésion des cellules nerveuses motrices de la moelle épinière n'est pas toujours primitive : elle succède, comme nous l'avons dit, à la propagation d'autres inflammations de la moelle.

Nous la voyons, en effet, apparaître dans les scléroses des cordons latéraux, soit primitives, soit consécutives à une lésion cérébrale (dégénérescences descendantes), dans les scléroses consécutives à la pachyméningite spinale, dans les scléroses en plaques disséminées, dans les scléroses tabétiques, etc...

La condition indispensable, pour qu'elle survienne, c'est que l'inflammation chronique se soit étendue transversalement des méninges ou des cordons blancs jusqu'aux cornes antérieures de la moelle.

Cette corrélation constante entre l'atrophie musculaire et la lésion des cellules des cornes antérieures constitue une des localisations spinales les mieux établies, au point de vue anatomique et syptomatique.

Si, dans le sens physiologique, le mot localisation ne peut guère s'appliquer qu'aux centres ganglionnaires, aux groupes cellulaires du cerveau et de la moelle épinière, il ne saurait en être ainsi dans les cas pathologiques. Car, que les centres ou que les conducteurs qui en dérivent soient lésés, il y a nécessairement une parité presque complète dans les symptômes observés. Le clinicien a pour but principal un diagnostic. Nous allons démontrer que, dans certains cas de lésions médullaires, il peut reconnaître ceux des faisceaux blancs de la moelle qui sont affectés.

On appelle généralement lésions systématiques les altérations qui, dans le développement, suivent comme une voie toute tracée, et dont ils ne peuvent s'écarter sans que leur physionomie en soit modifiée, la direction des principaux faisceaux nerveux de la moelle épinière.

Les principales scléroses fasciculées, comme l'on dit encore, sont : la sclérose de l'ataxie locomotrice, la sclérose latérale amyotrophique, la dégénérescence descendante, le tabes dorsal spasmodique, etc.

A. Ataxie locomotrice.

L'histoire pathologique de l'ataxie locomotrice est des plus intéressantes au point de vue des localisations dans l'axe nerveux. Cette affection était connue des anciens sous le nom de tabes dorsal et confondue avec d'autres maladies. La première description magistrale est l'œuvre de Duchenne, de Boulogne, en 1858 ; c'était l'incoordination motrice qui paraissait alors le caractère principal presque exclusif de la maladie. Pour l'expliquer, les uns incriminaient le cerveau ou le cervelet ; les autres la moelle avec ou sans le concours des nerfs périphériques. D'autres enfin (Trousseau, était du nombre) ont soutenu que l'ataxie était une névrose. Et cependant, il s'agissait simplement d'aller au fond des choses. La lésion, dans les cas accusés, n'était pas de celles qui ne se rencontrent que sous l'objectif d'un instrument fortement grossissant. On n'est parvenu que tardivement à attribuer l'ataxie des mouvements à l'induration grise des cordons postérieurs de la moelle. On a ajouté peu à peu l'atrophie des racines postérieures, des nerfs optiques, des moteurs oculaires, du trijumeau et de l'hypoglosse.

L'étude de la moelle épinière, à l'aide de faibles grossissements, a bientôt permis une topographie plus exacte de la lésion et nous a donné des renseignements précis sur sa nature. C'est une des formes de l'inflammation chronique, c'est la sclérose ou induration grise des centres nerveux. Il y a hyperplasie des faisceaux de la névroglie et atrophie des éléments nerveux.

Enfin, MM. Charcot et Pierret nous ont fait connaître que le *foyer initial* était dans un endroit spécial des cordons postérieurs, occupait le faisceau radiculaire interne des racines postérieures. Cette sclérose du faisceau radiculaire est pour ainsi dire le trait caractéristique de l'ataxie locomotrice.

Voyons comment ces deux névrologistes ont pu atteindre ce degré de précision.

Les cordons postérieurs sont confinés entre les deux cornes postérieures ; le sillon médian postérieur les divise en cordon droit et cordon gauche. — Chacun de ces deux derniers se trouve encore divisé par un autre sillon moins profond que le médian en deux autres cordons ; l'interne est le cordon de Goll, l'externe est le cordon de Burdach, ou faisceau latéral des cordons postérieurs. Les filets des racines postérieures, en entrant dans la moelle, forment trois faisceaux ; l'un aborde la corne postérieure par son bord externe, l'autre entre directement dans son extrémité postérieure ; l'autre faisceau radiculaire interne décrit une courbe en dedans de la corne postérieure, et traverse la partie moyenne du faisceau latéral ; il pénètre la corne postérieure à son point de jonction avec la commissure, et ses filets divergents peuvent être suivis jusque dans les groupes cellulaires de la corne antérieure (Kœlliker).

Les recherches de Charcot et Pierret ont établi que l'inflammation chronique dans le tabes dorsal débute d'abord sur le trajet de ce faisceau. Les seuls symptômes observés sont alors les douleurs *fulgurantes ;* dès que l'inflammation s'étend un peu en dehors, l'incoordination motrice apparaît. La sclérose des cordons de Goll n'ajoute rien, que l'on sache, à la physionomie de la maladie : c'est, dit M. Charcot, un fait accessoire, aléatoire et vraisemblablement consécutif. Dans plusieurs cas, M. Pierret a constaté que cette inflammation avait fait défaut, et, malgré cela, la production des symptômes était complète.

On peut donc dire que la sclérose de la zone radiculaire des cordons postérieurs, ou du faisceau de Burdach, tient sous sa dépendance tous les faisceaux tabétiques : douleurs fulgurantes et incoordination motrice.

Comment interpréter cette localisation des lésions anatomiques en faveur d'une spécialisation physiologique ?

Les expérimentateurs ont obtenu les résultats suivants : la section des cordons postérieurs ne produit pas seulement l'anesthésie; d'après Schiff, elle détermine l'incoordination des mouvements par la perte de la sensibilité tactile. La destruction de la substance grise médullaire abolit sans retour la sensibilité.

Ces résultats sont confirmés par les localisations pathologiques du tabes dorsal ataxique. Ce que ne pourrait faire l'expérimentateur le plus habile, la maladie l'a réalisé : elle limite son action à certains groupes de cellules, à certains faisceaux de fibres.

D'un grand nombre d'observations très-complètes recueillies à l'école de la Salpêtrière, et de l'examen topographique minutieux des moelles des malades qui avaient succombé, on peut édifier les conclusions suivantes sur la corrélation des lésions et des symptômes. La sclérose débute le plus souvent par les faisceaux radiculaires internes;

la symptomatologie en est alors réduite aux *douleurs fulgurantes*. Si les tractus sclérosés s'étendent en dehors et en dedans, *l'incoordination motrice* s'ajoute. S'il existe une anesthésie très-prononcée, c'est que les cornes postérieures de la substance grise sont à leur tour envahies par les prismes pathologiques.

Que celle-ci, maintenant, progresse vers les cornes antérieures, et on verra alors survenir les atrophies musculaires et les troubles nutritifs si fréquents dans la dernière période du tabes dorsal ataxique, tels que *arthrites sèches*, et autres arthropathies, dégénérescence des os, fractures spontanées, etc....... Les symptômes parétiques ou paralytiques de la seconde période, avec ou sans contraction, répondent à l'envahissement de la partie postérieure des cordons latéraux.

Quelle explication des phénomènes observés peut fournir la lésion pathologique ?

Les douleurs fulgurantes sont le résultat de l'inflammation des filets radiculaires dans leur trajet intra-médullaire : elles sont analogues aux douleurs de la névrite chronique et sont l'effet de l'irritation de fibres conductrices de la sensibilité.

L'incoordination des mouvements, au début, ne saurait être attribuée à une lésion de l'appareil moteur, centres nerveux, faisceaux conducteurs ou muscles, puisque l'affection pathologique est d'abord limitée à une petite étendue du trajet des conducteurs sensibles. A cet égard, on peut émettre la théorie suivante :

Lorsque nous exécutons un mouvement volontaire, par exemple, la flexion de l'avant-bras sur le bras, nous modérons et nous dirigeons cette contraction, parce que *sciemment* ou *inconsciemment*, l'encéphale a notion du mouvement accompli.

Si les conducteurs sensibles chargés de l'avertissement du centre nerveux sont altérés, la vibration excitatrice éprouve un arrêt au niveau du point sclérosé, s'y accumule en tension; puis, le franchit tout d'un coup, et agit avec brusquerie sur le centre moteur médullaire ou cérébral. De là, la décharge violente de celui-ci, et la contraction inégale, incoordonnée des groupes musculaires qu'il anime.

Cette théorie devient plus probable encore, si l'on considère que, dès que le centre nerveux peut être averti par une autre voie sensible, parfaitement intacte, le mouvement s'exécute régulièrement, dans les groupes musculaires, où, tout à l'heure, il était désordonné. A cet égard l'histoire rapportée par Bell et si connue, de cette nourrice qui, atteinte d'une ataxie des mouvements des membres supérieurs, laissait choir son nourrisson dès qu'elle cessait d'avoir les yeux sur lui, est très-démonstrative. C'est pour la même raison que, si on masque les yeux d'un ataxique, l'incoordination du mouvement devient plus considérable : il est menacé d'une chute à chaque pas. Dans les formes communes de l'ataxie locomotrice, les nerfs optiques restent longtemps indemnes : par cette voie sensible, les centres nerveux avertis du mouvement peuvent le modérer, le diriger et prévenir toute incoordination (1).

Dès lors, l'étude anatomique des lésions de l'ataxie locomotrice révèle, selon nous, le trajet des fibres *sensibles*, qui *des muscles vont à l'encéphale*. Elles occupent la partie la plus externe des cordons postérieurs, puisque, d'après la description que nous avons faite précédemment, les troubles incoordinateurs n'apparaissent que lorsque la sclérose s'est étendue de ce côté. C'est à ces fibres (fibres radiculaires moyennes des racines postérieures) que nous donnerons le nom de faisceaux conducteurs du sens musculaire. A cet égard, nous ne croyons pas nécessaire de créer un sixième sens ; il existe des nerfs sensibles pour les muscles comme pour les autres portions du corps.

Résumons :

Les scléroses localisées des cordons postérieurs (tabes dorsal ataxique) nous révèlent dans ceux-ci au moins trois ordres de conducteurs : 1° les conducteurs sensibles du système cutané. Ce sont les filets radiculaires internes, dont l'in-

(1) Nous préférons, pour notre part, cette théorie, que nous avons émise à la Société de Biologie, à celle que le Dr Onïmus faisait connaître dans la même séance. Ce savant électropathe supposait que l'incoordination des muscles dans l'ataxie était due à une sorte de contracture ou de contracturie. Mais cet état des muscles n'existe pas réellement chez les ataxiques.

flammation produit les douleurs fulgurantes, douleurs surtout superficielles et occupant sous forme de plaques douloureuses la surface de la peau.

2° Les conducteurs sensibles du système musculaire (filets radiculaires moyens, situés en dehors des précédents, leur sclérose produit l'incoordination).

3° Les conducteurs correspondants aux cordons de Goll et formés probablement de fibres commissurales, établissant des communications verticales entre les diverses régions de la moelle. Leur rôle est encore inconnu, leur lésion semble ne rien ajouter à la physionomie générale des troubles ataxiques.

Il existe évidemment d'autres faisceaux et fibres ayant des fonctions spéciales ; dans les cordons postérieurs, les douleurs uréthrales, vésicales et rectales, les crises cardialgiques et gastriques des tabétiques, indiquent nettement que les fibres qui vont de l'appareil vésical, du rectum, du cœur et de l'estomac, etc., aux centres nerveux, sont le siége des irritations inflammatoires. L'examen microscopique révèlera peut-être un jour le trajet spécial de ces fibres nerveuses dans la moelle épinière.

Nous n'insisterons pas pour l'instant sur les phénomènes *céphaliques* du tabes dorsal (Th. de Pierret), tels que : douleurs fulgurantes de la face, amaurose, diplopie, etc. ; parce qu'elles sont sous la dépendance de lésions bulbaires. Leur étude sera mieux placée plus loin, à propos des localisations bulbaires.

Le diagnostic de l'ataxie locomotrice repose sur les deux éléments symptomatologiques, sur lesquels nous avons déjà souvent insisté : les douleurs fulgurantes et l'incoordination des mouvements. Les douleurs fulgurantes apparaissent dans d'autres myélites ; ainsi, dans la sclérose en plaques, la paralysie générale progressive spinale, et le mal de Pott : elles annoncent alors que la lésion médullaire a atteint transversalement les cordons postérieurs, et plus particulièrement, le faisceau radiculaire interne. L'incoordination motrice est toujours deutéropathique, dans ces affections, qui, du reste, se dévoilent aisément, dans les cas types, par leurs symptômes spéciaux.

B. Sclérose latérale amyotrophique.

La localisation pathologique dans les faisceaux blancs spinaux, qui mérite maintenant d'attirer notre attention est cette affection que M. Charcot a le premier décrite, et qu'il a désignée sous le nom de sclérose latérale amyotrophique (V. aussi la Thèse de Gombault, 1877).

C'est une inflammation chronique localisée dans les faisceaux latéraux de la moelle, comme elle l'était dans l'affection précédente, dans les cordons postérieurs.

Exposons successivement, au point de vue de l'étude de localisation, la nature des lésions, les principaux symptômes et les traits originaux qui permettent de séparer cette maladie des autres affections médullaires, en particulier, de l'atrophie musculaire progressive de Duchenne, de Boulogne.

Déjà, nous avons insisté, dans le chapitre des localisations anatomiques, sur la différenciation qui existe chez l'embryon, dans le développement des cordons latéraux de la moelle. Cette individualité, cette autonomie des faisceaux latéraux, déjà révélée chez le fœtus, s'accuse encore par l'étude des lésions pathologiques médullaires. En particulier, la sclérose latérale amyotrophique est une maladie qui leur demeure longtemps, pour ainsi dire, personnelle.

Dans les cas types, la lésion des faisceaux latéraux dans la sclérose amyotrophique de M. Charcot, existe seule, sans complications d'une lésion de la substance grise extérieure. Sur des coupes transversales de la moelle, la région envahie par la sclérose s'étend, le plus souvent, jusqu'au niveau de l'angle externe de la corne antérieure.

En arrière, elle confine à la corne postérieure. En dehors, elle est séparée de la couche corticale de la moelle par un tractus de substance blanche restée intacte.

Le trait le plus saillant des syndromes correspondant à cette lésion ainsi localisée, est une parésie des membres, des supérieurs, où la main présente une déformation spéciale, et des inférieurs surtout, *parésie accompagnée d'une contracture* souvent très-intense des muscles.

Si la sclérose latérale envahit ensuite les cornes antérieures, comme cela se voit souvent, les muscles contracturés subissent l'atrophie ; mais, elle est toujours secondaire, et modifie peu le tableau symptomatique.

Mais entrons dans les détails, d'après les types indiqués par M. Charcot.

Le plus souvent, la maladie débute par les membres supérieurs, dont la puissance motrice s'affaiblit rapidement, et qui ne tardent pas à offrir un certain degré d'émaciation, d'atrophie musculaire ; cette atrophie n'est pas limitée à certains muscles isolés. c'est une atrophie en masse. — Bientôt, le membre prend une attitude spéciale, sur laquelle M. Charcot a appelé l'attention et qu'il a figurée dans ses leçons sur les maladies du système nerveux : « Le bras est appliqué le long du corps et les muscles de l'épaule résistent quand on veut l'éloigner. L'avant-bras est demi-fléchi, et de plus, dans la pronation ; il n'est pas possible de l'amener dans la supination et dans l'extension sans employer une certaine force et sans provoquer de la douleur. Il en est de même du poignet, qui est souvent demi-fléchi, tandis que les doigts sont recroquevillés dans la paume de la main. » — La tête est fixée par la roideur des muscles du cou, et ils ne peuvent sans effort ou sans douleur la fléchir ou l'étendre, la tourner soit à droite, soit à gauche.

Dans une seconde période (cas types), après quelques fourmillements, quelques engourdissements, les membres inférieurs se prennent. Les muscles affaiblis ne peuvent soutenir le tronc ; la station devient impossible ; enfin, il y a une paraplégie. Celle-ci s'accompagne bientôt d'une contracture spasmodique des muscles privés de mouvements volontaires.

Cette rigidité des membres inférieurs est d'abord passagère et procède par accès. Si le malade essaye de se soulever, ses membres se roidissent à l'excès, et une trémulation ne tarde pas à survenir; puis, le symptôme devient permanent. « La rigidité musculaire persiste alors sans cesse et sans trêve, dit M. Charcot, dans les muscles fléchisseurs comme dans les extenseurs, bien qu'elle prédomine dans ces derniers. Il est difficile de provoquer de force la flexion des membres étendus et difficile aussi de provoquer l'extension des membres fléchis. D'habitude, à cette époque, si l'on redresse avec la main la pointe du pied étendu, on fait naître dans tout le membre une trémulation plus ou moins durable. »

Dans la troisième période, la sclérose monte vers la partie supérieure de l'axe nerveux, et le malade succombe à des phénomènes bulbaires sur lesquels nous reviendrons plus loin.

Quels sont donc maintenant les caractères qui distinguent cette maladie de l'atrophie musculaire progressive de Duchenne?

Ces attitudes forcées, ces rigidités des membres, ces contractures musculaires ne s'observent jamais dans l'atrophie de Duchenne. L'émaciation est générale et uniforme dans les membres, lorsqu'il s'agit de la sclérose amyotrophique ; elle est localisée, et à côté de groupes musculaires disparus, on en voit ayant tout leur relief dans l'atrophie musculaire progressive. Un autre trait qui distingue foncièrement la sclérose amyotrophique, c'est la rapidité relative de son évolution : la terminaison morbide survient en un an et dépasse rarement trois ans, tandis que chez les malades atteints d'atrophie musculaire progressive protopathique, la vie peut se prolonger huit, dix, quinze ans. Dans le premier cas, les quatre membres sont assez rapidement paralysés, en six mois à un an.

Cette paralysie, contracture de la sclérose latérale, correspond assez bien aux expériences des physiologistes sur les cordons latéraux. D'après les expériences de Brown-Sequard, l'hémi-section des cordons antérolatéraux de la moelle provoque une hémi-paralysie des membres du côté opposé. Ces cordons contiennent donc les filets moteurs médullaires. L'excitation inflammatoire exalte d'abord la fonction de ces cordons nerveux et contracture les muscles correspondants. Mais, en même temps, comme nous allons l'exposer ci-après, ces cordons contiennent les filets nerveux qui descendent du cerveau vers la moelle (filets psychomoteurs volontaires) ; ceux-ci ne tardent pas à être gênés dans leur fonctionnement, et il en résulte une paralysie du mouvement volontaire qui se joint à la contracture.

C. Dégénérescence descendante.

La lésion dans les dégénérescences descendantes occupe aussi le faisceau latéral de la moelle épinière. On sait que cette sclérose succède aux lésions des hémisphères cérébraux, des pédoncules et de la protubérance, qu'elle est située dans la moelle du côté opposé à la lésion cérébrale (Vulpian, Charcot et Bouchard). Mais, il est facile de reconnaître qu'elle n'a pas tout à fait le même siége, ni la même étendue dans les cordons latéraux que la sclérose latérale amyotrophique : elle constitue, comme l'a fait récemment observer M. Charcot, une nouvelle localisation pathologique dans l'axe spinal.

En effet, la dégénérescence secondaire des affections encéphaliques, dans le bulbe, intéresse toutes les fibres pyramidales ; mais, au niveau de la région cervicale, sur une coupe transverse, elle se présente sous l'aspect d'un triangle à bords nettement délimités, dont le sommet est dirigé en dedans vers l'angle qui sépare les cornes grises antérieures des postérieures, et dont la base, un peu arrondie, n'atteint jamais la grande circonférence de la moelle et de plus n'intéresse pas davantage le bord antéro-externe de la corne postérieure ; à la région dorsale la partie sclérosée prend sur la coupe une forme ovalaire ; à la région lombaire, c'est un petit triangle très-externe, dont la base confine à la pie-mère.

Dans la sclérose latérale primitive la lésion est plus diffuse et ses limites sont beaucoup plus étendues : elle tend à envahir le domaine des zones radiculaires antérieures, et, au dedans, elle touche à la corne postérieure.

En un mot, la sclérose latérale consécutive (dégénérescence descendante) n'affecte qu'une partie des fibres nerveuses, qui forment les faisceaux latéraux, à savoir : les fibres cérébro-spinales ; tandis que dans la sclérose latérale primitive, il y a envahissement du système spinal tout entier, correspondant non-seulement aux fibres cérébro-spinales, mais encore aux fibres propres qui commencent dans la moelle en s'y terminant, c'est-à-dire des fibres spinales proprement dites.

La symptomatologie de la sclérose descendante est en rapport avec cette nouvelle localisation pathologique, établie d'une façon plus nette et plus précise par la nature que ne l'eût pu faire l'instrument du plus habile expérimentateur. Elle consiste dans la persistance de la paralysie du mouvement volontaire, engendré primitivement par la destruction du centre nerveux.

L'atrophie musculaire rapide est exceptionnelle dans les dégénérescences secondaires ; dans les cas rares où elle a été observée, on constate d'après M. Charcot une propagation de l'inflammation aux cellules motrices de la corne antérieure. L'atrophie lente, c'est-à-dire apparaissant 5 à 6 mois après l'accident cérébral, est le fait de l'immobilisation prolongée des groupes musculaires et devient rarement aussi prononcée que dans les amyotrophies purement spinales.

En résumé : l'anatomie pathologique démontre qu'il existe dans les cordons latéraux au moins deux ordres de fibres nerveuses : un système de fibres *cérébro-spinales* ou psycho-motrices, et un système de fibres spinales proprement dites.

Dans la dégénérescence secondaire les premières sont seules lésées ; dans la sclérose primitive chronique, l'affection porte à la fois sur les fibres cérébro-spinales et sur les fibres spinales proprement dites : d'où la paralysie avec contracture.

D. Tabes dorsal spasmodique.

Cette maladie spinale n'a jusqu'à présent d'existence réelle que dans le domaine de la clinique : mais elle s'y présente avec des caractères assez tranchés pour que l'on puisse l'y distinguer de la sclérose latérale amyotrophique, de la myélite transverse vulgaire, de la myélite par compression et de la sclérose en plaques de forme spinale (V. la Thèse de J. Betous 1876).

Cette maladie débute en général par les membres inférieurs. D'abord, la marche est difficile le matin, au sortir du lit. Les malades se fatiguent vite, disent que leurs membres sont lourds, et qu'en marchant ils traînent la jambe. En même temps, les muscles sont fréquemment agités de spasmes. Au lit en particulier, les membres affectés sont souvent agités de spasmes contracturants : ils deviennent rigides comme une barre de fer. Sans cause appréciable, ils sont souvent pris d'une sorte de trépidation (trépidation spontanée), qui peut se communiquer au corps entier, ou qu'on provoque facilement, en relevant brusquement la pointe du pied avec la paume de la main.

Puis, les membres inférieurs deviennent de plus en plus rigides ; dans la marche, ils ne se détachent qu'à grand'peine du sol, auquel ils semblent fixés fortement, produisant dans leur mouvement un bruit de frottement, s'accrochant au moindre obstacle, s'embarrassant souvent l'un dans l'autre.

Lorsque l'affection se montre aux membres supérieurs, ceux-ci sont comme parétiques, inhabiles à saisir les objets. De temps en temps, les doigts se fléchissent dans la paume de la main. Plus tard, la flexion devient permanente, s'étend au poignet ; et enfin, les membres supérieurs devenus immobiles, rigides, sont plus ou moins fortement appliqués au côté du tronc.

Les masses sacro-lombaires et les muscles de l'abdomen peuvent être affectés. Alors le ventre est dur : il existe une ensellure lombaire très-prononcée.

Les caractères différentiels du tabes dorsal spasmodique et du tabes dorsal ataxique ont été clairement indiqués par M. Charcot dans ses leçons sur les maladies du système nerveux. Dans le premier, le système moteur est affecté tout d'abord ; il est parésié et contracturé. Dans le second, la maladie s'attache tout d'abord au système spinal sensitif (douleurs fulgurantes, plaques d'anesthésie et d'hyperesthésie, etc...).

La sensibilité reste constamment intacte dans le tabes spasmodique ; pas de douleurs fulgurantes, pas de fourmillement, pas de douleurs en ceinture, pas d'engourdissement. Les symptômes céphaliques (amaurose, paralysie des muscles des yeux), les troubles de la vessie et du rectum, les organes génitaux font défaut. Chez l'ataxique, les mouvements, à l'occasion des actes volontaires dans la station et surtout dans la marche, sont contradictoires, désordonnés, s'exagèrent lorsque le malade est dans l'obscurité. « Chez le malade atteint de tabes spasmodique, dit M. Charcot, on ne trouve pas les membres souples, flexibles à l'excès, parfois même comme disloqués, cette série intempérée de mouvements qui prête à la démarche de l'ataxique son cachet spécial, et par suite desquels les pieds, en quelque sorte projetés en avant et en dehors, retombent à chaque pas lourdement sur le sol. Ici, au contraire, les membres inférieurs rigides dans toutes leurs articulations, énergiquement appliqués l'un contre l'autre, ne peuvent se séparer qu'à la suite d'efforts où les muscles qui s'insèrent au bassin paraissent jouer le rôle principal et dans lesquels le tronc se renverse en arrière. Les pieds, pendant ce temps, ne se détachent qu'à grand'peine du sol auquel ils semblent fixés fortement, produisant dans leurs mouvements de progression un bruit de frottement, s'accrochant au moindre obstacle, s'embarrassant souvent l'un dans l'autre. Ils sont fréquemment, en outre, agités par la trépidation qui peut s'étendre vers la racine du membre, qui imprime même parfois à tout le corps une sorte de vibration. Le malade progresse ainsi, aidé d'une canne ou de béquille, lentement, péniblement. Mais l'allure, toutefois, est assez ferme, et, trait important à relater, contrairement à ce qui aurait lieu dans l'ataxie, elle n'est en rien modifiée par l'occlusion des yeux. »

Dans le tabes ataxique, les muscles ont conservé toute leur puissance, et les mouvements peuvent être énergiques, violents même ; mais ils ne peuvent plus être adaptés à l'exécution des actes physiologiques. Dans le tabes spasmodique, au contraire, ils sont affaiblis et devenus impotents par la contracture qui les maintient dans l'extension forcée et l'adduction, rendant impossible tout mouvement volontaire.

Le tabes spasmodique, comme la sclérose latérale amyotrophique, s'accompagne d'un état parétique des muscles des membres, de rigidité et de contracture, mais il s'en sépare par l'atrophie qui envahit dès le début les masses musculaires, par l'évolution plus rapide, par l'apparition, pour ainsi dire régulière, de symptômes bulbaires, qui terminent la scène.

Nous avons dit que le tabes spasmodique n'avait

pas encore sa lésion localisée dans les centres nerveux. Toutefois, M. Charcot incline à penser qu'il s'agit d'une sclérose des cordons postérieurs qui diffère de la sclérose latérale amyotrophique, en ce que jamais les cornées antérieures ne sont atteintes. C'est donc une nouvelle localisation spinale imminente. Nous avons cru devoir la signaler prématurément, en nous autorisant des prévisions si justifiées du savant névrologiste français.

E. Des affections diffuses de la moelle accessoirement localisées.

La symptomatologie des affections diffuses de la moelle épinière ne présente aucun fait qui puisse contrarier les résultats des localisations pathologiques. Si elle ne se spécialise pas, elle reste au moins en rapport avec les lois déjà précisées par les affections systématiques : elle n'est qu'une combinaison plus ou moins complète de syndromes isolés.

La *myélite transverse primitive*, étant une affection qui atteint la moelle épinière dans son épaisseur et dans une certaine étendue, il est explicable qu'elle offre, avec les deux formes du tabes dorsal, des symptômes communs. Elle occupe en effet plusieurs départements de la moelle : elle se traduit à la fois par des troubles de la sensibilité (sensations de froid, fourmillement) et par des troubles du mouvement (paralysie et flaccidité des membres inférieurs, impossibilité de la marche, rigidité d'abord temporaire, puis permanente, trépidations spontanées, incontinence d'urine, etc.). — Cependant le diagnostic des trois affections est possible : dans le tabes ataxique, on n'observe pas de roideur des membres, mais l'incoordination, et les muscles ont conservé leur résistance, rarement survient l'atrophie musculaire. — Le tabes spasmodique ne s'accompagne jamais de phénomènes douloureux, de troubles vésicaux, etc.

La *myélite par compression*, telle qu'on l'observe dans le mal de Pott, le cancer vertébral ou les tumeurs intra-rachidiennes, se révèle par une disposition distributive des symptômes différente de celle de la maladie précédente. — Le mal de Pott s'accuse le plus souvent par la déformation rachidienne ; les douleurs pseudo-névralgiques sont aussi son apanage. — Dans le cancer vertébral, on voit se développer une paraplégie avec hyperesthésie, atrocement douloureuse, par suite de la compression des paires rachidiennes par l'affaissement des vertèbres altérées. — Les tumeurs rachidiennes et de petit volume peuvent souvent se reconnaître, parce que les organes atteints ne le sont qu'incomplètement d'abord. Il existe une localisation des symptômes résultant, non de la systématisation des lésions de la moelle, mais de leur petite étendue.

La marche de ces affections a pour le clinicien exercé une physionomie spéciale, dont il nous est impossible d'entreprendre une description détaillée, puisque nous n'écrivons pas un traité de pathologie nerveuse.

La *sclérose en plaques disséminées* a une symptomatologie qui varie complètement avec le siége et la profondeur des ilots inflammatoires. Ceux-ci, en effet, peuvent intéresser toutes les régions de la moelle (cervicale, dorsale, lombaire); la plaque sclérosique envahit indistinctement les différents cordons, sans respecter les sillons, et portant aussi bien sur la substance grise que sur la substance blanche. Ces variations dans le siége, l'étendue et la profondeur des plaques scléreuses, expliquent d'une façon satisfaisante le caractère protéiforme de la maladie. C'est une affection polymorphe par excellence.

On sait que M. Charcot lui reconnaît trois formes principales : la forme céphalique, la forme spinale et la forme mixte ou cérébro-spinale.

Un des caractères les plus distinctifs de la sclérose en plaques spinales est le tremblement, si fidèlement décrit par M. Charcot, et qui diffère du tremblement de la paralysie agitante et de la paralysie générale, en ce qu'il ne se manifeste qu'à l'occasion de mouvements intentionnels d'une certaine étendue : par exemple, dans la marche, dans l'action de porter un verre d'eau à ses lèvres, etc. Il cesse d'exister lorsque les membres sont abandonnés à un repos complet. — Il diffère des mouvements désordonnés et bizarres de la chorée : dans la sclérose en plaques, la direction générale du mouvement persiste en dépit des obstacles occasionnés par les secousses du tremblement, secousses qui s'exagèrent à mesure que la main approche du but à atteindre (Charcot). Au contraire, dans la chorée la direction générale du mouvement est troublée dès l'origine par des mouvements absolument contradictoires, d'une étendue tout à fait disproportionnée, et qui font manquer le but. Dans la chorée, ce sont des gesticulations; dans la sclérose multiloculaire, des secousses rhythmiques, des oscillations. Dans l'ataxie locomotrice, ce sont des gestes mal appropriés, incoordonnés, et l'occlusion des yeux a toujours pour effet d'augmenter l'incoordination. Cependant, dans certaines observations de scléroses en plaques anormales, relatées par M. Charcot, on a constaté qu'il avait existé des crises de douleurs fulgurantes, des fourmillements dans les membres inférieurs, que les pieds pendant la marche étaient un peu projetés comme ceux des ataxiques, qu'il y avait titubation lorsque les yeux étaient fermés, en un mot presque toute la série des symptômes ataxiques. Mais, fait bien important au point de vue des localisations spinales, dans ces cas, on a toujours trouvé des plaques de sclérose localisées sur les cordons postérieurs de la moelle. — D'un autre côté, le diagnostic est aidé par les signes suivants, qui appartiennent à la sclérose en plaques : le tremblement des extrémités, l'embarras de la parole, et le nystagmus, signes que M. Charcot a dépeint avec une admirable vivacité de tons, qui les laissent indélébiles dans la mémoire.

Aussi, l'une des affections médullaires les plus diffuses et plus protéiques, étudiée et bien décrite depuis six ans seulement par MM. Charcot et Vulpian, n'a de symptômes qu'en vertu du siége des plaques de sclérose : les plaques des cordons postérieurs simulent l'ataxie : celles des cordons antérieurs reproduisent certains signes de la sclérose latérale ; et l'atrophie musculaire, si elle survient, indique que la corne antérieure est profondément atteinte. Cette sclérose ne donne lieu à des symptômes bulbaires, que si les ilots scléreux atteignent les nerfs du bulbe ou ses tractus profonds ; on observe de l'amblyopie si les nerfs optiques sont lésés, et l'embarras de la parole, de la déglutition, sont le résultat de l'inflammation des nerfs hypoglosse et glosso-pharyngien. — Il ne faut pas hésiter davantage à attribuer à la localisation des ilots scléreux sur les centres des hémisphères, l'aphasie et certains troubles intellectuels qui appartiennent d'ordinaire aux maladies mentales, tels que le délire des grandeurs, la lypémanie, le rire convulsif, etc....

En résumé, pour son compte personnel, la sclérose en plaques reproduit un grand nombre de symptômes localisés, observés séparément dans d'autres maladies cérébro-spinales : c'est précisément ce groupement insolite des troubles nerveux qui permet au clinicien d'entrer dans la voie du diagnostic.

Nous terminerons cette étude des symptômes localisés, présentés par les affections diffuses, en nous livrant à quelques considérations sur la pachyméningite cervicale. Cette affection consiste dans un épaississement inflammatoire de la dure-mère et de la pie-mère, qui se propage dans la moelle cervicale, en suivant les tractus conjonctifs de la pie-mère ; l'anneau sclérosique qui entoure extérieurement le cordon médullaire comprime les racines et le déforme plus ou moins complètement. Les troubles fonctionnels observés offrent deux périodes. La première est caractérisée par des douleurs cervicales, de la rigidité du cou, des fourmillements et des engourdissements, de la parésie et des spasmes musculaires dans le cou et les membres supérieurs. Dans la seconde période, on observe la paralysie des deux membres supérieurs qui s'atrophient, offrent des plaques d'anesthésie ; mais la contracture survient et la main présente une attitude spéciale que M. Charcot a représentée et qu'il désigne sous le nom de *main de prédicateur*.

Dans cette maladie, les progrès des symptômes présentent donc la filiation suivante des lésions et des symptômes : 1° douleurs par compression des racines sensibles et des cordons postérieurs ; 2° paralysie et contracture par action sur les cordons latéraux ; et enfin 3° atrophies, si les tractus conjonctifs envahissent la substance grise des cornes antérieures.

SYNTHÈSE

DES LOCALISATIONS PATHOLOGIQUES DANS LA MOELLE ÉPINIÈRE.

L'expérimentation physiologique nous avait éclairé sur le rôle spécial des cordons antérieurs et des racines de la moelle épinière qui président au mouvement; elle n'a pu préciser la participation réciproque des cordons postérieurs et de la substance grise dans la conduction des phénomènes sensibles.

L'anatomie pathologique tend à établir que les différenciations déjà visibles à l'examen direct, tels que cordons antérieurs, latéraux, postérieurs, faisceaux de Gall, cornes antérieures et postérieures, correspondent réellement à autant d'organes distincts doués de fonctions spéciales. « La lésion isolée de chacun de ces organes, dit M. Charcot, se révèle, durant la vie, par autant de composés symptomatiques particuliers, susceptibles d'être rattachés aujourd'hui par le diagnostic à leur origine organique. Ainsi se trouvent constituées, dans la pathologie spinale, un certain nombre d'affections élémentaires, dont la combinaison produit les formes compliquées. Celles-ci peuvent être, à leur tour, à l'aide de l'analyse clinique, décomposées en leurs éléments constitutifs.

Consultons, à cet égard, le plan topographique dressé par le savant maître, plan où se trouvent indiquées les régions de la moelle déjà explorées par les pathologistes.

Les faisceaux antéro-latéraux sont affectés dans la sclérose latérale symétrique et dans la sclérose descendante consécutive aux lésions des centres nerveux. Le siège des lésions nous montre la voie parcourue dans le cordon médullaire par les fibres psycho-motrices et par les fibres spinales proprement dites. La lésion des fibres cérébrales s'annonce par la paralysie des mouvements volontaires, et celle des fibres spinales par de la contracture et de la trépidation.

Dans les cordons postérieurs, la pathologie nous a révélé aussi deux faisceaux distincts : le faisceau de Gall, dont la fonction reste inconnue, et le faisceau latéral externe ou faisceau de Burdach, dont la sclérose engendre les douleurs fulgurantes et l'incoordination des mouvements.

Pour ce qui est de la substance grise, on ignore les effets d'une lésion isolée des commissures. Lorsque les causes postérieures sont altérées, il existe une anesthésie cutanée plus ou moins prononcée dans les parties situées du côté de la lésion. Il est aujourd'hui bien établi que l'atrophie des cornes antérieures, ou plus précisément de leurs grandes cellules motrices, engendre une amyotrophie, rapide dans la paralysie infantile, lente et progressive dans l'amiotrophie spinale protopathique, etc.

LOCALISATIONS PATHOLOGIQUES DANS LE BULBE RACHIDIEN.

Le bulbe rachidien est un centre d'innervation et un organe de transmission. Il est le point de départ des nerfs des organes céphaliques, comme l'est la moelle épinière des organes des membres et du tronc. Il préside aux fonctions de la circulation et de la respiration.

La centralisation anatomique est, chez lui, plus accusée que dans la moelle épinière ; nous avons pu indiquer exactement le siége et la disposition des ganglions nerveux ou noyaux de cellules, qui sont les origines réelles de ses troncs nerveux. Au point de vue anatomique, il n'existe pas de différences essentielles entre la substance grise du bulbe et celle de la moelle épinière ; le canal central, en se dilatant en infundibulum au niveau du ventricule bulbaire, écarte la substance grise, et c'est pour cette raison que les noyaux de cellules sont étalés et dispersés sur le plancher de ce ventricule. Cette évasation du canal épendymaire se faisant surtout à la partie postérieure où il s'entr'ouvre, les cornes antérieures restent rapprochées de la ligne médiane, mais les cornes postérieures en sont très-écartées. C'est pour cela que les noyaux moteurs du bulbe sont voisins du sillon vertical ; ils sont étagés de bas en haut dans l'ordre suivant : spinal, hypoglosse, facial inférieur, facial supérieur et moteur externe, et tout à fait en haut, moteur oculaire commun et pathétique. Les noyaux des nerfs sensitifs sont, au contraire, reportés sur les côtés, vers les bords et les angles latéraux du losange bulbaire, tels le pneumo-gastrique et le glosso-pharyngien, qui forment la colonne des nerfs mixtes des auteurs allemands, et les nerfs trijumeaux, dont les noyaux sont imposants par leur volume et occupent toute la hauteur du bulbe.

Le bulbe, comme organe de transmission, contient d'abord les mêmes fibres nerveuses que la moelle, c'est-à-dire des fibres sensitives correspondant aux corps restiformes, des fibres motrices spinales proprement dites et des fibres cérébro-spinales. A la partie supérieure, au niveau du bord inférieur de la protubérance viennent se surajouter les fibres cérébelleuses. Les fibres cérébro-spinales ou psycho-motrices forment un faisceau parfaitement distinct : ce sont les pyramides antérieures. Parmi les parties surajoutées encore, il faut citer les corps olivaires et leurs faisceaux propres, dont le rôle est encore inconnu.

Cette analogie anatomique du bulbe et de la moelle nous permet de comprendre comment les lésions localisées de la substance grise, et les lésions systématiques des cordons blancs peuvent s'observer dans les deux organes, soit qu'elles se développent primitivement dans le bulbe, soit qu'elles s'y propagent secondairement. Toutefois, en raison de son volume plus considérable et de sa vascularisation, le bulbe peut encore être le siége de lésions en foyer hémorrhagiques ou nécrobiotiques susceptibles d'analyse.

Lésions localisées dans les noyaux bulbaires.

Les lésions bulbaires localisées dans les noyaux de la substance grise donnent constamment lieu ; soit à un groupe de symptômes (syndrômes) qu'on peut qualifier de céphaliques, soit à des troubles cardiaques et respiratoires.

Parmi les symptômes céphaliques, les mieux connus sont ceux qui dépendent de lésions des noyaux inférieurs du plancher du quatrième ventricule, spinal, hypoglosse, facial inférieur : leur ensemble constitue le syndrôme désigné en clinique sous le nom de paralysies labio-glossolaryngées.

Il en existe deux variétés principales, bien étudiées par Hallopeau dans sa thèse d'agrégation (1875).

La première variété a été décrite par Duchenne, de Boulogne, en 1860. « Elle consiste essentiellement dans une affection paralytique qui envahit successivement les muscles de la langue, du voile du palais et l'orbiculaire des lèvres, qui produit conséquemment des troubles progressifs dans l'articulation des mots et dans la déglutition qui, à une période avancée, se complique de troubles dans la respiration, dans laquelle enfin les sujets succombent à l'impossibilité de s'alimenter ou pendant une syncope. » Nous renvoyons, pour la description détaillée des symptômes, à l'excellente monographie d'Hallopeau. Les muscles paralysés sont ceux de la face, moins ceux de sa partie supérieure, et en particulier l'orbiculaire des paupières qui, d'après Duchenne, ne sont jamais atteints, les muscles masticateurs, les muscles de la langue, du larynx et du pharynx. Dans ce cas, le groupe des noyaux bulbaires, qui occupent l'angle inférieur du plancher du quatrième ventricule, sont, d'après les recherches de MM. Charcot et Joffroy, le siége d'une atrophie manifeste : toutes les cellules ont subi la dégénérescence pigmentaire. Ces noyaux sont les centres ganglionnaires des nerfs qui animent les muscles des parties que nous venons de désigner.

Ainsi l'atrophie des noyaux du spinal, de l'hypoglosse et du facial inférieur, donne lieu au syndrome, paralysie labio-glosso-laryngée. C'est donc là une localisation des plus précises.

Les physiologistes, en particulier Flourens et Vulpian, avaient démontré que si, chez un animal, on enlève par tranches successives les hémisphères cérébraux et la protubérance, la mastication et la déglutition restent indemnes ; ces fonctions sont anéanties, dès que la partie inférieure du bulbe est détruite. La localisation pathologique est donc venue confirmer et préciser les résultats de l'expérimentation.

Tout le monde connaît les belles expériences de Flourens sur le nœud vital. Si l'on plonge un scalpel au niveau du V de substance grise du plancher du 4° ventricule, c'est-à-dire au niveau des noyaux pneumo-gastriques, les mouvements respiratoires s'arrêtent subitement, et l'animal tombe mort, comme foudroyé.

Budge et Valler nous ont appris aussi que le bulbe exerce une action modératrice sur les mouvements du cœur.

Dans les maladies progressives du bulbe, dans la paralysie labio-glosso-laryngée en particulier, la lésion pathologique s'étend peu à peu aux noyaux pneumo-gastriques, que dans ces conditions on trouve altérés, produit des accès d'étouffements ou des séries de syncopes dont la durée et la gravité vont croissant, et auxquels le malade ne tarde pas à succomber.

Très-rarement la paralysie affecte les muscles supérieurs de la face. Hallopeau en cite seulement deux exemples : 1° le cas de Wachsmulth où le malade avait toute la face paralysée, elle était lisse, sans rides et immobile, et la paupière inférieure elle-même était paralysée ; 2° une observation de M. Hérard. Outre les symptômes classiques de la paralysie lobio-glosso-laryngée, la malade présentait une chute complète de la paupière supérieure et un affaiblissement de la vue. — Il est probable que dans ces cas, l'examen anatomique eût démontré que la dégénérescence s'étendait jusqu'au noyau supérieur du facial.

Nous venons de décrire la maladie de Duchenne dans toute sa pureté. La seconde forme de paralysie labio-glosso-laryngée, ou forme *bulbo-spinale*, n'est que l'atrophie musculaire progressive (amyotrophie spinale protopathique), commençant à se développer par le bulbe et descendant dans la moelle, ou au contraire occupant d'abord la partie supérieure de la moelle cervicale pour remonter au bulbe.

Les deux caractères principaux qui distinguent cette forme de la précédente, c'est : 1° qu'il existe toujours des atrophies musculaires très-prononcées ; 2° que ces atrophies et la paralysie qui en sont la conséquence ne restent pas limitées aux organes animés par les nerfs de la partie inférieure du bulbe. Lorsqu'elles succèdent aux symptômes bulbaires, ces paralysies commencent à se manifester d'abord dans les muscles du cou et dans les muscles les plus élevés des membres supérieurs, indiquant ainsi la marche progressive et descendante de la maladie.

Lorsque l'affection est ascendante, elle débute d'abord par les extrémités sous forme d'atrophie musculaire progressive ; ce n'est qu'au bout d'un certain temps que la prononciation des mots s'embarrasse, que la déglutition devient gênée et que l'on voit se développer tous les symptômes de la paralysie labio-glosso-laryngée.

Quelle que soit la marche de l'affection, les dégénérescences cellulaires descendent du bulbe vers la moelle ou remontent de la moelle vers le bulbe, comme les autopsies faites par MM. Charcot, Geoffray et Gombault ont permis de le constater.

Cette filiation des lésions bulbo-médullaires démontre d'une façon péremptoire la parenté des cellules des cornes antérieures de la moelle, et des cellules des noyaux moteurs du bulbe. — Cette seconde forme de paralysie labio-glosso-laryngée et l'amyotrophie spinale protopathique sont donc une seule et même maladie.

Le bulbe supérieur correspondant au facial supérieur et aux noyaux moteurs des yeux peut, sans aucun doute, être le siége de lésions localisées dans ses divers groupes cellulaires. On pourrait expliquer ainsi certaines paralysies limitées aux paupières, certains strabismes paralytiques, etc..... Mais, jusqu'à présent, il n'existe à cet égard aucun fait positif.

Existe-t-il des localisations pathologiques dans les noyaux des nerfs mixtes et sensitifs ? Ces nerfs sont les pneumogastriques, les glossopharyngiens et les trijumeaux ; on les appelle ainsi, parce qu'ils contiennent quelques filets moteurs associés aux filets sensitifs. Mathias Duval paraît avoir démontré récemment qu'à la racine sensitive de chacun de ces nerfs, dans son trajet intrabulbaire, vient se rendre un faisceau récurrent de fibres motrices provenant de petits noyaux moteurs isolés des noyaux sensitifs et situés en avant d'eux, près de la colonne des cellules motrices.

Le nerf trijumeau présente une disposition analogue ; son noyau sensitif, très-volumineux, est situé sur les côtés du plancher du quatrième ventricule et en occupe presque toute la hauteur. La racine nerveuse qui en émerge monte verticalement le long du bord antérieur du noyau et se recourbe en crosse, pour sortir vers le milieu de la partie latérale de la protubérance ; au sommet de la courbure, une racine motrice plus petite (nerf masticateur), venant d'un noyau moteur situé plus en avant et près de la ligne médiane, se joint à elle.

Nous ne connaissons pas jusqu'à présent de syndrome pathologique correspondant à une lésion isolée des noyaux sensitifs, ou des nucléoles moteurs des nerfs mixtes. Nous avons signalé la participation des noyaux du pneumogastrique et et du glossopharyngien à la paralysie de Duchenne.

Dans une communication récente à l'Académie des sciences, M. le docteur Pierret, professeur à la Faculté de Lyon, a démontré que la lésion du noyau du trijumeau était fréquente dans l'ataxie locomotrice, lorsque celle-ci présente des symptômes céphaliques, c'est-à-dire lorsqu'elle s'accompagne de douleurs fulgurantes dans la face, d'amblyopie et d'amaurose. Dans ces cas, la sclérose des cordons postérieurs remonte dans le bulbe, en suivant les corps restiformes, et vient aboutir dans le noyau du trijumeau, où elle détermine les désordres de l'inflammation chronique. Dans certaines observations recueillies par Pierret, les premiers symptômes du mal tabétique avaient été un affaiblissement des fonctions oculaires, du nystagnus, la perception d'images lumineuses et des douleurs fulgurantes dans la face. Les phénomènes d'incoordination et les douleurs fulgurantes des membres étaient apparus beaucoup plus tardivement. Le tabes dorsal ataxique est donc une maladie de l'appareil sensitif. Celui-ci se compose : 1° des cordons postérieurs et de certains groupes cellulaires des régions dorsale et cervicale de la moelle (noyaux vésiculaires de Clarke), des cornes postérieures dans la moelle, des corps restiformes et des noyaux du trijumeau dans le bulbe ; il est tout entier le siége d'une inflammation chronique dans le tabes dorsal ataxique ayant acquis son complet développement.

On peut croire enfin que le temps est proche où l'on connaîtra d'autres affections localisées dans les noyaux des nerfs auditifs : divers troubles de l'ouïe ont déjà été signalés dans l'ataxie locomotrice d'origine céphalique.

Les olives bulbaires ont été trouvées atrophiées par Pierret dans certaines observations d'aphasie d'origine bulbaire, et aussi conjointement avec les corps rhomboïdaux du cervelet, dans certains cas d'incoordination du mouvement caractérisé par des mouvements de manége et une tendance à la rétrogression.

Lésions systématisées aux fibres blanches du bulbe.

Les scléroses de l'encéphale et de la moelle

occupent assez fréquemment les organes de transmission du bulbe, c'est-à-dire les faisceaux de fibres blanches ascendants et descendants.

Ceux-ci peuvent aussi être lésés isolément ou simultanément dans certaines scléroses bulbo-médullaires : nous voulons parler de la sclérose en plaques et de la pachyméningite cervicale.

a.) *Sclérose latérale amyotrophique.* — Les symptômes bulbaires se surajoutent aux symptômes spinaux dans la plupart des cas de sclérose amyotrophique : ils en constituent la seconde phase ou période, et ils terminent la scène pathologique. Ils consistent dans une parésie de la langue et des lèvres amenant l'embarras de la parole, le rictus facial, la gêne de la déglutition, et la mort survient par des troubles respiratoires et cardiaques (accès de suffocation, syncopes) : c'est la reproduction du syndrome bulbaire commun, paralysie labio-glosso-laryngée.

Les lésions sont : 1° une dégénérescence des cellules qui forment les noyaux du bulbe inférieur; 2° une sclérose des pyramides : la lésion inflammatoire chronique abandonne les parties latérales de la moelle pour venir en avant ; 3° des atrophies musculaires très-accusées dans les lèvres, la langue, le voile du palais et le pharynx.

b.) *La sclérose en plaques,* lorsqu'elle offre des ilots bulbaires, reproduit facilement encore le syndrome paralysie labio-glosso-laryngée, par un mode facile à concevoir.

c.) La *dégénérescence descendante* des foyers hémorrhagiques ou nécrobiotiques de l'encéphale occupe les pyramides antérieures. Elle peut donner lieu à des symptômes bulbaires, par retentissement sur les noyaux moteurs.

d.) Certaines *affections diffuses* de la moelle peuvent déterminer par propagation des troubles bulbaires : telles sont la pachyméningite cervicale hypertrophique, la paralysie générale des aliénés. Mais ce ne sont plus là des lésions localisées.

Lésions en foyer localisées dans le bulbe.

Le bulbe paraît être rarement le siége de lésions en foyer; ou tout au moins ne trouve-t-on dans la science qu'un très-petit nombre de cas où on y ait constaté une hémorrhagie ou un ramollissement. Pour découvrir un foyer bulbaire, il faut mettre un soin dans les recherches qu'on n'apporte pas toujours dans les autopsies. Mais il existe une catégorie de lésions bulbaires dont nous devons l'explication aux travaux sur la circulation des centres nerveux.

On connaissait en observations cliniques des cas de paralysie labio-glosso-laryngée, à *début subit*, s'accompagnant souvent de paralysie dans les membres.

C'est tantôt le matin, en se levant, tantôt à propos d'un mouvement violent, que, sans perdre connaissance, sans attaque apoplectique, le malade s'aperçoit avec effroi qu'il a perdu l'usage de la parole; parfois, en même temps, il constate que ses bras ou une de ses jambes sont engourdis, comme paralysés ; s'il essaye de boire ou de prendre quelques aliments, il ne peut le faire qu'avec difficulté, car les lèvres, la langue et les mâchoires refusent d'accomplir leurs fonctions, la partie supérieure de la face est respectée. Il se produit ensuite une amélioration sensible, qui, dans quelques cas, peut être définitive, mais qui est suivie le plus souvent d'une récidive entraînant la mort du malade.

A l'autopsie, on trouve un caillot oblitérant le tronc d'une ou des deux vertébrales dans les deux ou trois centimètres qui précèdent leur jonction pour former le tronc basilaire. Voici l'explication anatomique et physiologique donnée par nous : les spinales antérieures naissent des vertébrales au niveau du caillot oblitérant ; le sang ne peut plus les pénétrer, il en résulte une anémie brusque des noyaux du bulbe inférieur (hypoglosse spinal, facial inférieur) auxquels les artères envoient leurs branches nutritives (artères médianes ou des noyaux du bulbe). Ce mode pathogénique explique le début soudain de l'attaque de paralysie labio-glosso-pharyngée, et aussi l'amélioration momentanée qui lui succède.

Si le caillot embolique remonte plus haut, ou si

un trombus se forme dans la partie inférieure du tronc basilaire, c'est la mort subite, la mort sans phrase. De ce point partent les artères nutritives des noyaux du pneumogastrique. M. Hayem a réuni dix observations de morts subites causées par ces oblitérations basilaires.

Enfin, le caillot occupe-t-il la partie supérieure du tronc basilaire, qu'on observe des paralysies dans la partie supérieure de la face, ou dans les yeux; car c'est là le lieu d'origine des artères nourricières des noyaux du facial supérieur et des moteurs des yeux.

Ces paralysies bulbaires par embolus ou thromboses vasculaires s'accompagnent toujours d'un certain degré de paralysie et d'anesthésie dans un des membres, dans les deux membres du côté opposé, ou même dans les quatre membres. En effet, non-seulement les noyaux bulbaires sont anémiés, mais encore les faisceaux moteurs ou sensitifs du bulbe, dont les artérioles nutritives se trouvent du même coup plus ou moins oblitérées.

Ces localisations en foyer dans le bulbe sont purement accidentelles; elles ne succèdent pas à un excès de fonctionnement de l'organe comme les myélites systématiques : mais il était utile d'en établir un classement régulier et d'en faire le diagnostic.

Lésions traumatiques localisées dans le bulbe.

Un coup violent sur le crâne, une chute sur la

tête peuvent donner la mort instantanément. Pourquoi ? Ce n'est pas la lésion crânienne qui suffit à expliquer la mort; ce n'est pas même une lésion limitée des hémisphères cérébraux, puisque chez les animaux, on peut soumettre aux procédés de destruction les plus divers les lobes cérébraux sans que la mort survienne si brusquement. Ne connaissons-nous pas d'ailleurs, chez l'homme, des lésions étendues des hémisphères qui lui laissent un certain temps l'existence ?

Dans une seule région des centres nerveux, un traumatisme si petit qu'il soit, une simple dilacération avec la pointe d'un instrument aigu, tuent d'un coup : c'est dans le bulbe, au niveau du nœud vital ou des noyaux pneumo-gastriques. Nous venons de démontrer, dans notre travail sur les Traumatismes cérébraux, que les chocs sur le crâne ont un retentissement bulbaire des plus prononcés : lorsque la mort est rapide, brusque, subite, on constate souvent chez les animaux la production de petits foyers hémorrhagiques au niveau du V de substance grise du quatrième ventricule. Nous avons recueilli récemment trois ou quatre observations de mort subite chez l'homme à la suite de coups ou de chocs sur le crâne, dans lesquelles on a trouvé le plancher bulbaire déchiré par des foyers hémorrhagiques : la mort avait été instantanée.

Le retentissement bulbaire n'a pas toujours cette extrême gravité : on trouve souvent de petits foyers hémorrhagiques localisés dans les noyaux de l'hypoglosse, du facial, ou plus haut, dans les noyaux des moteurs des yeux : ces lésions permettent de comprendre certains troubles de la phonation et de la déglutition, certaines aphasies, certains troubles oculaires (strabisme), qui surviennent parfois aux traumatismes crâniens.

La thèse d'Hallopeau renferme une intéressante observation de paralysie labio-glosso-pharyngée à la suite d'un traumatisme sur la tête.

Du reste, les exemples de symptômes de lésions purement bulbaires à la suite de traumatismes sur le crâne ne sont pas très-rares dans la science. Nous espérons le montrer prochainement.

Des lésions bulbaires ayant déterminé des troubles viscéraux.

Nous nous contenterons d'indiquer simplement qu'il existe des faits pathologiques intéressants, dans lesquels on a constaté, à la suite de lésions bulbaires (hémorrhagies, ramollissements, scléroses, atrophies, traumatismes, tumeurs syphilitiques ou autres), des symptômes de troubles viscéraux tout à fait en rapport avec les expériences des physiologistes sur les fonctions du bulbe.

Ainsi, les lésions pathologiques du plancher du quatrième ventricule peuvent produire la polyurie, l'albuminurie, le diabète, que les piqûres expérimentales du même organe faites par Claude Bernard ont déterminés d'une manière si constante. Ces lésions agissent probablement sur les origines des nerfs pneumogastriques qui, comme on le sait, ont des rameaux qui accompagnent les vaisseaux du foie et des reins, ou plus directement sur les centres vaso-moteurs du bulbe, et produisent des congestions viscérales. Mais comme, jusqu'à présent, il n'existe pas de faits pathologiques indiquant clairement les ganglions bulbaires qui puissent être plus spécialement incriminés, nous n'insisterons pas sur ces observations que le pathologiste ne doit pas ignorer et qui peuvent éclairer son diagnostic, mais qui sont plutôt du ressort de la pathologie expérimentale.

Il en sera de même des modifications de la température succédant aux lésions bulbaires : aussi bien en physiologie qu'en pathologie, le siége exact des centres thermiques du bulbe n'est pas encore précisé.

SYNTHÈSE

DES LOCALISATIONS PATHOLOGIQUES DANS LE BULBE.

Les origines réelles des nerfs bulbaires, surtout de ceux qui naissent de la partie inférieure du bulbe, sont connues, et les symptômes produits par leurs lésions se révèlent assez facilement à l'observateur attentif. Ici donc la pathologie est venue confirmer les localisations révélées par de patientes recherches anatomiques. Il y a dix ou quinze ans, on était encore, à cet égard, dans une profonde ignorance.

Il nous reste à préciser quelques détails, tels que la situation exacte des petits noyaux moteurs des nerfs mixtes.

Le syndrome bulbaire principal est la paralysie labio-glosso-laryngée. Peut-être, dans un avenir prochain, sera-t-il nécessaire de créer au moins deux autres syndromes : le syndrome pneumo-cardiaque et le syndrome oculo-facial.

La physiologie pathologique des fibres bulbaires est moins avancée. Il existe dans cet organe au moins trois variétés principales de conducteurs nerveux : 1° les racines des nerfs ; 2° les conducteurs qui rallient l'axe rachidien aux ganglions cérébraux ; 3° les conducteurs qui transmettent aux noyaux bulbaires les impressions parties de l'encéphale.

Les lésions des fibres radiculaires déterminent des paralysies analogues à celles qui succèdent aux affections des noyaux correspondants, et elles siégent du même côté. Les racines nerveuses ont le plus souvent un trajet horizontal et direct, dans l'épaisseur du bulbe, vers leur noyau ventriculaire. Le trijumeau et le facial ont des racines longuement descendantes : il en résulte qu'une lésion sise loin de leurs noyaux peut déterminer une paralysie localisée à la sphère d'action de ces nerfs. Les paralysies de ce groupe portent aussi sur les mouvements réflexes et sont souvent compliquées d'atrophie musculaire.

Lorsque les conducteurs cérébro-spinaux ou phycho-moteurs (ils occupent les pyramides principalement) sont atteints, les mouvements volontaires sont seuls supprimés dans le tronc et les membres : la face peut, dans certains cas, être indemne. Généralement ces paralysies sont croisées.

Si les conducteurs cérébro-bulbaires sont seuls lésés, les paralysies observées doivent porter exclusivement sur les mouvements volontaires des groupes musculaires animés par les nerfs bulbaires : les mouvements réflexes persistent, puisque dans les cas supposés la racine et le noyau ne sont pas altérés. Ainsi, la persistance des mouvements réflexes dans la face et les yeux, après une paralysie, indique que la lésion est située entre les noyaux bulbaires et les hémisphères cérébraux.

Enfin, il existe des fibres commissurales entre les divers noyaux bulbaires : leur lésion isolée doit détruire leur synergie fonctionnelle (clignement des paupières, mouvements de conjugaison des globes oculaires, etc.). Les observations pathologiques n'ont pas encore indiqué le siége précis de ces deux ordres de lésions bulbaires.

Les anesthésies d'origine bulbaire obéissent aux mêmes lois que les paralysies : les fibres sensitives paraissent occuper les fibres latérales du bulbe et répondre aux corps rectiformes. Toutefois, nous manquons encore de renseignements bien précis sur le résultat des altérations qui les atteignent isolément.

DES LOCALISATIONS PATHOLOGIQUES DANS LA PROTUBÉRANCE.

Nos notions anatomiques sur la disposition des fibres et des ganglions nerveux dans la protubérance sont très-incomplètes, au moins en ce qui concerne les faits tombés dans le domaine vulgaire et capables d'être utilisés pour le diagnostic clinique.

La substance grise forme une bande quadrilatère principale, située à la partie postérieure et correspondant au plancher du quatrième ventricule : elle est formée, en cette région, par les noyaux les plus élevés des nerfs crâniens (facial supérieur et jumeau, moteur oculaire externe); en haut, elle entoure comme d'une gaîne l'aqueduc de Sylvius et contient les noyaux des nerfs moteur commun et pathétique. Mais il existe bien d'autres petits ilots de cellules nerveuses disséminés, dont l'étude topographique n'a pas été faite.

Au point où émergent les pédoncules apparaît et se développe peu à peu le *Locus niger* de Sœmmering, autre centre nerveux ayant probablement une haute importance, mais dont le rôle est complètement inconnu.

Les fibres nerveuses de la protubérance forment des faisceaux verticaux et des faisceaux horizontaux. Ces derniers constituent ce qu'on appelle, à proprement parler, le pont de Varole; ils occupent la superficie de la face antérieure de la protubérance, et paraissent être un simple épanouissement des fibres des pédoncules cérébelleux moyens. Quelques-uns de ces faisceaux transversaux passent dans l'épaisseur de la protubérance entre les faisceaux de fibres verticales. Les faits cliniques et les expériences physiologiques ne nous ont pas encore révélé le rôle spécial de ces fibres cérébello-protubérantielles. Cependant, d'après M. Hillairet, leur lésion donnerait lieu à une sorte d'ataxie des mouvements, à de la titubation dans la marche.

Les autres fibres horizontales sont pour la plupart antéro-postérieures et légèrement obliques; parmi elles se trouvent les racines des nerfs.

Les faisceaux verticaux forment deux groupes : les uns médians et antérieurs, divisés en fascicules secondaires, contiennent les fibres qui se rendent dans les pyramides, c'est-à-dire les fibres motrices volontaires; les autres sont latéraux et postérieurs, ce sont les fibres centripètes ou sensitives, qui se dirigent de la moelle et du bulbe vers les ganglions encéphaliques. M. Couty a fait récemment le relevé de vingt-sept observations de lésions mésocéphaliques, desquelles il tire la conclusion suivante en rapport avec ces données anatomiques :

que les troubles sensitifs sont plus fréquents dans les lésions des couches postérieures de la protubérance ; [tandis que les lésions antérieures et médianes déterminent plutôt des troubles moteurs.

Deux symptômes importants permettent de reconnaître, dans quelques cas, que la protubérance est plus spécialement victime d'une lésion pathologique : 1° l'hémiplégie ou l'hémianesthésie alternes ; 2° les troubles sensoriels de l'ouïe et du goût.

L'hémiplégie ou l'hémianesthésie alternes, depuis les travaux de M. Gubler, est considérée comme un signe de lésions protubérantielles. En effet, dans ces conditions, le nerf crânien (facial ou trijumeau) est intéressé dans sa portion spinale, c'est-à-dire avant qu'il ait abordé son noyau central, si c'est un nerf centripète, ou qu'il s'en soit éloigné, s'il s'agit d'un nerf moteur ; la paralysie siégera donc du côté de la lésion ; mais les faisceaux des fibres volontaires, qui descendent de l'encéphale et vont aux membres, s'entrecroisent au niveau des pyramides : les organes seront donc frappés du côté opposé à la lésion. On observera, par exemple, une hémiplégie droite de la face avec une hémiplégie gauche des membres.

Le Dr Sigerson, dans un mémoire récent (Dublin, *Méd. journ.*, p. 77, février 1878), a décrit deux autres variétés de paralysies alternes : 1° les paralysies alternes doubles, complètes, en forme d'X ; les deux côtés de la face et les deux côtés du corps sont paralysés ; 2° les paralysies alternes doubles, incomplètes ; en forme de V, les deux côtés de la face seuls étant affectés ; ou en forme d'Y, les deux côtés du corps et un côté de la face paralysés ; ou enfin en forme de λ (lambda), un seul côté de la face et les deux côtés du corps paralysés.

Le second caractère différentiel des lésions de la protubérance est celui de la coexistence avec les paralysies ou les anesthésies, des troubles du goût et de l'ouïe. Les racines des nerfs auditif et glossopharyngien traversent, en effet, la protubérance et sont souvent atteints par les foyers pathologiques qui se forment dans l'épaisseur de cet organe. L'hémianesthésie de cause cérébrale proprement dite, c'est-à-dire causée par une lésion occupant les hémisphères cérébraux, s'accompagne de perte de la vue et de l'odorat, aussi bien que des autres organes des sens. Si la lésion occupe la protubérance et le bulbe, la vue et l'odorat sont épargnés ; l'ouïe et le goût sont seuls altérés : c'est donc là un élément de diagnostic important des lésions protubérantielles.

S'il s'agit d'une lésion en foyer et qu'elle soit située au voisinage de la ligne médiane de la protubérance, les troubles observés occuperont les deux côtés opposés du corps à la face et aux membres ; mais les paralysies et les anesthésies observées seront généralement incomplètes.

Enfin, point important, on n'observe pas, dans

les lésions protubérantielles, de troubles intellectuels proprement dits.

En résumé, si l'on veut avoir une idée nette et précise des symptômes présentés par les lésions localisées de la protubérance (nous nous occupons surtout des lésions en foyer), il faut supposer cet organe divisé par trois plans perpendiculaires et considérer successivement ces lésions par rapport à chacun d'eux : 1° un plan vertical, médian antéro-postérieur ; 2° un plan horizontal ou équatorial passant au niveau des origines apparentes des nerfs trijumeaux ; 3° un plan transversal et vertical, perpendiculaire sur le milieu du plan équatorial.

A.) — Les lésions situées d'un côté du plan médian antéro-postérieur, et assez étendues pour occuper toute cette moitié de la protubérance, donnent lieu à des troubles dimidiés du côté opposé du corps et de la face, si elles siégent au-dessus du plan équatorial ; si elles siégent au-dessous de ce plan et dans les mêmes conditions d'étendue, elles déterminent une hémiplégie et une hémianesthésie alternes ; car c'est seulement au-dessous du plan équatorial que se trouvent les racines et les noyaux du trijumeau et du facial et qu'ils subissent leur entrecroisement. Elles peuvent aussi, si elles sont très-bas, s'accompagner de partie de l'ouïe et du goût, pour les mêmes raisons.

Si les lésions hémilatérales de la protubérance

sont peu étendues, elles peuvent donner lieu *seulement* à une hémiplégie, si elles sont en avant ; ou *seulement* à une hémianesthésie, si elles sont en arrière au niveau du faisceau des fibres sensitives.

B.) — Les lésions situées au-dessus du plan équatorial et d'un côté, produisent soit l'hémiplégie du côté opposé, si elles atteignent seulement les faisceaux moteurs. Elles peuvent produire, de plus, une paralysie alterne du nerf pathétique et du moteur oculaire commun, qui ont leurs racines et leurs noyaux dans cette région supérieure.

Si elles sont en arrière, au niveau des faisceaux sensitifs, elles déterminent uniquement une hémianesthésie, parce que les conducteurs sensibles sont atteints.

Au-dessous du plan équatorial, les lésions diminuées qui occupent toute une moitié de la protubérance produisent l'hémiplégie et l'hémianesthésie *alternes*. Si la lésion est plus petite et antérieure, on aura *seulement* une hémiplégie alterne ; si elle est en arrière, ce sera une hémianesthésie alterne.

C). — En avant du plan vertical et *transversal* perpendiculaire au plan équatorial, les lésions engendrent plutôt des troubles moteurs, parce que c'est le lieu de passage des faisceaux moteurs ; en arrière, elles peuvent atteindre les fibres sensitives et les noyaux bulbaires correspondants (facial, trijumeau, auditif, glosso-pharyngien, etc.).

D). — Les lésions qui siégent sur la ligne médiane et s'étendent des deux côtés engendrent des troubles occupant plus spécialement ou moins complètement les deux côtés du corps, c'est-à-dire que les paralysies et les anesthésies observées sont distribuées inégalement à droite et à gauche.

DES LOCALISATIONS PATHOLOGIQUES DANS LES PÉDONCULES CÉRÉBRAUX.

(EN DEHORS DES HÉMISPHÈRES).

On peut résumer en un petit nombre de propositions les symptômes essentiels au diagnostic des lésions localisées dans les pédoncules cérébraux avant leur épanouissement dans les hémisphères.

Lorsqu'un foyer pathétique occupe la partie antérieure d'un pédoncule cérébral, il est rare qu'il n'atteigne pas, soit directement, soit par compression, la racine de la troisième paire. Dans ces conditions, on observera une paralysie alterne de la troisième paire et une hémiplégie du côté opposé de tout le corps.

Les lésions uni latérales, *mais plus postérieures,* du pédoncule peuvent donner lieu à une paralysie alterne du moteur commun avec hémianesthésie du côté opposé de la face et des membres; car là passe le faisceau *sensitif* bulbo-médullaire. Ajoutons enfin que la bandelette optique et la racine du pathétique entourent en ce point le pédoncule, et que leur lésion pourra aussi se révéler par des signes spéciaux : hémiopie, paralysie du grand oblique de l'œil, etc.

Nous verrons plus loin que la lésion de la partie postérieure et supérieure du pédoncule, du *tegmentum cruris*, a, *immédiatement* en arrière de la couche optique, déterminé un nouveau syndrome : l'hémichorée.

Enfin, les affections pédonculaires s'accompagnent parfois de troubles incoordinateurs.

Jamais on n'observe de phénomènes anormaux du côté des fonctions de l'intellect.

DES LOCALISATIONS PATHOLOGIQUES DANS LES HÉMISPHÈRES CÉRÉBRAUX.

Les lésions localisées des hémisphères cérébraux donnent-elles lieu à des symptômes spéciaux, localisés à certains organes, et qui permettent d'en établir le diagnostic pendant la vie du malade ?.
Telle est la question à l'ordre du jour.
On n'attend pas qu'ayant à traiter un aussi vaste sujet, nous faisions ici œuvre de polémique : nous exposerons seulement les faits les plus solidement acquis. Les critiques peuvent s'exercer contre une doctrine physiologique : mais quand il s'agit de faits cliniques, accumulés dans le but de vérifier cette doctrine, il suffit, pour l'édification scientifique, de constater que les observations ont la signification qu'on leur prête. Réunies en nombre, et groupées avec ordre, elles acquerreront sans doute dans l'avenir force de loi.
Pour ce qui est du choix des observations et de la sévérité de la méthode, nous pouvons dire hautement que rarement l'étude d'une question pathologique a été entourée de plus de garanties que celles qui sont offertes par l'École de la Salpêtrière, où, M. le professeur Charcot en tête, se

groupent les champions de la doctrine des localisations cérébrales. Il suffit de parcourir ces observations pour voir avec quels soins sont analysés les troubles présentés par le malade du côté de la motilité, de la sensibilité, des organes des sens, etc... A l'autopsie, les lésions sont non-seulement décrites avec précision, mais encore indiquées sur des plans topographiques du cerveau, préparés d'avance, et, pour les plus importantes, dessinées d'après nature. Par cette méthode précise, on a pu obtenir une représentation de lésions localisées qui se superposent et confirment les précédentes, ou qui se juxtaposent, et restreignent de plus en plus les terres inconnues de la géographie cérébrale.

Il est important dans le choix des observations de ne placer que sur un rang secondaire les affections irritatives, c'est-à-dire les lésions inflammatoires ou les lésions à foyers multiples : elles ont, les premières, une action à distance, qui peut jeter hors de la voie l'observateur le plus consciencieux. Les lésions les mieux localisées sont le plus souvent les foyers d'hémorrhagie ou de ramollissement nécrobiotique peu étendus et à contours nettement limités.

Pour faire la guerre à la doctrine des localisations, il est irrationnel de se servir d'observations anciennes, comme le faisait récemment Brown-Sequard à la société de biologie. Les auteurs qui les ont recueillies peuvent être très-recommandables ; mais leur esprit d'investigation n'ayant pas été dirigé vers le but de la localisation, a pu négliger des faits qu'ils regardaient comme secondaires, et qui, dans l'espèce, pouvaient être l'objet d'interprétations importantes.

Nous étudierons les lésions localisées successivement : 1° dans la substance blanche des hémisphères cérébraux ; 2° dans la substance grise, c'est-à-dire dans les conducteurs nerveux et dans les groupes cellulaires. Nous avons déjà employé la même méthode d'exposition pour l'axe rachidien.

Des lésions localisées dans la substance blanche des hémisphères cérébraux.

Dans la substance blanche des hémisphères cérébraux, les faisceaux nerveux les mieux connus dans leur trajet et dans leur rôle physiologique sont ceux qui sont constitués par l'épanouissement des pédoncules cérébraux.

On se souvient, sans doute, que ces pédoncules, en arrivant à la base des hémisphères, s'élargissent d'avant en arrière et s'ouvrent au centre de la masse nerveuse en un vaste éventail dont les rayons antérieurs vont aux lobes frontaux, dont les rayons moyens s'arrêtent aux lobes pariétaux, tandis que les rayons postérieurs se rendent en s'infléchissant en arrière vers les lobes occipitaux et que les inférieurs se recourbent en bas et en dehors vers les lobes temporo-sphénoïdaux.

Les expérimentations de Carville et Duret ont

démontré que la section des fibres moyennes et antérieures, au moment où, constituant la capsule interne, elles passent entre le noyau caudé et le noyau lenticulaire, produit chez les animaux une hémiplégie complète de la face et des membres.

Les mêmes expérimentateurs et Veyssières ont aussi établi qu'une lésion analogue, faite sur la partie postérieure de l'expansion pédonculaire, au niveau de la couche optique, causait une hémianesthésie complète, sensitive et sensorielle du côté opposé.

Le Dr Raymond, ayant détruit les fibres blanches des pédoncules, fibres qui, situées derrière l'extrémité postérieure de la couche optique (dans le *tegmentum cruris*), semblent se continuer en arrière avec les pédoncules cérébelleux supérieurs et communiquer en avant avec le ganglion cérébral, aurait observé chez les animaux des secousses involontaires et des mouvements des pattes simulant l'hémichorée consécutive à certaines lésions cérébrales.

Les observations recueillies chez l'homme par MM. Charcot, Raymond et Veyssières, confirment pleinement les résultats expérimentaux.

Exposons donc successivement les conditions pathogéniques de ces trois groupes de lésions de la capsule interne : hémiplégie, hémianesthésie, hémichorée.

A. De l'hémiplégie cérébrale d'origine centrale et de sa lésion.

Les caractères cliniques de cette hémiplégie sont les suivants : 1° c'est une paralysie des mouvements volontaires de toute la moitié opposée du corps, c'est-à-dire de la face, de l'œil, de la langue, du cou, du tronc du membre supérieur et de l'inférieur ; 2° elle est intense, définitive et incurable ; 3° elle est suivie presque constamment d'une dégénérescence descendante, dont la contracture tardive des parties paralysées est un des signes les plus fréquents.

Elle se distingue des hémiplégies, dont l'origine est dans une lésion corticale, en ce que celles-ci sont rarement aussi étendues et aussi complètes ; jamais, dans les dernières, la flaccidité des membres n'est aussi prononcée, et il est rare qu'une amélioration ou une diminution des symptômes ne se produise pas après quelques jours.

La lésion consiste, le plus souvent, dans un foyer hémorrhagique, dont le volume est très-variable, mais dont le siége est constant. Il occupe la partie antérieure de la capsule interne, entre le noyau caudé et le noyau lenticulaire. Sur une section transversale des hémisphères pratiquée à quelques millimètres en avant du chiasma des nerfs optiques, ce foyer est facilement étudié et reconnu avec tous ses rapports anatomiques les plus intéressants.

Il est le résultat de la rupture d'une des artérioles que nous avons désignées sous le nom d'artères lenticulo-striées. Ces vaisseaux naissent des deux premiers centimètres de la sylvienne, au niveau de l'espace perforé antérieur, contournent la face extérieure du noyau lenticulaire en montant dans la capsule externe, puis traversent la capsule interne à sa partie supérieure et se distribuent dans le noyau caudé.

Lorsque la rupture artérielle a lieu dans la capsule externe, ce qui n'est pas rare, le foyer est situé entre la face externe du noyau lenticulaire et l'insula de Reil ; l'avant-mur est détruit. Il survient, dans ces cas, une hémiplégie très-complète au début, mais qui, par suite de la résorption du caillot, peut s'améliorer et même guérir complètement, comme M. Charcot en a rapporté de nombreux exemples.

On trouve alors une cicatrice plus ou moins linéaire du foyer cérébral, située entre l'avant-mur et le noyau lenticulaire occupant la capsule *externe*.

Ces hémiplégies guérissent, parce que les fibres psycho-motrices qui occupent la capsule *interne* sont seulement comprimées par le caillot sanguin et ne sont pas détruites.

Ainsi, nous pouvons le dire dès à présent, il existe trois variétés d'hémiplégies d'origine cérébrale, dont la gravité et l'étendue sont bien différentes :

1° Les hémiplégies corticales, sur lesquelles nous reviendrons plus loin ;

2° Les hémiplégies centrales de la capsule interne ;

3° Les hémiplégies centrales de la capsule externe.

Si l'on veut vérifier les faits que nous venons d'énoncer, il suffira de parcourir les nombreuses observations de M. Charcot, citées par nous, dans notre mémoire sur la circulation cérébrale.

Une embolie des artères lenticulo-striées peut déterminer un ramollissement de la partie antérieure de la capsule interne, qui s'annonce, comme le foyer hémorrhagique, par une hémiplégie complète. Nous en avons rapporté des exemples dans son travail.

B. De l'hémianesthésie cérébrale d'origine centrale et de sa lésion.

L'histoire de l'hémianesthésie de cause cérébrale est utile à bien connaître.

Naguères, on admettait généralement en France, d'après les expériences de M. Vulpian, que, dans la protubérance, se trouve le centre général des impressions sensitives, le *sensorium commune*. Et, de fait, les observations cliniques semblaient confirmer la doctrine du grand physiologiste : une anesthésie presque complète accompagne certaines lésions de la protubérance. Cependant, jamais, dans ces cas, on n'observe de paralysie de la vue et de l'odorat : c'est l'hémianesthésie mésocéphalique décrite plus haut, dont on est témoin : le tractus général des fibres sensitives se trouve plus ou moins détruit.

Todd et Carpenter, au contraire, considéraient la couche optique comme le siége du *sensorium commune*. A l'appui de leur opinion, en 1859, Turk apporta quatre observations de la lésion de la couche optique ou voisine de celle-ci, ayant produit une hémianesthésie complète du côté opposé du corps.

En 1872, dans ses leçons à la Salpêtrière, M. Charcot comparait aux phénomènes observés dans les lésions de Turk l'hémianesthésie si complète des hystériques décrite d'abord par Briquet. Il émit le premier l'idée que le faisceau des fibres blanches de la capsule interne, situées en dehors de la couche optique, était un confluent de toutes les fibres sensitives du corps humain.

En 1874 parurent les recherches de Carville et Duret, reproduisant expérimentalement chez les animaux cette hémianesthésie, par la section directe de la partie postérieure de la capsule interne. La thèse de Veyssières, la même année, renfermait dix observations chez l'homme, où ces troubles de la sensibilité avaient été constatés.

Depuis, nombre de faits de ce genre ont été observés et communiqués aux sociétés savantes.

M. Charcot, dans ses leçons, a enfin édifié définitivement la doctrine de l'hémianesthésie de cause cérébrale, dans les lésions de la partie postérieure de la capsule interne.

Exposons donc les caractères cliniques de cette hémianesthésie, son diagnostic, et précisons la nature et le siége des lésions qui en sont l'origine.

Après une attaque d'apoplexie, dans laquelle les mouvements volontaires ont été plus ou moins complètement abolis du côté opposé au foyer pathologique, on constate une diminution de cette paralysie motrice ; mais, en même temps, on s'aperçoit que la sensibilité est complètement éteinte. Du côté de la paralysie, cette perte de la sensibilité est le plus souvent définitive.

Si on procède à l'analyse de l'état des différentes parties du corps, on constate que l'hémianesthésie est exactement diminuée, qu'elle est à peu près aussi complète à la face, au tronc, qu'aux membres supérieurs et inférieurs ;

Qu'elle porte à la fois sur le tact, la sensibilité à la douleur et la température ;

Que le goût, l'ouïe, l'odorat et la vue, d'un seul côté, sont presque totalement abolis ;

Que les parties profondes elles-mêmes sont atteintes, et que, comme l'a fait remarquer M. Magnan, les muscles réagissent sous l'électricité, sans que le malade en ait conscience.

Quelle est donc la lésion trouvée dans les autopsies ?

Une hémorrhagie ou un ramollissement occupant la partie postérieure de la capsule interne, entre la couche optique et le noyau lenticulaire.

Et, pour qu'on ne puisse soupçonner le ganglion cérébral d'être seul capable de produire cette anesthésie, nous ajouterons que, dans un cas cité par Raymond (thèse inaugurale sur l'hémianesthésie cérébrale), chez une femme ayant présenté une hémianesthésie complète, on trouva à l'autopsie un foyer hémorrhagique linéaire, situé en arrière et en dehors de la queue du corps strié et coupant transversalement la capsule interne ; la couche optique était absolument saine. La lésion avait donc toute la précision désirable et avait produit des troubles tout à fait comparables à ceux des expériences de Carville et Duret, de Veyssières.

Ces lésions sont le résultat d'une rupture ou d'une oblitération du groupe artériel que nous avons décrites sous le nom d'artères lenticulo-optiques. Ces artères viennent aussi de la sylvienne dans l'espace perforé, se dirigent en arrière, contournent le noyau lenticulaire, traversent la capsule *interne* et vont se perdre dans la couche optique.

Si le foyer est petit et se fait dans la capsule externe, les fibres sensitives ne sont pas détruites : l'hémianesthésie est seulement le résultat de la compression de la capsule *interne*. Dans ces conditions, ces hémianesthésies sont moins prononcées, quoique aussi générales, et sont susceptibles d'amélioration et même de guérison complète.

Ces faits sont acquis dès à présent à la science ; comment expliquer une hémianesthésie aussi généralisée ?

Le faisceau des fibres sensitives de la moelle occupe les côtés de la protubérance ; là, recueille les fibres qui unissent le noyau du trijumeau, de l'auditif et des nerfs du goût, à l'encéphale ; on peut suivre le parcours de ce faisceau sur les côtés du pédoncule cérébral, puis on le voit former, en s'épanouissant un peu, la partie postérieure de la capsule interne. Comment viennent s'y joindre les fibres sensorielles des organes de la vision et de l'olfaction? En d'autres termes, il nous faut expliquer pourquoi, dans les lésions de la partie postérieure de la capsule interne, il existe une *amblyopie* et une anosmie.

L'explication du mécanisme de l'amblyopie est d'autant plus important à rechercher que jusqu'à présent, d'après la théorie de Græfe (1860), on a admis qu'une lésion circonscrite dans un hémisphère produisait, non pas l'ambliopie de l'œil opposé, mais l'hémiopie latérale homologue, c'est-à-dire qu'une lésion de l'hémisphère gauche entraînerait la suppression ou l'obscurcissement de la moitié gauche du champ visuel.

Voyons d'abord quels sont les caractères de l'amblyopie observée dans les lésions de la capsule interne ; nous l'expliquerons ensuite.

Ils peuvent ainsi se résumer : 1° diminution ou abolition de la vue dans l'œil correspondant au côté anesthésié, c'est-à-dire du côté opposé à la lésion de la capsule interne ; 2° absence de lésions du fond de l'œil visibles à l'ophthalmoscope ; 3° acuité visuelle diminuée de moitié ou davantage; 4° rétrécissement concentrique et général du champ visuel; 5° diminution dans le pouvoir pour la perception des couleurs. Le malade ne perçoit plus le violet, qui a le champ le moins étendu, quelquefois même le vert, puis le rouge et enfin l'oranger. Le jaune et le bleu persistent les plus longtemps, mais peuvent même disparaître. A ce degré extrême, tous les objets paraissent au malade de la couleur d'une aquarelle à la sépia (Charcot et Landolt).

Voici maintenant l'explication anatomique de cette amblyopie si nettement accusée. Elle a été fournie par M. Charcot dans ses leçons sur les localisations cérébrales.

L'hémiopie se rencontre dans les lésions de la bandelette optique et est le résultat de la demi-décussation des nerfs optiques au niveau du chiasma (Théorie de Newton).

Mais les fibres qui ne sont pas entre-croisées au niveau du chiasma s'entre-croisent à leur tour, d'après la théorie proposée par M. Charcot, entre les corps genouillés et les tubercules quadrijumeaux : de sorte, qu'en définitive, chacun des hémisphères cérébraux reçoit toutes les fibres visuelles de l'œil du côté opposé. Ces fibres vont d'abord dans le corps genouillé; puis, d'après les recherches de Gratiolet et les travaux plus récents de Meynert, passent sous la couche optique et vont se joindre en dehors et en arrière de celle-ci au faisceau commun des fibres sensitives, faisceau qui occupe, comme nous l'avons déjà dit, la partie postérieure de la capsule interne.

Il en serait de même des fibres cérébro-olfactives. D'après Meynert, les fibres du nerf olfactif se recourbent en arrière avec les faisceaux de la commissure blanche antérieure, passent sous les ganglions cérébraux et viennent définitivement s'unir, comme les fibres optiques de Gratiolet, au faisceau commun.

En résumé, les études des anatomistes les plus compétents établissent que dans la partie postérieure de la capsule interne se concentrent *toutes* les fibres sensitives et sensorielles d'une moitié du corps humain. Où vont-elles ensuite ? Sans doute dans les lobes temporo-sphénoïdaux ou décipitaux : mais ce point n'est pas encore suffisamment éclairci.

Quoi qu'il en soit, il est, dès lors, facile de comprendre qu'une lésion de la partie postérieure de la capsule *interne* produise une hémianesthésie *complète* (sensibilité et organe des sens) du côté opposé du corps.

Les hémianesthésies centrales se distinguent des hémianesthésies mésocéphaliques par l'existence de troubles de la vision et de l'olfaction, qui, pour des raisons anatomiques déjà signalées, ne se rencontrent pas dans ces dernières.

G. De l'hémichorée cérébrale et de sa lésion de l'athéthose.

L'hémichorée est un tremblement comparable

à celui de la chorée chez les enfants, qui survient cinq à six mois après l'attaque apoplectique et occupe le côté paralysé.

Dans quelques cas, elle apparaît avant l'attaque, de telle sorte qu'il faut distinguer l'hémichorée post-hémiplégique et l'hémichorée pré-hémiplégique.

Ce tremblement a été découvert par Weir Mitchell (1874), mais étudié surtout par MM. Charcot et Raymond, qui en ont montré toute la valeur séméiologique.

Il débute, le plus souvent, par le membre supérieur, et de là gagne la face, et souvent descend aux membres inférieurs. Il se manifeste seulement quand le malade exécute des mouvements volontaires. Ainsi, dans l'action de porter un verre à la bouche, le bras est saisi de mouvements rhythmiques très-étendus, et l'eau est projetée de toutes parts. Dans la marche, le corps tout entier est agité de secousses qui résultent de ce que des mouvements successifs de flexion et d'extension brusque se produisent involontairement dans le genou et dans l'articulation du cou-de-pied; le bras est immobile, s'il est fortement appliqué le long du corps ou fourré dans une poche.

A l'état de repos, il y a souvent un état d'instabilité des membres affectés; ils sont agités de petits mouvements involontaires : la main et le pied sont incessamment agités de secousses brusques, inattendues.

L'athéthose décrite par Hammond (1871) n'est,

20

d'après M. Charcot, qu'une variété probable de chorée post-hémiplégique. Cette affection, d'après l'observateur américain, serait caractérisée par un mouvement incessant des doigts et des orteils, et par l'impossibilité de maintenir ces parties dans la position, quelle qu'elle soit, où on cherche à les fixer.

Quelle est donc la lésion de l'hémichorée post-hémiplégique? Le Dr Raymond, dans sa remarquable thèse inaugurale, a recueilli une dizaine d'observations très-complètes, où la lésion a toujours consisté en un foyer d'hémorrhagie ou de ramollissement, situé en arrière de la couche optique, dans la partie la plus reculée de la capsule interne. Cette lésion a un siége très-voisin de celle de l'hémianesthésie cérébrale, et de fait, les malades atteints d'hémichorée sont fréquemment aussi des hémianesthésiques.

Nous pensons, pour notre part, que ce n'est pas précisément sur la partie postérieure de l'expansion pédonculaire qu'est réellement située la lésion : elle occupe les faisceaux nerveux superficiels du *tegmentum cruris*, qui semblent être la continuation des fibres du pédoncule cérébelleux supérieur.

La description des hémichorées pré-hémiplégiques a été donnée par MM. Rendu et Gombault dans leur intéressant mémoire de la *Revue des sciences médicales :*

« Les malades sont atteints à plusieurs reprises de faiblesses et d'étourdissements qui peuvent entraîner des chutes. Après un de ces étourdissements, on remarque que la marche devient à la fois hésitante et désordonnée, en même temps que le membre supérieur est agité de mouvements choréiformes. Ces phénomènes peuvent durer plusieurs jours; après quoi, soit graduellement, soit brusquement, à la suite d'une nouvelle attaque, l'hémiplégie motrice survient comme après une hémorrhagie cérébrale vulgaire. »

DES LOCALISATIONS PATHOLOGIQUES DANS LA SUBSTANCE GRISE CÉRÉBRALE.

Jusqu'en ces derniers temps, lorsqu'à la suite d'une attaque apoplectique un malade était frappé de paralysie d'un côté, on s'était contenté de dire qu'il avait une lésion de l'hémisphère du côté opposé. Trousseau avait tenté d'établir le diagnostic entre l'embolie de la sylvienne et l'hémorrhagie. On avait enfin essayé de trouver, dans la succession des troubles présentés par le malade, des éléments pour reconnaître une hémorrhagie d'un ramollissement.

On était un peu maintenu dans cette indifférence complète pour un diagnostic plus précis par les doctrines physiologiques régnantes, qui considéraient les hémisphères cérébraux comme inexcitables et comme des organes où toutes les fonctions étaient confondues : idéations, mouvements volontaires ou sensations se dispersaient sans méthode au sein de la masse nerveuse. Ces puissances de l'intellect étaient frappées tantôt isolément, tantôt en commun ; on ne savait pourquoi : on ne le cherchait même pas. Si quelque clinicien, à l'aide d'observations recueillies avec soin, tentait de pénétrer dans ce chaos, de relever au moins quelques coïncidences des signes et des lésions, on ensevelissait ses essais sous une montagne de faits contradictoires recueillis et analysés avec plus ou moins de logique.

Une des tentatives de ce genre, fortement battue en brèche, a survécu cependant, et c'est le premier exemple que nous possédions d'une localisation corticale : c'est la localisation de Broca (1861), la troisième circonvolution frontale est le centre du langage articulé. Nous y reviendrons plus loin.

Aujourd'hui, des expériences physiologiques nouvelles ont révélé que cette inexcitabilité de l'écorce grise n'était pas absolue. Comme nous l'avons déjà exposé, Hitzig et Ferrier ont décrit, à la surface des hémisphères, une région dont l'excitation électrique détermine dans les membres et la face des mouvements semblables aux mouvements volontaires. Carville et Duret ont reconnu que l'extirpation de ces centres moteurs, chez les animaux, produisait une paralysie de la motricité volontaire, au moins pendant quelques jours.

L'œuvre des pathologistes était dès lors indiquée : rechercher si les lésions des régions comparables chez l'homme pouvaient donner lieu à des excitations de ces centres, excitations qui se traduiraient par des contractions localisées à des groupes musculaires déterminés, ou, l'action étant plus profonde, destructive, seraient l'origine de paralysies également localisées.

Dans ce but, une topographie plus complète des circonvolutions, basée sur les travaux de Gratiolet, Ecker, Broca, etc., a été entreprise ; et on possède maintenant les moyens de désigner à tous la situation exacte d'une lésion de l'écorce.

Au même point de vue, les descriptions des territoires vasculaires, faites par nous, seront d'une grande utilité pour les pathologistes.

Dans l'écorce cérébrale, en effet, on ne connaît pas encore de lésions par atrophies cellulaires limitées comme celles de la moelle épinière et du bulbe. Car la substance grise forme une couche uniforme, une sorte de ganglion nerveux étalé en nappe. Les foyers hémorrhagiques y sont aussi relativement rares. C'est donc surtout à l'aide des ramollissements limités aux territoires vasculaires que les cliniciens pourront, guidés par les inductions des physiologistes, rechercher si réellement les fonctions cérébrales sont localisées dans certains départements de l'écorce grise, ou tout au moins si des lésions destructives limitées donnent lieu à des groupes symptomatologiques divers.

D'un autre côté, on sait que tout ramollissement (il ne faut plus maintenant comprendre sous ce nom les encéphalites, qui constituent des lésions diffuses, incapables en ce moment d'être utilisées pour l'édification de la doctrine des localisations cérébrales) est le résultat de l'ischémie d'un territoire artériel, causé par un embolus ou une thrombose occupant le vaisseau principal de la région.

Nous examinerons successivement la question des localisations dans les lésions destructives limitées (hémorrhagies et ramollissements) et dans les lésions excitatrices, c'est-à-dire produisant des convulsions localisées, des attaques épileptiformes (méningites, tumeurs, etc.).

A. Des localisations de l'écorce cérébrale dans les lésions destructives.

Les physiologistes, en particulier Carville et nous, et Ferrier dans son dernier ouvrage, ont indiqué, d'après leurs expériences chez les animaux, quelle était la situation et la configuration probable de la région motrice chez l'homme. Nous avons fait observer qu'elle correspondait assez exactement au territoire de distribution corticale de la sylvienne.

Un embolus siégeant dans cette artère, à 4 centimètres de son origine, c'est-à-dire *en dehors* du point où naissent les artères centrales du corps strié et de la couche optique, produit une ischémie et un ramollissement de l'écorce cérébrale dans toute la région motrice, et de l'écorce seule avec trois centimètres d'épaisseur de la substance blanche subjacente : les régions centrales proprement dites, c'est-à-dire les faisceaux pédonculaires et les noyaux sont épargnés.

Nous n'apprenons rien à personne en disant qu'une embolie de la sylvienne est suivie d'une attaque d'hémiplégie occupant le côté opposé du corps et de la perte du langage. Nous ajouterons seulement que cette hémiplégie existe, bien que les régions centrales soient indemnes, ce qu'on ne concevait guère avant les études sur la circulation cérébrale.

La déduction est dès lors absolue : un ramollissement exclusivement cortical, occupant toute la zone motrice indiquée par les physiologistes, est suivi d'une hémiplégie.

Quels sont donc les caractères de ces hémiplégies corticales ? Peut-on les différencier des hémiplégies de cause centrale ?

Dès que les phénomèmes de l'attaque apoplectique, de l'ictus sont passés, c'est-à-dire dès que les symptômes sont fixes, les caractères des hémiplégies corticales sont les suivants : 1° elles ne sont jamais aussi étendues, aussi complètes que les hémiplégies d'origine centrale. On n'observe pas du côté opposé cette paralysie profonde, dans laquelle les membres sont absolument flasques et inertes, et dans une impuissance absolue. Elles apparaissent plutôt sous forme de parésies généralisées, lorsque les effets de l'ictus apoplectique se sont calmés. Elles portent plus spécialement, plus fortement, sur certains groupes musculaires que sur d'autres. Les muscles moteurs des yeux sont souvent indemnes, et l'aphasie fait souvent défaut ;

2° Jamais elles ne sont accompagnées de perte durable de la sensibilité ou de troubles sensoriels accusés ;

3° Après quelques jours, dans la plupart des cas, elles tendent à l'amélioration et quelquefois elles présentent un certain degré de curabilité.

L'explication anatomique et physiologique de la marche des symptômes dans les hémiplégies corticales est facile à concevoir :

L'embolus oblitère l'artère sylvienne et anémie tout son territoire cortical; mais dans les jours qui suivent se passent des phénomènes qui améliorent la lésion. Les anastomoses que nous avons décrites à la périphérie du territoire sylvien rapportent un peu de sang dans la région motrice. D'autre part, le caillot oblitérateur lui-même peut se rétracter. Si, en effet, on parcourt les relations des autopsies faites dans ces conditions, on voit qu'il est très-rare que tout le territoire sylvien soit uniformément ramolli au même degré ; il est parsemé d'ilots de ramollissement plus ou moins nombreux, plus ou moins confluents; souvent la zone *frontière* est indemne dans une certaine étendue.

L'anesthésie fait défaut, parce que la lésion occupe exclusivement la région motrice.

L'aphasie, dans beaucoup de cas, n'existe pas, parce que, comme nous le verrons plus loin, l'artère qui nourrit la troisième circonvolution frontale se détache du tronc de la sylvienne isolément et d'une façon prématurée : son embouchure peut être restée libre et recevoir le courant sanguin au-dessus de l'embolus oblitérateur.

Nous ne pouvons nous livrer ici à une analyse

même succinte des observations si nombreuses, anciennes ou récentes, qui établissent l'existence et les caractères de cette hémiplégie corticale, sans dépasser les limites de ce travail. Le lecteur pourra s'édifier à cet égard en parcourant le mémoire de MM. Pitres et Charcot, dans la *Revue mensuelle* de 1877-78, la thèse de Landouzy et les leçons de Grasset, de Montpellier, sur les localisations cérébrales.

D'ailleurs, les lésions des autres parties de l'écorce ne donnent lieu à aucun trouble pathologique de ce genre.

Nous pouvons donc considérer ce premier résultat comme définitivement acquis : il existe une lésion localisée de l'écorce cérébrale capable de produire une paralysie des mouvements volontaires. Elle occupe la région décrite par les physiologistes comme étant le siége des centres de ces mouvements.

HÉMIPLÉGIES INCOMPLÈTES ET MONOPLÉGIES CORTICALES.

Maintenant une importante question se présente : pouvons-nous, à l'instar des physiologistes, reconnaître, dans cette grande région motrice, différents départements dont la lésion spéciale donne lieu à des symptômes localisés capables, pendant la vie, d'en faire prévoir le siége ? Les travaux de l'école de la Salpêtrière répondent affirmativement.

1. — De l'Aphasie.

Un des départements de la région motrice est connu depuis longtemps des pathologistes qui, sur ce point, ont devancé les recherches physiologiques. Ils ont démontré que la troisième circonvolution frontale est un centre nerveux important pour le langage articulé.

Gall localisait les facultés du langage dans les lobes intérieurs du cerveau : et, sans démonstration anatomique ou physiologique positive; Bouillaud (1825) a montré que les lésions des lobes antérieurs abolissaient en effet la parole, rendaient le malade aphasique. En 1860, Dance, de Montpellier, a établi que le siége du langage articulé se trouve non dans les deux lobes antérieurs, mais spécialement dans le côté gauche du cerveau.

Mais c'est réellement Broca qui, en 1861, a démontré que la troisième circonvolution frontale est le siége de cette fonction importante.

D'après les recherches de Ferrier, l'excitation électrique de cette circonvolution chez les singes, ou des parties correspondantes chez les animaux inférieurs déterminent des mouvements dans la langue et les lèvres.

Nous avons indiqué qu'une artère spéciale (artère frontale externe inférieure) nourrissait cette circonvolution qui pouvait être lésée isolément à la suite d'un embolus de son vaisseau. Et de fait, en 1875, M. Charcot a rapporté l'histoire d'une malade (la nommée Farn...) qui était atteinte d'aphasie simple sans aucune autre paralysie, et dans le cerveau de laquelle, à l'autopsie, on trouva une lésion très-limitée et exclusive de la circonvolution de Broca (Voy. pour plus de détails, la thèse d'agrégation de Legroux, sur l'aphasie, 1875).

D'après un travail récent que nous avons communiqué à la Société de Biologie, cette artère n'existe pas seulement chez l'homme, elle se rencontre aussi chez tous les animaux dont on a injecté le cerveau : le chien, le chat, le lapin, le veau, le mouton. On voit naître du même point de la sylvienne une artère qui a la même direction que chez l'homme, et occupe une situation correspondante ; elle vascularise au département de l'écorce grise (la plupart de ces animaux n'ont pas de troisième circonvolution frontale comparable à celle de l'homme et des singes supérieurs), occupée par les centres que Ferrier représente sur les figures de ses ouvrages comme déterminant des mouvements dans la langue et les lèvres.

Sur deux chiens, nous avons extirpé cette région : ces animaux ont perdu la faculté d'aboyer. Or on sait que c'est pour eux une des formes du langage. Ils ne l'acquièrent que par la société des autres animaux de leur espèce. Les chiens abandonnés dans les îles désertes ne peuvent que pousser des hurlements et des grognements instinctifs.

Tous les faits physiologiques, anatomiques et expérimentaux, concordent donc avec les résultats des lésions pathologiques, pour démontrer que la troisième circonvolution frontale est un centre important pour le langage articulé.

2. — Des autres monoplégies.

La troisième circonvolution frontale n'est pas le seul département de l'écorce du cerveau, dont la lésion isolée produise des symptômes localisés.

Landouzy, dans sa thèse remarquable sur les paralysies liées aux lésions de l'écorce cérébrale, a réuni un grand nombre d'observations anciennes et récentes, où la paralysie d'origine cérébrale n'a occupé qu'une partie du corps.

Dans certains cas, on observe une paralysie du membre supérieur d'un côté ; dans d'autres, du membre inférieur ; dans d'autres enfin, la face seule est atteinte. Un grand nombre d'observations sont relatives à une hémiplégie plus ou moins complète sans participation de la face.

Des faits très-nombreux montrent aussi que le trouble moteur peut atteindre à la fois le membre supérieur de la face.

Beaucoup de cas sont relatifs à des hémiplégies sans aphasie, ou à des aphasies avec hémiplégie. Enfin, depuis quatre ou cinq ans, un certain nombre d'observations de monoplégies, nettement localisées, ont été recueillies, et le siége de la lésion a été indiqué avec la plus grande exactitude. On en pourra lire un certain nombre dans le mémoire de Charcot et Pitres (*Revue mensuelle*, 1877), et dans les Leçons de Grasset.

Au point de vue qui nous occupe, avec MM. Charcot et Pitres, nous pensons qu'on peut tirer de toutes ces observations les conclusions suivantes :

L'étude des paralysies et des convulsions d'origine corticale démontre :

1° Que les centres moteurs corticaux, pour les deux membres du côté opposé, sont situés dans le lobule paracentral et dans les deux tiers supérieurs des circonvolutions pariétale et frontale ascendantes ;

2° Que les centres pour les mouvements de la partie inférieure de la face sont placés dans le tiers inférieur de ces mêmes circonvolutions, au voisinage de la scissure de Sylvius ;

3° Si l'on veut essayer de diviser encore ces centres principaux en centres secondaires, ou plutôt, ces départements de l'écorce en arrondissements plus petits, on peut admettre qu'il est très-probable que les centres pour les mouvements isolés du membre supérieur siégent dans le tiers moyen de la circonvolution frontale ascendante du côté opposé.

On ne connaît pas encore exactement la situation des centres moteurs corticaux, pour les mouvements du cou et des yeux.

Les mouvements des paupières auraient, d'après Landouzy, un centre cortical situé loin en arrière des précédents, mais dont il est encore impossible de préciser le siége (Landouzy, — Sur le Blépharaptose cérébral, — *Arch. de méd.*, 1877). Cet isolement du centre cortical des paupières rendrait compte des faits si nombreux de paralysie faciale sans participation de ces voiles membraneux.

Tels sont les résultats des observations pathologiques : ils sont assez concluants pour soutenir vigoureusement la doctrine des localisations cérébrales.

Nous ferons remarquer que le siége des lésions et les symptômes qu'elles ont engendrés sont tout à fait en rapport avec la situation des centres moteurs corticaux indiqué par Hitzig, Ferrier, Camille et Duret. La topographie des lésions cérébrales et celle des centres corticaux physiologiques se correspondent dans leur ensemble et dans leurs détails principaux.

Encore une fois est démontrée l'incontestable utilité des recherches physiologiques pour guider les pathologistes dans la voie du progrès.

DES LOCALISATIONS PATHOLOGIQUES DE L'ÉCORCE CÉRÉBRALE AYANT DÉTERMINÉ DES CONVULSIONS.

Les convulsions sont le mode de manifestation des lésions irritatives des centres nerveux.

Il est possible de supposer *a priori* que si, par un produit pathologique quelconque, un centre de l'écorce est irrité, ses fonctions seront exaltées ; et, s'il s'agit d'un centre moteur, des mouvements spontanés, localisés surviendront dans les groupes de muscles dépendant de ce centre.

Les faits pathologiques vérifient complètement cette hypothèse et viennent ainsi apporter une confirmation d'un autre genre à la doctrine des localisations cérébrales.

. Du reste, sur ce point, la clinique a précédé les recherches des physiologistes.

En 1827, un médecin français, Bravais, dans une thèse, chef-d'œuvre d'analyse clinique, avait su distinguer, indépendamment des lésions qui leur donnent naissance, plusieurs variétés d'épilepsies qui, toutes, diffèrent de l'épilepsie générale. Elles sont, en effet, en rapport avec une lésion cérébrale, débutent toujours dans une des parties du côté opposé, s'étendent ensuite à tout ce côté, mais n'envahissent jamais l'autre, c'est-à-dire que jamais les attaques ne deviennent générales. Dans les observations recueillies par Bravais, l'attaque hémiplégique présente, dans son début et sa marche, trois types principaux :

1° L'épilepsie hémiplégique débutant par la tête ;

2° L'épilepsie hémiplégique débutant par le membre supérieur ;

3° L'épilepsie hémiplégique débutant par le membre inférieur.

Vers la même époque, Demongeot et Parent-Duchâtelet ont rapporté dans leurs thèses des observations pouvant confirmer les résultats cliniques de Bravais.

La question n'a été reprise qu'en 1861, par un savant médecin anglais, Hughlings-Jackson. Cet éminent observateur, dans une série de travaux publiés de 1861 à 1873, a soumis à une analyse des plus délicates tous les faits *d'épilepsie partielle* qu'il a pu observer. Considérant d'un côté le point de départ des attaques épileptiques localisées, et de l'autre, le siége des lésions qui leur donnaient naissance, il n'a pas tardé à acquérir la conviction que la région du corps où débutait l'attaque variait selon le lieu de l'écorce grise où se trouvait la lésion. Mais il n'a pu recueillir assez de faits pour pousser plus loin l'analyse. Toutefois ce résultat était acquis : que les lésions initiatives de l'écorce grise du cerveau produisent des convulsions dans les membres.

C'est alors qu'ont été connus les premiers résultats des recherches des physiologistes (Hitzig, 1870-71; Ferrier, 1872) qui démontraient que l'écorce grise est excitable et que son irritation par les courants électriques produit des secousses et des convulsions dans les membres. Bientôt il s'est trouvé confirmé que ces secousses occupent un siége différent selon le point de l'écorce qui a été électrisé : ainsi est née la doctrine des localisations physiologiques des centres moteurs corticaux.

Les physiologistes ont donc décrit sur l'écorce cérébrale une zone excitable, et cette zone se subdivise en départements, dont chacun préside aux mouvements volontaires de la face et des membres. Insistons quelques instants sur les résultats des physiologistes. Ils ont été bien exposés par Ferrier dans son premier mémoire.

Si, à l'aide d'un courant faible, on excite le centre de la patte antérieure, on voit survenir des secousses rhythmées dans les orteils et l'avant-patte. Augmente-t-on progressivement la force du courant, les secousses s'étendent au bras, à l'épaule, au côté correspondant de la face, puis au tronc, et enfin, une attaque d'épilepsie hémiplégique éclate dans tout le côté du corps et l'occupe pendant quelques instants.

Les attaques d'épilepsie jacksonniennes, dues à des lésions pathologiques de l'écorce cérébrale chez l'homme, ont un aspect absolument semblable à celles que produisent les courants électriques chez les animaux.

Il nous suffira de citer quelques exemples :

Jackson. — Convulsions limitées au bras droit : tumeur de la partie postérieure de la première circonvolution frontale gauche.

Charcot. — Convulsions dans le bras droit, puis épilepsie hémiplégique droite : petit foyer dans la circonvolution pariétale ascendante.

Jackson. — Convulsions de la main droite s'étendant au bras droit, puis à la jambe du même côté : tumeur recouvrant à gauche la partie postérieure de la première circonvolution frontale.

Il est facile de voir, en comparant ces faits et d'autres résumés par Grasset, que le siége des lésions et le lieu du début de l'attaque sont tout à fait en rapport avec les doctrines physiologiques sur les centres corticaux. Ainsi, lorsque les lésions occupent la partie moyenne de la circonvolution frontale ascendante ou son voisinage, l'attaque débute toujours par le membre supérieur : c'est là le siége du centre moteur des physiologistes.

D'autre part, nous avons déjà vu que les lésions destructives de ce département de l'écorce cérébrale produisent des paralysies dans le membre supérieur et confirment aussi la doctrine des physiologistes.

En résumé : lorsque le clinicien sera témoin d'une secousse localisée, de spasmes occupant un groupe musculaire d'un membre ou un membre tout entier, il devra penser qu'il est possible qu'une lésion corticale irrite le centre des mouvements de ce membre, et cela, que l'attaque convulsive reste confinée dans ce même lieu, ou qu'elle se généralise consécutivement.

C'est là, disons-nous, une possibilité, car les conducteurs des centres corticaux descendent dans la capsule interne, dans les pédoncules, dans le bulbe et dans la moelle, et il se peut qu'une lésion très-limitée de ces conducteurs, en un point quelconque de leur passage, donne lieu à des secousses convulsives aussi exactement localisées. Cependant, dans ces dernières conditions, des symptômes bulbaires ou médullaires viendront éclairer le diagnostic.

SYNTHÈSE

DES LOCALISATIONS PATHOLOGIQUES DANS LES HÉMISPHÈRES CÉRÉBRAUX.

Résumons donc maintenant l'état de nos connaissances sur les localisations pathologiques dans les hémisphères cérébraux.

I. — Substance blanche.

a). — La partie antérieure de l'expansion pédonculaire contient tous les faisceaux psycho-moteurs du côté opposé : une lésion destructive de cette région, dès qu'elle a une certaine étendue, engendre une hémiplégie complète, absolue, du mouvement volontaire dans toute la moitié opposée du corps humain.

b). — Dans la partie postérieure de l'expansion pédonculaire (capsule interne) sont contenues toutes les fibres sensitives et sensorielles : une lésion sise en ce point cause une hémianesthésie complète du côté opposé, c'est-à-dire une perte de la sensibilité tactile, superficielle et profonde, de la sensibilité à la température, etc., et de la sensibilité des organes des sens.

c). — Une lésion voisine de la précédente, mais occupant plus spécialement les faisceaux de l'expansion postérieurs à la couche optique, probablement les faisceaux cérébello-optiques, est l'origine des syndromes : hémichorée post-hémiplégique, hémichorée pré-hémiplégique, athéthose.

d). — Nous ignorons complètement le rôle spécial des fibres de l'expansion pédonculaire, qui ont leur origine ou leur terminaison dans les noyaux ganglionnaires de la base du cerveau : couche optique, corps striés, etc..... Il en est de même pour les fibres commissurales : corps calleux, commissures blanches antérieure et postérieure, commissure grise, etc.

e). — Les observations réunies dans la thèse du D*r* Pitres, de Bordeaux (*Recherches sur les lésions du centre ovale des hémisphères cérébraux, étudiées* *au point de vue des localisations cérébrales*. Paris, 1878), établissent que les lésions qui siégent dans la substance blanche, immédiatement subjacente aux centres corticaux, donnent lieu aux mêmes symptômes localisés que les lésions de ces centres eux-mêmes.

II. — Substance grise.

a). — Nous ne savons rien de précis sur la symptomatologie déterminée par les lésions de la couche optique et du corps strié.

b). — Dans l'écorce cérébrale existe une zone motrice parfaitement établie par les recherches physiologiques. Une lésion *destructive* située dans cette zone engendre une paralysie de la motricité volontaire, dont l'étendue varie proportionnellement à la surface de la partie détruite. On observe soit une hémiplégie du côté opposé du corps, soit une hémiplégie des membres seuls, soit une monoplégie de la face, d'un membre, d'un groupe musculaire, etc., selon le siége de la lésion. — La concordance de la topographie des lésions, avec le siége des centres moteurs indiqués par les physiologistes est assez fidèle.

Les lésions *irritatives* de cette même zone motrice produisent soit l'épilepsie d'un côté du corps, ou des épilepsies partielles occupant d'abord un des membres, un groupe de muscles, quelques muscles des yeux ou de la face, et pouvant se généraliser en une attaque Jacksonnienne.

Elles peuvent enfin se révéler par des contractures localisées de la face et des membres, comme dans certaines méningites de la convexité du cerveau.

SYNTHÈSE GÉNÉRALE

DES LOCALISATIONS PATHOLOGIQUES DANS LE SYSTÈME NERVEUX CENTRAL.

———

Les centres nerveux sont composés de *ganglions* nerveux ou groupes cellulaires superposés, et de *fibres* nerveuses, qui les unissent entre eux.

Dans la moelle épinière ces ganglions semblent former une chaîne continue avec deux renflements, l'un brachial, l'autre lombaire.

Cette *chaîne ganglionnaire* comprend deux *colonnes cellulaires*, l'une antérieure, l'autre postérieure.

La première (cornes antérieures) est constituée de grandes cellules, en communication avec les racines motrices. Une inflammation aiguë ou chronique peut la parcourir dans toute sa hauteur et déterminer l'atrophie des cellules : elle donne lieu alors aux maladies connues en clinique sous les noms de paralysie infantile, de paralysie spinale de l'adulte, si le processus est aigu, et d'amyotrophie spinale progressive protopathique ou atrophie musculaire progressive de Duchenne, si le processus est chronique.

Cette colonne cellulaire motrice peut aussi être atteinte secondairement par propagation des lésions voisines, et alors on voit se surajouter à l'affection primitive les deux caractères principaux des lésions des cellules antérieures : l'*atrophie* musculaire et l'abolition des réflexes.

La colonne postérieure est composée de groupes de cellules plus petites et occupe la partie interne de la corne postérieure. On l'appelle *colonne vésiculaire* de Clarke. D'après les recherches récentes de Pierret, elle comprend trois groupes principaux : un groupe dorsal, un groupe cervical et un groupe bulbaire ; ce dernier n'est autre que le noyau du trijumeau. — On ne connaît pas les signes qui révèlent la lésion isolée de ces éléments nerveux, mais on sait qu'ils peuvent s'enflammer chroniquement dans la sclérose ataxique.

Les fibres nerveuses de la moelle épinière sont de trois ordres :

1° Les fibres radiculaires antérieures et postérieures des nerfs spinaux, qui traversent horizontalement d'avant en arrière ou d'arrière en avant la moelle épinière ; l'inflammation des cornes antérieures se propage souvent aux nerfs et aux muscles correspondants en suivant les racines. Il n'en est pas de même pour les racines postérieures : l'inflammation est le plus souvent ascendante;

2° Les fibres commissurales longitudinales qui unissent les ganglions supérieurs de la moelle aux ganglions inférieurs (cordon de Goll) et les fibres commissurales transversales qui mettent en communication les deux moitiés de la moelle. Nous ne savons rien sur les lésions propres à ces appareils d'association et sur leurs symptômes cliniques ;

3° Les fibres cérébro-spinales et les fibres spinales proprement dites. Les premières sont de deux ordres, les antérieures ou motrices, les postérieures ou sensitives.

Lorsque les fibres cérébro-spinales motrices sont lésées systématiquement, c'est-à-dire lorsque la sclérose se développe selon leur longueur, on est témoin d'une paralysie du mouvement volontaire, qui se transforme souvent en contracture, par progression de la lésion, aux faisceaux voisins : ce sont les *dégénérescences descendantes* consécutives aux lésions des hémisphères cérébraux.

Si l'inflammation chronique envahit les fibres spinales proprement dites, on observe une affection caractérisée par des spasmes fonctionnels, par des contractures et des paralysies musculaires et fréquemment par des atrophies : c'est la sclérose latérale amyotrophique décrite par M. Charcot.

On ignore le rôle pathologique des lésions du faisceau de Turk, ainsi que de la partie antérieure des cordons latéraux.

Lorsque le processus inflammatoire chronique suit les cordons postérieurs, il se révèle par des douleurs fulgurantes, des névralgies, des crises gastriques et de l'ataxie dans les mouvements; c'est le tableau symptomatique de l'ataxie locomotrice progressive, ou tabes dorsal ataxique.

Les inflammations transverses de la moelle, qu'elles se développent spontanément ou soient le résultat d'une compression lente, comme dans le mal de Pott, les tumeurs, ou de la propagation d'une pachyméningite spinale, déterminent un appareil symptomatique complexe, qui n'est que le résultat de la combinaison des précédents.

Dans le bulbe, les *ganglions* nerveux sont disséminés dans le plancher de la substance grise ventriculaire : ils constituent ce qu'on appelle les *noyaux* d'origine des nerfs crâniens. Ces ganglions peuvent être le siége d'une inflammation subaiguë ou chronique, qui donnent lieu à un *syndrome clinique* constant : la paralysie labio-glosso-laryngée. Les lésions des cordons médullaires peuvent aussi se propager aux faisceaux blancs du bulbe correspondant, en particulier les scléroses latérales et les scléroses postérieures ; alors se surajoutent dés symptômes bulbaires : dans le premier cas, des paralysies et des atrophies labio-glosso-laryngées ; dans le second, des douleurs fulgurantes et des troubles ataxiques de la face et des yeux.

Dans les hémisphères cérébraux, les localisations pathologiques les mieux établies sont :

1° Dans *la substance blanche*, au niveau de l'expansion pédonculaire : *l'hémiplégie complète,* par lésion de la partie antérieure ; *l'hémianesthésie*, portant à la fois sur les organes des sens et la sensibilité générale, affection succédant à la destruction de la partie postérieure ; enfin, l'*hémichorée* et l'*athéthose* consécutives à des lésions des fibres nerveuses les plus postérieures en arrière de la couche optique ;

2° Dans *l'écorce cérébrale*, on connaît tout une *zone motrice*, dont la lésion totale peut amener une paralysie étendue à la moitié opposée du corps ou dont les lésions partielles entraînent des troubles moteurs localisés (paralysies de la face, d'un des membres, d'un groupe musculaire, etc.) ou des *épilepsies partielles*.

INDICATIONS THÉRAPEUTIQUES.

Ce serait une souveraine injustice que de demander à une jeune doctrine d'apporter, en naissant, une thérapeutique nouvelle, et, de se pourvoir, pour prendre domicile dans la science, d'un remède infaillible.

Nul progrès dans nos connaissances des lésions pathologiques et de leurs symptômes ne saurait être indifférent au clinicien. Une anatomie pathologique exacte est encore le meilleur *pabulum* de l'intelligence médicale. Laennec, en découvrant l'auscultation, et en classant les lésions pulmonaires; Bouillaud, en nous apprenant à reconnaître les maladies du cœur et à guider cet organe dans ses évolutions morbides, ont sauvé un plus grand nombre de malades que beaucoup de leurs contemporains, qui, au même moment, éblouissaient le monde par leur clinquant thérapeutique.

Un diagnostic exact, fait dès le début du mal, évite nombre d'erreurs préjudiciables, et permet à celui qui le porte une intervention prompte, utile, décisive. Pendant ce temps, les autres, empiriquement, épuisent l'arsenal pharmaceutique, et ne réussissent souvent qu'à fatiguer les organes et à épuiser les forces d'un patient trop complaisant ou trop crédule. Un diagnostic précis, et une thérapeutique sobre, mais sûrement efficace, tel doit être le but de tout médecin réellement instruit.

C'est pour cela que, dans la rapide étude que nous venons de faire des lésions localisées dans les centres nerveux, nous avons souvent insisté, selon le programme indiqué, sur les éléments d'un bon diagnostic. Constamment nous avons mis en parallèle la lésion et la caractéristique de ses symptômes. Il nous reste maintenant à exposer, d'après cela, les indications thérapeutiques.

Quels sont les essais tentés par les médecins localisateurs dans la voie thérapeutique? Quels résultats ont-ils obtenus? Que peut-on attendre de l'avenir?

La doctrine des localisations cérébrales possède à peine six années d'existence; elle est encore discutée ou contestée par beaucoup dans son essence, et jusqu'à présent on s'est plutôt occupé d'en établir solidement les fondements que d'assembler des observations qui montrent son immédiate utilité en thérapeutique.

Nous nous proposons donc seulement de jeter un regard sur l'horizon de l'avenir, et d'y recueillir les indices de succès plus ou moins prochains.

La première impulsion d'un esprit médical, dès que le foyer du mal est découvert, est d'aller directement y porter le remède destiné à le circonscrire, et à l'éteindre. C'est ainsi que le chirurgien panse d'abord la plaie et s'occupe ensuite du terrain sur lequel elle va évoluer ou du milieu qui peut en modifier l'hygiène. — Les mots : lésions localisées éveillent aussitôt l'idée d'une thérapeutique locale, d'un agent capable de guérir, appliqué sur la région en souffrance. Malheureusement, il est difficile d'atteindre directement les centres nerveux au sein de leur gaîne osseuse protectrice : le grave privilége d'ouvrir le crâne ou le rachis n'appartient qu'au chirurgien, dans certains cas bien déterminés, que nous ferons connaître plus loin.

Bien plus souvent, le médecin, pour agir sur les centres nerveux, pour en modifier les lésions, n'a que la ressource de pénétrer jusqu'à eux par les vaisseaux sanguins qui leur véhiculent leurs éléments de nutrition, et qui pourront aussi leur porter quelque substance médicamenteuse.

Il n'appartient pas à notre sujet d'exposer ici l'action des médicaments les mieux considérés pour la guérison des maladies des centres nerveux, tels que les sels d'argent, de cuivre, de mercure, de zinc, l'opium, les antispasmodiques, le chloral, le bromure de potassium ou de camphre etc..... ; c'est là plutôt l'œuvre d'un pathologiste, ou de l'auteur d'un traité des maladies du système nerveux. Nous nous contenterons de montrer comment la doctrine des localisations peut guider le thérapeute.

Cette nouvelle doctrine des localisations sera d'une incontestable utilité pratique.

1° En révélant parfois *prématurément* la lésion, dès son origine.—L'organe le premier malade dans les centres nerveux fait le premier entendre sa souffrance ; sa plainte prend un caractère particulier en rapport avec sa fonction spéciale. Les douleurs fulgurantes et les crises gastriques (signes des lésions des cordons postérieurs de la moelle) précèdent souvent de plusieurs années les troubles incoordinateurs. A ce moment, l'influence de la thérapeutique est grande ; l'hydrothérapie, l'électricité, les médicaments hyposthémisants, tels que le bromure et le chloral, ont calmé bien des douleurs, et ont éloigné pour longtemps, quelquefois pour toujours, les effets plus funestes du mal. Malheureusement, ces signes caractéristiques sont souvent méconnus, confondus avec des attaques rhumatoïdes ; la doctrine des localisations montre toute leur importance : il faut savoir les reconnaître dès le début.

2° En indiquant le siége précis de la lésion. — Bien qu'il soit difficile d'agir sur les centres nerveux à travers leur enveloppe osseuse protectrice, *il est certain*, cependant, que des révulsifs énergiques, tels que ventouses, vésicatoires, pointes de feu, cautères, etc., ont produit des améliorations considérables, et, nous osons le dire, ont guéri des malades. Mais, pour cela, il importe de reconnaître exactement la région des rachis, où il convient de les appliquer. Il faut savoir le *siége* de

la myélite tranverse, de la pachyméningite, etc.....
Il faut reconnaître si les troubles observés sont sous la dépendance d'une maladie du cerveau, du bulbe ou de la moelle. M. le professeur Charcot paraît, en particulier, avoir obtenu d'excellents résultats de l'application, à diverses reprises, de cautérisations ponctuées et transcurrentes, au niveau des racines des nerfs, dans les maladies de la moelle à marche subaiguë.

3° En évitant au médecin le danger de confondre une maladie des centres nerveux avec une lésion périphérique.—Les atrophies musculaires surviennent aussi bien sous des influences locales que par des lésions des centres nerveux. Les douleurs névralgiques, au contraire, ont souvent une origine centrale. Les os peuvent se briser, les articulations se tuméfier et se détruire sous l'influence des maladies nerveuses (troubles trophiques). C'est aux études de M. Charcot que les chirurgiens doivent de connaître la fragilité des os, et les arthropathies des ataxiques.—Certaines amauroses et nombre de troubles oculaires ou auditifs sont sous l'influence de lésions localisées des centres nerveux. La connaissance de ces sources étiologiques, empruntée à la connaissance des localisations, évitera souvent une intervention inutile ou funeste. Au contraire, certains *vertiges* qui paraissent d'origine centrale sont l'effet de lésions périphériques (vertiges de Ménière, vertiges à *stomacho læso*).

4° En indiquant si la maladie est de nature irritative ou destructive. — Dans le premier cas, il convient d'avoir recours aux antiphlogistiques ; dans le second, il faut éviter d'augmenter l'anémie ou le simple épuisement cérébral. Il paraît aujourd'hui démontré que l'application des sangsues à la tête augmente dans nombre de cas l'anémie cérébrale et hâte ou provoque un dénouement funeste.

5° En permettant de suivre pas à pas les progrès du mal : lésions corticales envahissant successivement différents territoires artériels ou plusieurs centres voisins.

6° Non-seulement en révélant le *siége* et la *nature* de la lésion produite, mais encore en permettant de découvrir la *cause essentielle* de la maladie. — Il nous suffira de rappeler ici les merveilleux résultats obtenus dans la thérapeutique des maladies nerveuses d'origine syphilitique, par Hughlings Jackson, par Charcot, par S. Weir Mitchell, par Fournier, etc... Ces faits sont encore peu vulgarisés, et aussi trop récemment étudiés : « Aussi trouverez-vous opportun, je l'espère (dit le célèbre névrologiste français dans une de ses leçons), que j'arrête un instant votre attention sur un sujet encore insuffisamment étudié peut-être, en vous présentant l'exposé sommaire d'un certain nombre d'exemples assez réguliers d'épilepsie partielle d'origine syphilitique qu'il m'a été donné d'observer dans ces derniers temps. Dans le cours de mon exposé, je rechercherai, chemin faisant, l'occasion de vous faire toucher du doigt certaines particularités qu'offre souvent cette forme clinique de la syphilis cérébrale. Mais j'aurai surtout à cœur de mettre en relief qu'en pareille circonstance l'administration opportune des agents appropriés, lorsqu'elle est conduite résolument, j'allais dire audacieusement, suivant une certaine méthode, peut triompher quelquefois très-rapidement de tous les obstacles et amener une guérison durable dans des cas même où les mêmes agents, administrés d'après d'autres principes, plus timidement tout au moins, auraient complètement échoué. » Et le savant maître rapporte nombre de guérisons, réellement miraculeuses, dues à cette audacieuse thérapeutique. Un négociant atteint *depuis dix ans* d'attaques épileptiques localisées et de troubles cérébraux graves d'origine syphilitique, après quelques mois de traitement (frictions mercurielles, iodure de potassium à hautes doses), recouvre ses facultés intellectuelles, *n'a plus d'attaques épileptiques* et peut de nouveau reprendre la tête d'une importante maison commerciale. Jamais, depuis six ans, la guérison ne s'est démentie un seul instant.

7° Il est enfin une application thérapeutique de la doctrine des localisations cérébrales dont les résultats pourraient bien surprendre le monde scientifique, et provoquer l'admiration par la hardiesse de l'intervention et par la rapidité des succès. Nous voulons parler de l'intervention chirurgicale, guidée par la doctrine des localisations, dans les traumatismes cérébraux.

Les chutes sur la tête, les coups sur le crâne

s'accompagnent fréquemment de lésions localisées des centres nerveux. La doctrine des localisations permettra souvent de reconnaître le siége de ces lésions et guidera le chirurgien dans son intervention.

Les recherches précises et récentes de Broca, de Féré, de Turner, permettent de reconnaître les rapports exacts du crâne et des différentes parties du cerveau ; on peut, *sur le vivant*, tracer sur le crâne, pour ainsi dire, la projection des principales circonvolutions et des sillons qui les séparent (voyez la planche empruntée à la récente édition du Traité d'anatomie topographique de M. Tillaux, p. 409).

Dès lors, il est possible au chirurgien, averti par la manifestation de troubles localisés de la circonvolution lésée, par une couronne de trépan, d'arriver directement sur le foyer pathologique, lorsqu'il est superficiel, et d'enlever la cause du mal (esquille osseuse, sang, pus).

Chez un individu devenu aphasique, après un traumatisme sur le crâne à gauche, M. Broca diagnostique une lésion de la troisième circonvolution frontale, applique à ce niveau une couronne de trépan et fait écouler une grande quantité de pus crémeux et blanc. Le malade mourut cependant ; la désorganisation était trop profonde.

Chez un sujet atteint, après une chute sur la tête, d'une paralysie du bras et de la face, MM. Terrillon et Proust appliquent une couronne de trépan, relèvent une esquille. En quelques jours la guérison est obtenue (*Bull.* Acad. de Médecine, 1878).

Dans un cas de paralysie semblable, M. Lucas-Championnière a la même hardiesse et obtient le même succès. Le blessé recouvre l'usage de son membre, dont il était privé depuis plusieurs mois.

Le fait plus récent de M. Tillaux est plus remarquable encore. Ce chirurgien habile autant que hardi trépane le crâne, plonge son bistouri dans la masse même du cerveau, opération audacieuse qu'on n'avait pas permise à La Peyronnie de faire, et que Dupuytren avait tentée sans sauver son malade. Il sortit sous la lame de l'instrument une cuillerée de pus, et aussitôt le malade recouvre l'usage de la parole, sort de sa somnolence et de sa paralysie. Malheureusement les lésions étaient déjà trop étendues ; deux jours après, il succomba. On avait trop attendu !

Il faut le reconnaître, dans ces traumatismes, les lésions des centres nerveux sont souvent multiples et profondes ; et dans les cas mêmes où elles sont nettement localisées leur diagnostié est parfois difficile. La hardiesse du chirurgien peut devenir de la témérité, et bientôt, s'il n'y prend garde, une audace coupable.

« Les violences exercées sur la tête, avons-nous dit dans notre récent travail sur les traumatismes cérébraux, atteignent les forces de la vie dans leur principal foyer, les troubles les plus graves surgissent tout à coup ; les accidents pressent, une décision prompte, une intervention immédiate du chirurgien, peuvent en un instant mettre le blessé hors de danger. Combien on est émerveillé en lisant le récit des opérations si heureuses de A. Paré, de J.-L. Petit, de Desault et de Dupuytren !.. On est surpris du grand nombre de blessés qui leur ont dû l'existence.... Était-ce témérité, justifiée par le succès, ou simple hardiesse ?.....

« C'est qu'en effet, si le chirurgien peut souvent obtenir des succès qui étonnent par leur rapidité, s'il peut rendre d'un coup au blessé la jouissance de ses facultés, il s'expose à être l'auteur involontaire de sa perte. Il faut, pour être utile, ouvrir le crâne, mettre à nu le cerveau, c'est-à-dire, pour rendre la vie, exposer aux agents extérieurs les sources mêmes de la vie !........ Ce n'est pas que nous croyons qu'il convienne de considérer cet organe avec une crainte mytérieuse : ses lésions obéissent, dans leurs évolutions, aux mêmes lois que celles des autres viscères. Mais quel traumatisme plus grave peut être appelé à commettre un chirurgien dans un but thérapeutique ? Comme M. Gosselin le faisait avec justesse observer récemment dans son rapport si éminemment pratiquée à l'Académie de Médecine : dès que le crâne est ouvert, il y a à craindre la méningo-encéphalite traumatique, aggravée par l'exposition à l'air, la septicémie consécutive à la décomposition du sang, du pus et à l'osteo-myélite putride.

« La gravité de la situation exige donc que l'intervention du chirurgien soit *pleinement* justifiée. Malheureusement on ne sait pas encore par quels signes positifs une lésion des centres nerveux révèle son *siége* et sa *nature*. En occupe-t-elle la surface ou la profondeur ? Peut-on parvenir jusqu'à elle ?..., etc... »

Ce sont ces lacunes signalées que permettra peut-être de combler en partie la doctrine des localisations cérébrales, appliquée au diagnostic des traumatismes cérébraux. Déjà tout nous fait prévoir que les chirurgiens oseront davantage et pourront sans témérité, imitant leur hardiesse, compter des succès aussi nombreux que ceux de J. Le Petit, de Desault, de Dupuytren, les grands maîtres de chirurgie du temps passé !...

TABLE.

	Pages.
Préface	III
Séance publique du 4 décembre 1879	1
Discours d'ouverture, par M. Morière, président pour l'année académique 1878-1879.	3
Lecture de M. Julien Travers, secrétaire de la Compagnie	15
Rapport sur le concours pour le prix LE SAUVAGE, par M. Fayel, président pour l'année académique 1879-1880.	65
Rapport sur le concours pour le prix DE LA CODRE, par M. Denis, professeur à la Faculté des Lettres. .	87
Biographie du général Decaen, par M. Gaston Lavalley, vice-secrétaire de l'Académie	109
Légendes, par M. Gustave Le Vavasseur, membre correspondant de l'Académie : Deux miettes de l'histoire de Normandie (chansons de geste).	
I. La Blanche-Nef (1120).	127
II. Res gestæ sub Henrico secundo et Ricardo quarto.	134

PRIX LE SAUVAGE. 143
Étude générale sur la localisation dans les centres nerveux, par M. Duret, prosecteur à la Faculté de Médecine de Paris (Ouvrage couronné par l'Académie des sciences de Caen).

Introduction. 145
Première partie. De la localisation anatomique . . 151
Deuxième partie. De la localisation physiologique. . 181
Troisième partie. Des localisations pathologiques. . 217
Indications thérapeutiques. 332

Caen, Typ. F. Le Blanc-Hardel.

www.ingramcontent.com/pod-product-compliance
Lightning Source LLC
Chambersburg PA
CBHW060057190426
43202CB00030B/2593